Santa Teresa de Jesus

CASTELO INTERIOR

Paulinas

Dados Internacionais de Catalogação na Publicação (CIP)
Angélica Ilacqua CRB-8/7057

Teresa, de Ávila, Santa, 1515-1582
 Castelo interior / Teresa de Jesus ; tradução de Jaime A. Clasen. - São Paulo : Paulinas, 2025.
 312 p.

 ISBN 978-65-5808-330-6
 Título original: Castillo interior

 1. Vida cristã 2. Igreja católica 3. Espiritualidade I. Título II. Clasen, Jaime A.

25-0043 CDD 248.4

Índices para catálogo sistemático:

1. Vida cristã

Título original: *Santa Teresa: Obras completas*
Castelo interior é parte integrante de *Obras completas de Santa Teresa D'Ávila*,
com tradução feita a partir da 16ª edição do Editorial Monte Carmelo,
preparada por Tomás Álvarez
© 2001 by Editorial Monte Carmelo, Burgos (Espanha)

1ª edição – 2025

Direção-geral: *Ágda França*
Editora responsável: *Marina Mendonça*
Tradução: *Jaime A. Clasen*
Revisão: *Sandra Sinzato*
Gerente de produção: *Felício Calegaro Neto*
Produção de arte: *Elaine Alves*
Imagem de capa: *Arquivo Paulinas*

Nenhuma parte desta obra poderá ser reproduzida ou transmitida por qualquer forma e/ou quaisquer meios (eletrônico ou mecânico, incluindo fotocópia e gravação) ou arquivada em qualquer sistema ou banco de dados sem permissão escrita da Editora. Direitos reservados.

Cadastre-se e receba nossas informações
paulinas.com.br
Telemarketing e SAC: 0800-7010081

Paulinas
Rua Dona Inácia Uchoa, 62
04110-020 – São Paulo – SP (Brasil)
📞 (11) 2125-3500
✉ editora@paulinas.com.br
© Pia Sociedade Filhas de São Paulo – São Paulo, 2025

Sumário

Introdução 5
JHS – [Prólogo] 24

Moradas primeiras
Capítulo 1 29
Capítulo 2 37

Moradas segundas
Capítulo único 53

Moradas terceiras
Capítulo 1 67
Capítulo 2 76

Moradas quartas
Capítulo 1 89
Capítulo 2 101
Capítulo 3 108

Moradas quintas
Capítulo 1 123
Capítulo 2 133
Capítulo 3 144
Capítulo 4 153

Moradas sextas

Capítulo 1	165
Capítulo 2	176
Capítulo 3	183
Capítulo 4	195
Capítulo 5	206
Capítulo 6	214
Capítulo 7	223
Capítulo 8	234
Capítulo 9	242
Capítulo 10	253
Capítulo 11	258

Moradas sétimas

Capítulo 1	269
Capítulo 2	278
Capítulo 3	287
Capítulo 4	297
JHS	308

Introdução

O *Castelo interior* é uma lição magistral da autora. Fruto maduro de sua última jornada terrena, reflete o estágio definitivo de sua evolução espiritual e completa a mensagem das obras anteriores, *Vida* e *Caminho*. O relato autobiográfico de *Vida* tem agora uma nova versão, mais sóbria e discreta, disfarçada de anonimato e integrada pelas experiências da última década. Igualmente, a pedagogia do *Caminho* ultrapassa agora os tenteios de treinamento na vida espiritual, para navegar até o fundo do mistério: a plenitude da vida cristã.

Para completar a lição, virão sucessivamente as *Fundações* e as *Cartas*, para referendar a divisa das sétimas moradas: que a suprema vivência mística não tira o cristão de órbita, mas o mantém com os pés na terra, em diálogo com os irmãos.

O ponto de partida

O primeiro projeto do *Castelo* se enlaça com a autobiografia teresiana. Vista à distância de doze anos, a *Vida* se mostrava incompleta. Era preciso retomar o relato e concluí-lo. Ou talvez refazê-lo inteiramente com enfoque teológico novo.

Em pós-escrito a uma de suas cartas, a Santa escreve a seu irmão Lourenço em 17.1.77: "Ao bispo (de Ávila, Dom Álvaro) enviei a pedir o livro (a *Vida*), porque talvez tenha o antojo de acabá-lo com o que depois o Senhor me deu, que se poderia fazer outro e grande".

O motivo do "antojo", do desejo, era duplo: os últimos doze anos tinham trazido um caudal de experiências nitidamente superiores às historiadas em *Vida*. Ela as anotou fragmentariamente nas *Relações*. Mas não se tratava apenas de novos materiais de construção. As vivências do último quinquênio – especialmente a partir do magistério de frei João da Cruz (1572) – tinham fornecido uma nova perspectiva de interpretação de todo o arco de sua vida. Com visão mais unitária e profunda. Com melhores possibilidades de síntese teológica.

Num primeiro momento, o projeto fracassou. Dom Álvaro não enviou o exemplar de *Vida*. E, por fim, poucos dias depois o excesso de trabalho alquebrava a saúde da Santa. Foi uma crise de esgotamento, com um profundo trauma físico. Grandes dores e rumores de cabeça, que a deixavam "escarmentada" e temerosa de "ficar inabilitada para tudo".[1] Precisa recorrer aos serviços de uma amanuense caseira para despachar a correspondência, por expressa ordem do médico. Assim se desvanece o projeto de refundição da *Vida*.

---

[1] *Carta* S. 168, 2 e 7.

A ordem de escrever

Medianamente refeita do achaque de fevereiro, a Santa se encontra, no final de maio, com o padre Gracián. Os dois conversam no locutório do Carmelo de Toledo. Ele vai apressado, de Andaluzia a Madri, convocado pelo Núncio. Ela cumpre a ordem de reclusão, imposta pelo Capítulo Geral da Ordem. Um trecho da conversa chega a nós diretamente escrita por Gracián:

"O que se passa acerca do livro das *Moradas* é que, sendo eu seu Prelado e tratando uma vez em Toledo muitas coisas de seu espírito, ela me dizia: 'Oh, como está bem escrito esse ponto no livro de minha *Vida* que está na Inquisição!'.

Eu lhe disse: 'Pois que não o podemos ter, faça memória do que se lembrar e de outras coisas, e escreva outro livro, e diga a doutrina em comum, sem nomear a quem tenha sucedido aquilo que ali disser'.

E assim mandei que escrevesse este livro das *Moradas*, dizendo-lhe, para mais a persuadir, que o tratasse também com o Doutor Velázquez, que a confessava algumas vezes. E ele mandou isto".[2]

Anos mais tarde, Gracián mesmo completa o informe:

"Estando eu em Toledo, persuadi a madre Teresa de Jesus com muita importunação que escrevesse o

---

[2] *Notas* de Gracián, em: Antonio de San Joaquín, *Año Teresiano*, t. VII (1758), p. 149.

livro que depois escreveu, que se chama *As Moradas*. Ela me respondia com o mesmo argumento que tenho dito, e disse muitas vezes em seus livros, quase com estas palavras: 'Para que querem que escreva? Escrevam os letrados, que estudaram, que eu sou uma tonta e não saberei o que digo: porei um vocábulo por outro, com que farei dano. Fartos livros há escritos de coisas de oração; por amor de Deus, que me deixem fiar minha roca e seguir meu coro e ofícios de religião, como as demais irmãs, que não sou para escrever nem tenho saúde e cabeça para isso etc.".[3]

Gracián e Velázquez venceram a resistência da Madre. Ela lembrará isso no prólogo do *Castelo*, sublinhando o dificultoso de sua "obediência" e repetindo os motivos de sua oposição: desde a dor de cabeça até a total falta de inspiração literária; com uma velada alusão ao livro de sua *Vida*, que continua preso na Inquisição, e a impossibilidade de "trazer à memória" as muitas coisas contidas nele, "que diziam que estavam bem ditas, caso se tivessem perdido". Não refundirá o relato autobiográfico. Ater-se-á às instruções dos dois conselheiros, sujeitando-se em tudo ao parecer deles, "que são pessoas de grandes letras". Escreverá o novo livro não para seus confessores – como o da *Vida* –, mas para as leitoras de seus carmelos, gente simples e de olhos benévolos, que acolherão com amor qualquer página sua.

---

[3] Jerónimo Gracián, *Dilucidario del verdadero espíritu*, I, 5: BMC, t. 15, Burgos, 1932, p. 16.

Projeto modestíssimo, que será excedido desde o primeiro capítulo do livro.

A tarefa de escrever

Grafia firme e redação rápida. Da aridez do prólogo não fica rastro. A Santa escreve com fluidez, como conversa. Em fólios amplos, de 210 x 310 mm. Datou o prólogo em 3 de junho de 1577. Em 15 dias de tarefa normal, alternando com o coro e a correspondência, redige as moradas primeiras, segundas e terceiras. De repente chega de Madri uma notícia fatal: o "núncio santo", Nicolás Ormaneto morreu (18-19 de junho). Ela acusa o golpe que prevê catastrófico para a Reforma, e prepara a viagem ao seu primeiro carmelo de São José de Ávila.

Escreveu 26 fólios (52 páginas cheias). Terminou o capítulo primeiro das Moradas quartas. Mas tem de interromper a atividade e demorará a retomá-la. "Valha-me Deus no que me tenho metido! Já tinha esquecido o que tratava, porque os negócios e saúde me faz deixá-lo para melhor tempo; e como tenho pouca memória, irá tudo desconcertado por não poder tornar a lê-lo".[4]

Assim, entre interrupções, viagens e sobressaltos, redigirá os cinco capítulos seguintes: mais 19 fólios. Só quatro ou cinco meses mais tarde retomará a tarefa firmemente. Já é inverno em Ávila, e ali, na gélida

---

[4] M. V, 2, 1.

pequena cela de São José, escreverá de uma vez o resto do livro, a partir do capítulo quarto das Moradas quintas: 16 capítulos, dos 27 que conta a obra. Desde o fólio 46r até o 110r.

Seguem ainda dois fólios com o epílogo ou carta de acompanhamento, colocados antes do prólogo no original primitivo (páginas 2-5).[5] Ao terminar a tarefa transparece o humor sadio da autora: as leitoras carmelitas, que nem sempre dispõem de espaço suficiente dentro do mosteiro, "sem licença da priora podeis entrar e passear por ele (por este castelo) a qualquer hora".

Para dar forma de livro a esses 113 fólios faltam apenas duas operações: estruturá-los internamente em moradas e capítulos, e dar-lhes um título. A Santa relê em diagonal os cadernos e busca um espaço entre as linhas para intercalar a indicação "moradas primeiras", "capítulo" ou semelhantes.[6] Não restou

---

[5] Começa no prólogo a foliação original da Santa, que deixou sem numerar as duas folhas do epílogo e a do frontispício.

[6] Começa equivocando-se: "capítulo II", em lugar de capítulo I. Talvez conte o "prólogo" como capítulo primeiro da obra, e antepõe o atual "epílogo" como página introdutória. Ao mesmo tempo em que fraciona o texto e põe título aos capítulos, vai fazendo breves anotações nas margens: "Entende-se do auxílio particular" (3, 1,2), tristes "como o mancebo do evangelho" (3, 1,7), "ou imaginação, para que melhor se entenda" (4, 1,8), ... frutifica "fazendo bem a si e a outras almas" (5, 4,20), "há de se entender: com a disposição e meios que esta alma terá tido, como a Igreja o ensina" (6, 4,3), "mas por junto se lembra que o viu" (6, 4,8), "também diz o Senhor que é luz" (6, 7,6), ... Santo Agostinho em suas Meditações "ou confissões" (6, 7,9), "digo 'mais e mais' quanto às penas acidentais" (6, 11,7), "isto é o ordinário" (7, 2,10), "o 'tirar' se chama aqui quanto a perder os sentidos" (7, 3,12). Numa ocasião fará uma chamada

espaço para a epígrafe de cada capítulo, e por isso o estenderá em fólio à parte, hoje perdido. Utilizará o verso da primeira folha em branco para intitular a obra: "Este tratado, chamado *Castelo interior*, escreveu Teresa de Jesus, monja de Nossa Senhora do Carmo, a suas irmãs e filhas, as monjas Carmelitas Descalças". Na margem superior de cada página foi anotando o título corrente, como nos livros impressos: na página da esquerda "mdas" (moradas) e na página direita o número correspondente: "primeiras", "segundas" etc.

À medida que a Autora redige os cadernos, vai passando-os para uma amanuense que os transcreve: é a primeira cópia do *Castelo*, antes que intervenham as manipulações dos censores.

A censura e outros avatares do autógrafo

Falta ao manuscrito o respaldo dos teólogos. Indispensável para poder apresentar-se em sociedade e

---

marginal para acrescentar um suplemento de explicação: "quando diz aqui 'vos pede' leia-se logo este papel". A nota breve se perdeu, mas os amanuenses nos transmitiram seu conteúdo.
Por fim, algo anômalo ocorreu no começo das Moradas sétimas, exatamente na passagem do capítulo primeiro para o segundo. A autora teve de arrancar o fólio 97 (= lxvii, paginado posteriormente com os n. 198-199) e redigi-lo de novo. O fato se torna claro por uma série de indícios anômalos: único fólio com filigrana diferente do resto do manuscrito, sem número de foliação autógrafa da Santa, também sem epígrafe na margem superior ("moradas"/"sétimas"), anomalias no *incipit* e *explicit* do fólio (incipit c. 1, n. 9: "é de perguntar" repetido; explicit c. 2, n. 1: "era tempo de que seus", concluído a meia linha para engatar com o fólio seguinte).

passar para a mão das leitoras. Dois amigos da Santa se prestam a executar a operação: o carmelita Gracián e o dominicano Diego de Yanguas. Improvisam um tribunal doméstico no carmelo de Segóvia. Gracián está interessado em prevenir percalços e acusações ao livro. Yanguas é professor de teologia na cidade e por essa época tinha intervindo na queima do autógrafo dos *Conceitos*. Os dois dividem entre si os papéis de juiz, fiscal e defensor. Gracián conta: "Depois lemos este livro em sua presença o padre frei Diego de Yanguas e eu, arguindo eu muitas coisas dele, dizendo ser malsoantes, e o padre frei Diego respondendo-me a elas, e ela dizendo que as tirássemos; e assim tiramos algumas, não porque fosse má doutrina, senão alta e difícil de entender para muitos; porque com o zelo que eu a queria, procurava que não houvesse coisa em seus escritos em que ninguém tropeçasse".[7]

É verdade que Gracián riscou e emendou sempre com suma delicadeza, deixando legível o original da Santa. Mas riscou demais, e suas emendas pecaram por excesso: puras ninharias de teólogo ou de humanista. Quando, alguns anos depois, o original cai nas mãos do primeiro biógrafo da Santa, o jesuíta Francisco de Ribera, os retoques provocam protestos em cadeia: Ribera acha que o texto da Santa estava sempre melhor do que o do censor e, por fim, se decide a escrever de própria mão uma "contracensura": "...pareceu-me avisar

---

[7] *Notas* de Gracián, em: Antonio de San Joaquín, *Año Teresiano*, t. VII, 1758, p. 150.

a quem o ler, que leia como escreveu a Santa Madre, que entendia e dizia melhor, e deixe todo o acrescentado, e o apagado da letra da Santa dê por não apagado...".[8] Felizmente, tampouco frei Luís de León passou para a edição príncipe as emendas de Gracián.

No entanto, as últimas páginas do original acolherão a aprovação incondicional de outro censor, homem de inquisição, que anos atrás tinha afrontado com severidade o caso da Madre Teresa. É o jesuíta Rodrigo Alvarez. Interveio no âmago do processo inquisitorial contra a Santa, em Sevilha, pelos anos 1575-1576. Agora já é entranhável admirador da Madre e tem desejo de ler seu último escrito, enviado a Sevilha para que a sagacíssima madre Maria de São José esquive os perigos de sequestro. Em data de 8.11.1581 a Santa escreve à depositária do tesouro:

"... Agora recebi outra (carta)... de meu padre Rodrigo Alvarez, a quem tenho grande obrigação pelo bem que tem feito a esta casa, e quisera responder à sua carta e não sei... Nosso padre (Gracián) me disse que tinha deixado lá um livro de minha letra (que certamente vossa reverência não o está lendo); quando for lá, sob confissão – que assim o pede ele com muito comedimento –, para que só vossa reverência e ele leiam a última 'morada', e diga-lhe que naquele ponto chegou aquela pessoa e com aquela paz que aí vai, e assim vai com vida bastante descansada, e que grandes letrados

---

[8] Anotação de Ribera na primeira página do original, sob o título. Ver o texto integral adiante, na nota ao subtítulo deste livro.

dizem que vai bem. Se não for lido aí, de nenhuma maneira o dê lá, que poderia suceder algo. Até que me escrever o que lhe parece nisto, não lhe responderei".

Três meses mais tarde – 22.2.1582 –, Maria de São José cumpre escrupulosamente a sua tarefa. E o padre Rodrigo Alvarez, depois de escutar a leitura dos quatro capítulos das Moradas VII, pede que lhe passem o autógrafo e escreve, em continuação da última morada, uma página memorável:

"A madre priora deste convento de Sevilha leu para mim esta sétima morada ou habitação, aonde chega um espírito nesta vida: louvem todos os santos a bondade infinita de Deus que tanto se comunica àquelas criaturas que deveras buscam sua maior glória e a salvação de seus próximos. O que sinto e julgo disso é que tudo isto que leu para mim são verdades católicas segundo as divinas letras e doutrinas dos santos. Quem for lido na doutrina dos santos, como é o livro de Santa Gertrudes, e nas obras de Santa Catarina de Sena e Santa Brígida e outros santos e livros espirituais, entenderá claramente ser este espírito da madre Teresa de Jesus muito verdadeiro, pois que passam neles os mesmos efeitos que passaram nos santos. E porque é verdade que isto assim sinto e entendo, o assino com o meu nome hoje, 22 de fevereiro de 1582. O P. Rodrigo Alvarez".

A aprovação do padre Rodrigo é a primeira reação da teologia tradicional à nova interpretação do mistério da vida cristã proposta pelo *Castelo* da Madre Teresa.

Sobrevirão logo – nessa mesma década – os primeiros ataques violentos: reação de uma teologia rotineira, enquistada em preconceitos contra os alumbrados, que felizmente já chegou tarde, quando o livro tinha sido posto definitivamente a salvo pelas primeiras edições de Frei Luís de León (Salamanca, 1588; Barcelona, 1588).

O tema da obra

O padre Gracián, que decidiu a composição do *Castelo*, está seguro de ter sugerido à leitora a linha temática. Quando ela resiste a escrever alegando suas obrigações de coro e de fiação, e suas dores de cabeça, Gracián argumenta:

"Convenci-a com o exemplo de que algumas pessoas costumam sarar de enfermidades mais facilmente com as receitas sabidas por experiência do que com a medicina de Galeno, Hipócrates e de outros livros de muita doutrina. E que da mesma maneira pode acontecer nas almas que seguem oração e espírito, que mais facilmente se aproveitam dos livros espirituais escritos do que se sabe por experiência, do que aquilo que leram e estudaram em doutores... Porque como estas coisas do espírito são práticas e se põem por obra, melhor as declara quem tem experiência do que quem tem apenas ciência, ainda que fale em próprios termos".[9]

---

[9] Jerónimo Gracián, *Dilucidario del verdadero espíritu*, 1, 5; BMC, t. 15, Burgos, 1932, p. 16-17.

A Santa se rende à insistência de Gracián aceitando seu humilde papel de escritora "curandeira" da vida espiritual. No prólogo confessa: propõe-se a escrever de coisas práticas, declarar "algumas dúvidas de oração", ir falando com "estas monjas destes mosteiros" carmelitas, "que as mulheres entendem melhor a linguagem das outras" e "o amor que me têm" fará mais fácil a mútua inteligência.

Mas esse projeto incoerente do prólogo contrasta com as páginas que seguem. Desde a primeira, o tema da vida espiritual será focalizado em termos originais: mistério do homem com uma alma capaz de Deus, e mistério da comunicação com a divindade que habita nele. Surgirá em seguida o projeto de desembaraçar-se rapidamente dos temas introdutórios – primeiros passos da vida espiritual – para enfrentar plenamente o tema difícil, do qual tão pouco se fala nos livros espirituais: últimas fases da vida cristã e pleno desenvolvimento da santidade (1,2,7).

De fato, a Autora despacha em apenas cinco capítulos iniciais todo o tema ascético que tinha enchido quase integralmente o *Caminho de perfeição*, e reserva o resto da obra – 22 capítulos – para a jornada forte: entrada na terra santa da vida mística (moradas IV), união e santificação inicial (V), o crisol do amor (VI), consumação na experiência dos mistérios cristológico e trinitário (VII).

Na aparência, o plano do livro se improvisa na caminhada. A escritora não se concedeu uma pausa prévia para a gestação interior do tema e a esquematização de sua exposição. Na realidade, porém, a nova síntese colhia no mesmo tempo a semeadura de vários anos. Sobretudo, as experiências do último quinquênio, a partir de sua relação espiritual com frei João da Cruz, lhe deram uma nova visão do horizonte espiritual. Não só ela mesma entrou na fase final (VII moradas) desde a graça decisiva da comunhão na "oitava de São Martinho",[10] mas as últimas graças também a garantiram num duplo plano de experiência interior: um antropológico, mistério da alma com os cambiantes extremos de graça e de pecado; e o outro, trinitário: experiência da habitação e das palavras evangélicas que a prometem a quem ama e guarda os mandamentos.

Para coroar os dois ciclos de experiência sobreveio uma graça misteriosa, cifrada na ordem do "busca-te em mim"; convite a ir além do movimento de interiorização (busca de Deus dentro de si, à maneira agostiniana), com uma ulterior imersão no mistério transcendente de Deus. É a graça que, no começo deste mesmo ano, motiva o *Certame* em que frei João da Cruz toma parte, e a mesma que inspira o poema teresiano "Alma, buscar-te-ás em Mim/ e a Mim buscar-me-ás em ti".

Foi essa série de experiências que pôs em andamento a gestação interior do livro. Delas brota agora

---

[10] *Rel.* 35: 18 de novembro de 1572.

a labareda que inspira uma interpretação original do mistério da vida cristã:

- Uma base *antropológica*: afirmação do homem e sua dignidade; sua interioridade espaçosa; dentro, a alma capaz de Deus; no mais profundo da alma, o espírito, sede do Espírito e da Trindade (*moradas primeiras*).

- Uma fase central *cristológica*: plenitude do mistério de morte e ressurreição, para agir no cristão a inserção e transformação em Cristo (*moradas quintas*).

- E um ponto de chegada *trinitário*: "divinização"; profunda experiência de Deus e de sua presença, para elevar ao sumo potencial a ação do homem a favor dos outros e da Igreja (*sétimas moradas*).

Pouco a pouco a Autora foi entrando em alto-mar: profundidade da vida mística. A cada novo passo, um calafrio de assombro a surpreende: "Para começar a falar das quartas moradas, é bem mister que o que tenho feito, que é encomendar-me ao Espírito Santo e suplicar-lhe daqui em diante que fale por mim..." (IV, 1,1). Nova inquietação ao iniciar as moradas quintas: "Creio que fosse melhor não dizer nada das (moradas) que faltam...; não se há de saber dizer...; enviai, Senhor meu, do céu luz para que eu possa..." (V, 1,1). E antes de começar as sextas: "Se Sua Majestade e o Espírito Santo não moverem a pluma, bem sei que será impossível... que acerte eu a declarar algo..." (V, 4,11). Por fim, um estremecimento ao começar as sétimas: "Ó grande Deus, parece que treme uma criatura tão miserável como eu ao tratar coisa tão alheia ao que mereço entender... Será melhor acabar com poucas palavras esta morada...; faz-me grandíssima vergonha...; é coisa terrível" (VII, 1,2).

De fato sucumbirá a esta última tentação: "com poucas palavras" ficará perfilada essa jornada final, precisamente a mais rica de todo o processo.

O processo: sete jornadas da vida espiritual

O *Castelo* tem traçado linear. Estrutura e processo dinâmico coincidem. Em grandes traços, os elementos estético-espaciais (fosso, porta, moradas, fundão, centro...) correspondem aos funcional-vitais: penetração, luta, interiorização, união, transcendência. A Autora valorizou intencionalmente o conteúdo mistérico da vida cristã: alma, graça, Cristo, habitação, pecado. Mas sem descuidar o lado prático. Fixou-se um duplo objetivo: comunicar a sua experiência cristã, provocando-a no leitor, levando-o a necessitá-la; levando-o à altura final da união com Deus; e, em segundo lugar, empenhando-o num programa concreto: lutar, conhecer-se a fundo, não perder de vista a exigência do amor – amar os outros –, manter-se sensível ao risco, programar e esperar. São as duas flexões do magistério teresiano: mistagógica a primeira, pedagógica a segunda.

O processo descrito no *Castelo* segue duas linhas: interiorização (linha antropológica) e união, aproximação da pessoa divina (linha teologal cristológica). Elas são desenvolvidas sobre pressupostos simples: um ponto de partida: presença de Deus no homem; um ponto de chegada: união com Deus, quintessência da santidade; e um caminho a percorrer: oração como atuação da vida teologal, força e vigor da vida cristã. Não há oração sem coerência com a vida concreta, e esta tem sua tabela de valores no amor aos outros. Não se trata de pensar muito, mas de amar muito; mas amor é mais determinação e obras, que sentimento e emoção.

Materialmente, o processo de vida espiritual descrito no livro se divide em dois tempos, que em nosso vocabulário teológico poderiam ser definidos: *ascético* o primeiro, *místico* o segundo. A luta ascética, na qual o homem é protagonista, se estende ao longo das Moradas I-II-III; a vida mítica, protagonizada pelo ator divino, predomina nas Moradas V-VI-VII. Entre os dois grupos, as moradas quartas são o elo de enlace: jornada na qual se imbricam "o natural e o sobrenatural", que no léxico da Santa equivalem a "ascético e místico" (IV, 3,14).

Um plano sumaríssimo das sete moradas do processo poderia ser traçado com base no dado central de cada uma, ainda que seja com grave risco de oferecer uma visão empobrecedora ou talvez uma caricatura do panorama teresiano.

- *Primeiras moradas*: "entrar no castelo; converter-se, iniciar o trato com Deus (oração), conhecer a si mesmo e recuperar a sensibilidade espiritual.

- *Segundas moradas*: "lutar"; o pecado ainda espreita; persistem os dinamismos desordenados; necessidade de afirmar-se numa opção radical; progressiva sensibilidade na escuta da Palavra de Deus (oração meditativa).
- *Terceiras moradas*: a prova do amor. Logro de um programa de vida espiritual e de oração; estabilidade nele; surtos de zelo apostólico; mas sobrevêm a aridez e a impotência como estados de prova. "Prova-nos, Senhor, que sabes as verdades."
- *Quartas moradas*: brota a fonte interior, passagem para a experiência mística; mas a sorvos, intermitentemente: momentos de lucidez infusa (recolhimento da mente) e de amor místico-passivo (quietude da vontade).
- *Quintas moradas*: morre o bicho-da-seda; a alma renasce em Cristo: "levou-me o Rei à adega do vinho" (V, 1,12); "nossa vida em Cristo" (V, 2,4). Estado de união, seja ela "mística" desde o fundo da essência, seja ela "não regalada", por conformidade de vontades, manifestada especialmente no amor ao próximo (c. 3).
- *Sextas moradas*: o crisol do amor. Período extático e tensão escatológica. Novo modo de "sentir os pecados". Cristo presente "por uma maneira admirável, onde divino e humano junto é sempre sua companhia (da alma)" (VI, 7,9). Desposório místico. A alma fica selada.

- *Sétimas moradas*: matrimônio místico. Duas graças de ingresso no estado final: uma cristológica, outra trinitária. "Aqui se comunicam (à alma) todas as três pessoas (divinas)... Nunca mais a abandonam, senão que notoriamente vê... que estão no interior de sua alma, no mui muito interior, numa coisa muito funda, que não sabe dizer como é..." (VII, 1, 6-7). Inserção plena na ação: "que nasçam sempre obras, obras" (VII, 4,6). Como Elias, "fome... da honra de Deus"; "fome... de achegar almas" como São Domingos e São Francisco (VII, 4,11). Plena configuração a Cristo crucificado (VII, 4, 4-5).

Cristo foi o alvo ao longo de todo o processo. Desde as primeiras moradas: "Ponhamos os olhos em Cristo nosso bem (cf. Hb 12,9), e ali aprenderemos a verdadeira humildade" (I, 1,11). Até a última página das sétimas: "Os olhos em Cristo crucificado!" (VII, 4,8).

*Este tratado, chamado Castelo Interior,
escreveu Teresa de Jesus,
monja de Nossa Senhora do Carmo,
a suas irmãs e filhas,
as monjas Carmelitas Descalças.*[1]

---

[1] Em continuação deste título e dedicatória da Santa, o P. F. Ribera escreveu esta interessante anotação: "Neste livro está muitas vezes borrado o que a Santa Madre escreveu, e acrescentadas outras palavras, ou postas glosas à margem. E ordinariamente está mal borrado, e estava melhor primeiro como foi escrito, e se verá no que a sentença é melhor, e a Santa Madre vem depois declarar, e o que se emenda muitas vezes não concorda bem com o que se diz depois, e assim poderiam muito bem ser escusadas as emendas e as glosas. E porque tenho lido e olhado tudo com algum cuidado, me pareceu avisar a quem o ler que leia como escreveu a Santa Madre que o entendia e dizia melhor, e deixe todo o acrescentado, e o borrado da letra da Santa dê por não borrado se não for quando estiver emendado ou borrado por sua mesma mão, que é poucas vezes. E rogo por caridade a quem ler este livro que reverencie as palavras e letras feitas por aquela tão santa mão e procure entendê-lo bem, e verá que não há o que emendar, e ainda que não o entenda, creia que quem o escreveu o sabia melhor, e que não se podem corrigir bem as palavras se não é chegando a alcançar inteiramente o sentido delas, porque, se não se alcança, o que está muito propriamente dito parecerá impróprio, e dessa maneira se vêm a estragar e deitar a perder os livros".

JHS
[Prólogo]

1. Poucas coisas que me tem mandado a obediência se tornaram tão difíceis para mim como escrever agora coisas de oração; um, porque não me parece que me dá o Senhor espírito para fazê-lo nem desejo; o outro, por ter a cabeça há três meses com um ruído e fraqueza tão grande, que ainda os negócios forçosos escrevo com pena.[1] Mas, entendendo que a força da obediência costuma aplanar coisas que perecem impossíveis, a vontade se determina a fazê-lo de muito bom grado, ainda que o natural pareça que se aflige muito; porque não me tem dado o Senhor tanta virtude que o pelejar com a enfermidade contínua e com ocupações de muitas maneiras se possa fazer sem contradição sua. Faça-o o que tem feito outras coisas mais dificultosas para fazer-me mercê, em cuja misericórdia confio.

2. Bem creio que hei de saber dizer pouco mais que o que tenho dito em outras coisas que me têm

---

[1] Começa com uma dupla alusão: refere-se primeiro à ordem recebida de Gracián e do Dr. Velázquez, que "têm mandado" escrever este livro. E logo aos seus achaques de saúde, desde o passado mês de fevereiro. Cf. *Carta* de 10.2.1577 ao seu irmão Lourenço. [*Escrevo com pena*: atenção para a palavra *pena* (dor, tormento etc.); não confundir com *pluma*.]

mandado escrever, antes temo que hão de ser quase todas as mesmas; porque assim como os pássaros que ensinam a falar não sabem mais do que lhes mostram ou ouvem, e isto repetem muitas vezes, sou eu ao pé da letra. Se o Senhor quiser que diga algo novo, Sua Majestade o dará ou será servido trazer-me à memória o que outras vezes tenho dito, que ainda com isto me contentaria, por tê-la tão má que me folgaria de atinar em algumas coisas que diziam estavam bem ditas, caso se tivessem perdido. Se tampouco isto o Senhor me der, cansando-me e acrescentando o mal de cabeça por obediência, ficarei com lucro, ainda que do que disser não saque nenhum proveito.[2]

3. E assim, começo a cumpri-la hoje, dia da Santíssima Trindade, ano de 1577,[3] neste mosteiro de São José do Carmelo em Toledo onde no presente estou, sujeitando-me em tudo o que disser ao parecer de quem mo manda escrever, que são pessoas de grandes letras.[4] Se alguma coisa disser que não esteja conforme ao que tem a santa Igreja Católica Romana,

---

[2] Refere-se aos livros escritos anteriormente, *Vida* e *Caminho*, especialmente ao primeiro, que fora sequestrado e retido pela Inquisição desde 1575, dois anos atrás.

[3] A festa da Santíssima Trindade, cuja liturgia inspira a escritora, foi em 2 de junho de 1577. Sobre as interrupções da redação, cf. *Moradas* 5, 4, 1. Concluirá o livro no dia 29 de novembro de 1577 (cf. epílogo, 5).

[4] Os aludidos são Jerónimo Gracián e o Dr. Alonso Velázquez, seu confessor e futuro bispo de Osma e arcebispo de Santiago de Compostela. Os dois são *pessoas de grandes letras*: de grandes conhecimentos.

será por ignorância e não por malícia.⁵ Isto se pode ter por certo, e que sempre estou e estarei sujeita pela bondade de Deus, e o tenho estado a ela.⁶ Seja para sempre bendito, amém, e glorificado.

4. Disse-me quem me mandou escrever,⁷ que como estas monjas destes mosteiros de Nossa Senhora do Carmo têm necessidade de quem algumas dúvidas de oração declare a elas, e que lhes parecia que melhor se entendem a linguagem umas mulheres de outras, e com o amor que me têm lhes faria mais ao caso o que eu lhes dissesse, tem entendido por esta causa que será de alguma importância, se se acerta a dizer alguma coisa; e por isto irei falando com elas no que escreverei, e porque parece desatino pensar que pode fazer ao caso a outras pessoas. Farta mercê me fará nosso Senhor, se alguma delas se aproveitar para louvá-lo um pouquinho mais: bem sabe Sua Majestade que eu não pretendo outra coisa; e está muito claro que, quando algo se atinar a dizer, entenderão que não é meu, pois não há causa para isso, se não for ter tão pouco entendimento como eu habilidade para coisas semelhantes, se o Senhor por sua misericórdia não a dá.

---

[5] As palavras: *santa católica romana* foram acrescentadas entre linhas pela própria Santa, como fará de novo no epílogo da obra.
[6] Semelhante "protesto de ortodoxia e catolicidade" pode ser visto na primeira página de *Caminho de Perfeição*. E no prólogo das *Fundações*, n. 6.
[7] Foi Gracián que lhe fez a sugestão que segue.

MORADAS PRIMEIRAS
HÁ NELAS DOIS CAPÍTULOS

Capítulo 1

Em que trata da formosura e dignidade de nossas almas. – Põe uma comparação para entender-se, e diz o lucro que é entendê-la e saber as mercês que recebemos de Deus, e como a porta deste castelo é a oração.

1. Estando hoje suplicando a nosso Senhor que falasse por mim, porque eu não atinava com coisa que dizer nem como começar a cumprir esta obediência, foi-me oferecido o que agora direi, para começar com algum fundamento: que é considerar nossa alma como um castelo todo de um diamante ou muito claro cristal, onde há muitos aposentos, assim como no céu há muitas moradas.[1] Que se bem o considerarmos, irmãs, não é outra coisa a alma do justo senão um paraíso onde diz Ele que tem seus deleites.[2] Pois que tal vos parece que será o aposento onde um Rei tão poderoso, tão sábio, tão limpo, tão cheio de todos os bens se deleita? Não acho eu coisa com que comparar a grande formosura de uma alma e a grande capacidade; e verdadeiramente mal devem chegar nossos entendimentos, por agudos que fossem,

---
[1] Alusão a João 14,2.
[2] Nova alusão a Pr 8,31, passagem fortemente sentida pela autora: cf. *Vida* 14, 10 e *Exclamações* 7.

a compreendê-la, assim como não podem chegar a considerar a Deus, pois Ele mesmo diz que nos criou à sua imagem e semelhança.[3]

Pois se isto é, como é, não há para que nos cansar em querer compreender a formosura deste castelo; porque posto que há a diferença dele a Deus que do Criador à criatura, pois é criatura, basta dizer Sua Majestade que é feita à sua imagem para que apenas possamos entender a grande dignidade e formosura da alma.

2. Não é pequena lástima e confusão que, por nossa culpa, não entendamos a nós mesmos nem saibamos quem somos. Não seria grande ignorância, filhas minhas, que perguntassem a um quem é, e não se conhecesse nem soubesse quem foi seu pai, nem sua mãe, nem de que terra? Pois se isto seria grande bestialidade, sem comparação é maior a que há em nós quando não procuramos saber que coisa somos, senão que nos detemos nestes corpos, e assim aproximadamente, porque o temos ouvido e porque a fé no-lo diz, sabemos que temos almas. Mas que bens pode haver nesta alma ou quem está dentro nesta alma ou o grande valor dela, poucas vezes o consideramos; e assim se tem em tão pouco procurar com todo cuidado conservar a sua formosura: tudo nos vai na grosseria do engaste ou cerca deste castelo, que são estes corpos.[4]

---

[3] Gn 1,26-27.
[4] *Engaste ou cerca*: imagem da muralha como engaste. A Santa desenvolverá ocasionalmente a alegoria do castelo, sem nunca

3. Pois consideremos que este castelo tem – como tenho dito[5] – muitas moradas, umas no alto, outras embaixo, outras aos lados; e no centro e metade de todas estas tem a mais principal, que é aonde passam as coisas de muito segredo entre Deus e a alma.

É mister que vades[6] advertidas a esta comparação. Talvez Deus seja servido possa por ela dar-vos algo a entender das mercês que é Deus servido fazer às almas e as diferenças que há nelas, até aonde eu tiver entendido que é possível; que todas será impossível ninguém entendê-las, segundo são muitas,

---

precisá-la totalmente. Aqui, o uso de *engaste* e *cerca*, simultaneamente, deixa entrever ao mesmo tempo um castelo de ourivesaria e um castelo de guerra. – Como elementos complementares irão aparecendo em seguida o *cerco* e *arrabalde* (n. 6; e M. VII, c. 4, n. 1), *porta de entrada* (n. 7 e M. V, c. 1, n. 2; M. VI, c. 4, n. 4, 9, 13; M. VII, c. 2, n. 3); *moradas, aposentos* e *peças*, com significado aproximadamente igual (c. 2, n. 8; M. II, c. 4, n. 6; M. III, c. 1, n. 8...); a *câmara* ou *palácio do Rei*, *céu empíreo de Deus* no centro do castelo (c. 2, n. 8 e n. 14; M. VI, c. 19, n. 3; e c. 4, n. 8; M. VII, c. 1, n. 3); e, por fim, toda uma série de *guardas, alcaides, mordomos, mestres-sala, amigos* e *parentes* (símbolos das potências: M. I, c. 1, n. 5; c. 2, n. 4 e n. 15; M. II, n. 9), *gente que vive nos aposentos baixos* (os sentidos do corpo; cf. M. I, c. 2, n. 4; M. V, c. 2, n. 3); *vassalos e criados da alma* (potências e sentidos indistintamente) (cf. M. I, c. 2, n. 12; e M. III, c. 1, n. 5); *legiões de demônios* (M. I, c. 2, n. 11, 12, 15; M. I, c. 3, n. 5); *cobras e víboras* (representações demoníacas das coisas do mundo: M. II, n. 2; e M. I, c. 2, n. 14); *sevandijas peçonhentas* (cuidados de honra ou fazenda ou negócios; maus pensamentos etc.: M. I, c. 1, n. 8; c. 2, n. 11, 14; M. II, n. 2, 5, 8; M. III, c. 1, n. 8); *bestas e feras* (apetites, paixões, vícios: M. I, c. 2, n. 14; M. II, n. 9); *lagartixas agudas* que são os *pensamentinhos da imaginação* (M. V, c. 1, n. 5) etc.

[5] Disse no n. 1 deste capítulo.
[6] *Vades*, em espanhol: *vayáis*, a Santa escreve *vays*, como em outras ocasiões: cf. 6, 7, 5.

quanto mais quem é tão ruim como eu; porque vos será grande consolo, quando o Senhor vo-las fizer, saber que é possível; e a quem não, para louvar sua grande bondade; que assim como não nos faz dano considerar as coisas que há no céu e o que gozam os bem-aventurados, antes nos alegramos e procuramos alcançar o que eles gozam, tampouco nos fará ver que é possível neste desterro comunicar-se um tão grande Deus com uns vermes tão cheios de mau odor; e amar uma bondade tão boa e uma misericórdia tão sem medida. Tenho por certo que a quem fizer dano entender que é possível fazer Deus esta mercê neste desterro, que estará muito falta de humildade e do amor do próximo; porque se isto não é, como nos podemos deixar de folgar de que faça Deus estas mercês a um irmão nosso, pois não impede para fazê-las a nós, e de que Sua Majestade dê a entender suas grandezas, seja em quem for? Que algumas vezes será só para nós, como disse do cego que deu vista,[7] quando os apóstolos lhe perguntaram se era por seus pecados ou de seus pais. E assim acontece não fazê-las por ser mais santos a quem as faz do que aos que não, senão para que se conheça sua grandeza, como vemos em São Paulo e na Madalena,[8] e para que nós o louvemos em suas criaturas.

---

[7] Alude ao "cego de nascimento", Jo 9,2-3.
[8] *São Paulo e a Madalena*: dois exemplares de "conversão" e de experiência mística, reiteradamente aludidos no *Castelo*: São Paulo em M. 6, 9, 10; 7, 1, 5; 7, 2, 5; 7, 3, 9; 7, 4, 5. A Madalena em M. 6, 7, 4; 6, 11, 12; 7, 2, 7.

4. Poder-se-á dizer que parecem coisas impossíveis e que é bom não escandalizar os fracos. – Menos se perde em que eles não o creiam, do que em que se deixem de aproveitar aos que Deus as faz; e se regalarão e despertarão a mais amar a quem faz tantas misericórdias, sendo tão grande seu poder e majestade; quanto mais que sei que falo com quem não terá este perigo, porque sabem e creem que Deus faz ainda muito maiores mostras de amor. Eu sei que quem isto não crer não o verá por experiência, porque é muito amigo de que não ponham taxa a suas obras, e assim, irmãs, jamais vos aconteça às que o Senhor não levar por este caminho.

5. Pois tornando a nosso formoso e deleitoso castelo, temos de ver como poderemos entrar nele.

Parece que digo algum disparate; porque se este castelo é a alma, claro está que não há para que entrar, pois é ele mesmo;[9] como pareceria desatino dizer a um que entrasse numa peça estando já dentro. – Mas haveis de entender que vai muito de estar a estar; que há muitas almas que estão na ronda do castelo[10] que é onde estão os que o guardam, e que não se lhes dá

---

[9] *Se es él mismo*: o homem é o próprio castelo. Expressões semelhantes: "é-se todo desconcerto" (M. 4, 2, 1), "são fracas de compleição" (M. 4, 3, 11).

[10] *Ronda del castillo*: novo elemento do símbolo-base. Foi tomado do castelo bélico: *ronda* é "o espaço que há entre a parte interior do muro e as casas da cidade ou vila". – "Ronda algumas vezes é tomada para os soldados que vão rondando e assegurando-se do que pode haver..." (Cobarruvias). Aqui simboliza o entorno corporal da alma: a exterioridade.

nada de entrar dentro nem sabem o que há naquele tão precioso lugar nem quem está dentro nem ainda que peças tem. Já tereis ouvido em alguns livros de oração[11] aconselhar a alma que entre dentro de si; pois isto mesmo é.

6. Dizia-me há pouco um grande letrado[12] que são as almas que não têm oração como um corpo com paralisia ou tolhido, que ainda que tenha pés e mãos não os pode mandar; que assim são, que há almas tão enfermas e mostradas a estar em coisas exteriores, que não há remédio nem parece que podem entrar dentro de si; porque já o costume tem tal de ter sempre tratado com as sevandijas e bestas que estão no cerco do castelo, que já quase está feita como elas, e sendo de natural tão rica e podendo ter sua conversação não menos do que com Deus,[13] não há remédio. E se estas almas não procuram entender e remediar sua grande miséria, quedar-se-ão feitas estátuas de sal por não volver a cabeça para si, assim como ficou a mulher de Lot[14] por volvê-la.

7. Porque, pelo que posso entender, a porta para entrar neste castelo é a oração e consideração, não

---

[11] *Livros de oração*: alude aos que lhe serviram de iniciação: Francisco de Osuna, *Tercer Abecedario*; Bernardino de Laredo, *Subida del Monte Sión*, e talvez os de São Pedro de Alcântara e Bernabé de Palma...

[12] Ver a *Relação* 24: experiência mística da alma. – A seguir: paralisia: a Santa usa *perlesía* (tolhimento ou paralisia). "Vulgarmente le llaman perlático y a la enfermedad perlesía", escrevia Cobarruvias.

[13] Alusão bíblica a Filipenses 3,20.

[14] Alude ao episódio narrado no Gênesis 19,26.

digo mais mental que vocal, que como seja oração há de ser com consideração; porque a que não adverte com quem fala e o que pede e quem é quem pede e a quem, não a chamo eu oração, ainda que muito meneie os lábios; porque ainda que algumas vezes será sim, ainda que não leve este cuidado, mas é tendo-o levado outras. Mas quem tivesse por costume falar com a majestade de Deus como falaria com seu escravo, que nem olha se diz mal, senão o que lhe vem à boca e tem depreendido por fazê-lo outras vezes, não a tenho por oração, nem praza a Deus que nenhum cristão a tenha desta sorte; que entre vós, irmãs, espero em Sua Majestade não haverá, pelo costume que há de tratar de coisas interiores, que é bastante bom para não cair em semelhante bestialidade.[15]

8. Pois não falemos com estas almas tolhidas, que se não vem o mesmo Senhor a mandá-las que se levantem – como ao que fazia trinta anos[16] que estava na piscina –, têm farta desventura e grande perigo, senão com outras almas que, enfim, entram no castelo; porque ainda que estejam muito metidas no mundo, têm bons desejos, e alguma vez, ainda que de tarde em tarde, se encomendam a nosso Senhor e consideram quem são, ainda que não muito devagar;

---

[15] No autógrafo, Gracián riscou "bestialidade" e escreveu "abominação". Frei Luís manteve o vocábulo original. Por "bestialidade" a autora entende aqui "vida à maneira animal, sem consciência da dignidade própria de homens" (cf. n. 2).
[16] Episódio do paralítico, narrado em Jo 5,2-8: eram 38 anos, como efetivamente corrigiu Gracián no original.

alguma vez num mês rezam cheios de mil negócios, o pensamento quase ordinariamente nisto, porque estão tão apegados a eles, que como onde está seu tesouro lá vai o coração,[17] põem por si algumas vezes de desocupar-se, e é grande coisa o conhecimento próprio e ver que não vão bem para atinar com a porta. Enfim, entram nas primeiras peças das baixas, mas entram com eles tantas sevandijas que nem o deixam ver a formosura do castelo, nem sossegar; bastante fazem em ter entrado.

9. Parecer-vos-á, filhas, que isto é impertinente, pois pela bondade do Senhor não sois destas. – Tendes de ter paciência, porque não saberei dar a entender, como eu tenho entendido, algumas coisas interiores de oração se não é assim, e ainda praza ao Senhor que atine a dizer algo, porque é bem difícil o que quereria dar-vos a entender, se não há experiência; se há, vereis que não se pode fazer menos de tocar no que praza ao Senhor não nos toque por sua misericórdia.

---

[17] Alusão ao dito de Jesus em Mt 6,21.

Capítulo 2

Trata de quão feia coisa é uma alma que está em pecado mortal e como quis Deus dar a entender algo disto a uma pessoa. – Trata também algo sobre o conhecimento próprio. – É de proveito, porque há alguns pontos de notar. – Diz como se hão de entender estas moradas.

1. Antes que passe adiante, quero dizer-vos que considereis o que será ver este castelo tão resplandecente e formoso, esta pérola oriental, esta árvore de vida que está plantada nas mesmas águas vivas da vida, que é Deus, quando cai num pecado mortal: não há trevas mais tenebrosas, nem coisa tão escura e sombria, que esteja muito mais.[1] Não queirais mais saber de que, estando o mesmo sol que lhe dava tanto resplendor e formosura ainda no centro de sua alma,[2] é como se ali não estivesse para participar dele, sendo tão capaz para gozar de Sua Majestade como o cristal para resplandecer nele o sol. Nenhuma coisa lhe aproveita;

---

[1] Toda esta passagem está entretecida de alusões bíblicas: *castelo resplandecente e formoso*, cf. Ap 21,2 e 10 (textos sobre a Jerusalém celeste); *pérola oriental*, cf. Mt 13,45 (textos sobre a pedra preciosa, ou então as passagens apocalípticas correspondentes à alusão anterior: Ap 22,1s); *trevas tenebrosas*, cf. a parábola do banquete (Mt 22,13; 8,12).

[2] "Por essência, presença e potência", acrescentou Gracián entre linhas.

e daqui vem que todas as boas obras que fizer, estando assim em pecado mortal, são de nenhum fruto[3] para alcançar glória; porque não procedendo daquele princípio, que é Deus, de onde nossa virtude é virtude, e apartando-nos dele, não pode ser agradável aos seus olhos; pois, enfim, a intenção de quem faz um pecado mortal não é contentá-lo, senão fazer prazer ao demônio, que como é as mesmas trevas, assim a pobre alma fica feita uma mesma treva.

2. Eu sei de uma pessoa[4] a quem quis nosso Senhor mostrar como ficava uma alma quando pecava mortalmente. Diz aquela pessoa que lhe parece que se o entendessem não seria possível ninguém pecar, ainda que se pusesse aos maiores trabalhos que se podem pensar para fugir das ocasiões. E assim lhe deu muita gana que todos o entendessem; e assim a dê a vós, filhas, de rogar muito a Deus pelos que estão neste estado, todos feitos uma escuridão, e assim são suas obras; porque assim como de uma fonte muito clara são todos os arroiozinhos que saem dela, que é uma alma que está em graça, que daqui lhe vem ser suas obras tão agradáveis aos olhos de Deus e dos homens, porque procedem desta fonte de vida, onde a alma está como uma árvore plantada nela,[5] que o frescor e fruto não teria se não procedesse dali, que isto a sustenta e

---

[3] Por escrúpulo teológico, Gracián riscou *fruto* e escreveu "merecimento" (cf. M. VII, c. 1, n. 3 nota).
[4] Ela mesma: ver Rel. 24, que relata ao vivo esta visão.
[5] Prosseguem o léxico e simbolismo bíblicos: *fonte clara, fonte de vida, frescor e fruto, negríssimas águas, sol resplandecente* (n. 3).

faz não secar-se e que dê bom fruto; assim a alma que por sua culpa se aparta desta fonte e se planta em outra de mui escuríssima água e de muito mau odor, tudo o que corre dela é a mesma desventura e sujeira.

3. É de considerar aqui que a fonte e aquele sol resplandecente que está no centro da alma não perde seu resplendor e formosura que sempre está dentro dela, e coisa não pode tirar sua formosura. Mas se sobre um cristal que está ao sol se pusesse um pano muito preto, claro está que, ainda que o sol dê nele, não fará sua claridade operação no cristal.[6]

4. Ó almas redimidas pelo sangue de Jesus Cristo! Entendei-vos e tende lástima de vós! Como é possível que entendendo isto não procurais tirar este piche deste cristal? Mirai que, se se vos acaba a vida, jamais tornareis a gozar desta luz. Ó Jesus, o que é ver uma alma apartada dela! Quais ficam os pobres aposentos do castelo! Que turbados andam os sentidos, que é a gente que vive neles! E as potências, que são os alcaides e mordomos e mestres-salas, com que cegueira, com que mau governo! Enfim, como onde está plantada a árvore que é o demônio, que fruto pode dar?

5. Ouvi uma vez um homem espiritual que não se espantava de coisas que fizesse um que está em pecado mortal, senão do que não fazia. Deus por sua misericórdia nos livre de tão grande mal, que não há

---

[6] Textos e experiências anteriores a esta passagem podem ser vistos em *Vida* 40, 5-6; e *Rel.* 57.

coisa enquanto vivemos que mereça este nome de mal, senão esta, pois acarreta males eternos para sem fim. Isto é, filhas, do que havemos de andar temerosas e o que havemos de pedir a Deus em nossas orações; porque, se Ele não guarda a cidade, em vão trabalharemos,[7] pois somos a mesma vaidade.

Dizia aquela pessoa[8] que tinha extraído duas coisas da mercê que Deus lhe fez: uma, um temor grandíssimo de ofendê-lo, e assim sempre andava lhe suplicando que não a deixasse cair, vendo tão terríveis danos; a segunda, um espelho para a humildade, olhando como coisa boa que façamos não vem seu princípio de nós, senão desta fonte onde está plantada esta árvore de nossas almas, e deste sol que dá calor a nossas obras. Diz que isto lhe foi representado tão claro, que em fazendo alguma coisa boa ou vendo-a fazer, acudia a seu princípio e entendia como sem esta ajuda não podíamos nada; e daqui lhe procedia ir logo louvar a Deus e, o mais ordinário, não se lembrar de si em coisa boa que fizesse.

6. Não seria tempo perdido, irmãs, o que gastásseis em ler isto nem eu em escrevê-lo, se ficássemos com estas duas coisas, que os letrados e entendidos muito bem sabem, mas nossa torpeza das mulheres de tudo tem mister; e assim porventura quer o Senhor que venham a nossa notícia semelhantes comparações. Praza a sua bondade que nos dê graça para isso.

---

[7] Clara reminiscência do Salmo 126,1-2.
[8] *Aquela pessoa*: é a autora, já aludida no n. 2.

7. São tão obscuras de entender estas coisas interiores, que a quem tão pouco sabe como eu, forçado haverá de dizer muitas coisas supérfluas e ainda desatinadas para dizer alguma que acerte. É preciso que tenha paciência quem o ler, pois eu a tenho para escrever o que não sei; que, certamente, algumas vezes tomo o papel como uma coisa boba, que nem sei o que dizer nem como começar. Bem entendo que é coisa importante para vós declarar algumas interiores, como puder; porque sempre ouvimos quão boa é a oração, e temos por constituição de tê-las tantas horas,[9] e não nos é declarado mais do que nós podemos; e de coisas que o Senhor obra numa alma declara-se pouco, digo sobrenatural.[10] Dizendo-se e dando a entender de muitas maneiras, ser-nos-á muito consolo considerar este artifício celestial interior tão pouco entendido pelos mortais ainda que vão muitos por ele. E ainda que em outras coisas que tenho escrito[11] tem dado o

---

[9] Alusão às *Constituições* das Carmelitas, escritas pela Santa: n. 2, 7 e 8. A *Regra carmelitana* prescrevia "meditar dia e noite na Palavra de Deus".

[10] *Sobrenatural* no léxico teresiano equivale a "místico". Ela mesma o definiu assim: "sobrenatural... chamo eu o que com indústria nem diligência não se pode adquirir, ainda que muito se procure, ainda que dispor-se para isso sim" (Rel. 5, 3: escrita pouco mais de um ano antes, 1576). – A Santa lamenta que haja poucos livros que expliquem a fundo a oração sobrenatural, quer dizer, "mística". Daí sua orientação intencionada para temas místicos no presente livro.

[11] Nova alusão a *Vida* e a *Caminho*, e à influência divina na composição desses escritos. Cf. *Vida* 39, 8: "Muitas coisas das que aqui escrevo não são de minha cabeça, senão que mas dizia meu Mestre celestial".

Senhor algo a entender, entendo que algumas não as tenha entendido como depois cá, em especial das mais difíceis. O trabalho é que para chegar a elas – como tenho dito[12] – se haverão de dizer muitas muito sabidas porque não pode ser menos para meu rude engenho.

8. Pois tornemos agora a nosso castelo de muitas moradas. Não haveis de entender estas moradas uma após a outra, como coisa em fileira,[13] senão ponde os olhos no centro, que é a peça ou palácio onde está o rei, e considerai como um palmito,[14] que para chegar ao que é de comer tem muitas coberturas que todo o saboroso cercam. Assim cá, em redor desta peça estão muitas, e encima o mesmo. Porque as coisas da alma sempre se hão de considerar com plenitude e largueza e grandeza, pois não lhe levantam nada,[15] que é capaz de muito mais que poderemos considerar, e a todas as partes dela se comunica este sol que está neste palácio. Isto importa muito a qualquer alma que tenha oração, pouca ou muita, que não a encurrale nem aperte. Deixe-a andar por estas moradas, encima e embaixo e nos lados, pois Deus lhe deu tão grande dignidade; não se esprema em estar muito tempo numa peça só.

---

[12] Disse isto neste mesmo número.
[13] *Em fileira* (esp. *en hilada*): em sequência, em fila. A Santa quer evitar que as moradas da alma sejam concebidas como seções estratificadas e monótonas: o símbolo do castelo deve facilitar uma visão da profundidade e riqueza do espírito.
[14] Segundo Cobarruvias, "Palmitos: galhos de palma, cujo miolo e brotos se comem. De um que está com muitos vestidos dizemos que está vestido como um palmito".
[15] N.T.: *Não lhe levantam nada*: não aumentam, não exageram.

Oh, que seja no conhecimento próprio! Que por quão necessário seja isto (mirem que me entendam), ainda as que o Senhor tem na mesma morada que Ele está, que jamais – por encumeada que esteja – lhe cumpre outra coisa nem poderá ainda que queira; que a humildade sempre lavra como a abelha na colmeia o mel, que sem isto tudo vai perdido. Mas consideremos que a abelha não deixa de sair a voar para trazer flores; assim a alma no próprio conhecimento, creia-me e voe algumas vezes a considerar a grandeza e majestade de seu Deus. Aqui achará sua baixeza melhor do que em si mesma, e mais livre das sevandijas aonde entram nas primeiras peças, que é o conhecimento próprio; que ainda que, como digo, seja farta misericórdia de Deus que se exercite nisto, tanto é o de mais como o de menos – costumam dizer.[16] E creiam-me, que com a virtude de Deus obraremos muito melhor virtude[17] do que muito atadas a nossa terra.

9. Não sei se fica dado bem a entender, porque é coisa tão importante este conhecer-nos que não quereria que nisso houvesse jamais relaxação, por subidas que estejais nos céus; pois, enquanto estamos nesta terra, não há coisa que mais nos importe do que a humildade. E assim torno a dizer que é muito bom e muito excelente tratar de entrar primeiro no aposento

---

[16] Cita um dito popular (cf. *Correas*, p. 493).
[17] Alusão ao Salmo 59,14 (ou ao 107,14), que ela lia na Vulgata: "in Deo faciemus virtutem". Seu biógrafo Ribera anotou esta passagem: "Esta sentença de Davi trazia a Madre escrita na capa de seu breviário, porque gostava muito dela".

aonde se trata disto, que voar aos demais; porque este é o caminho, e se podemos ir pelo seguro e plano, para que havemos de querer asas para voar? Mas que busque como aproveitar mais nisto; e a meu parecer jamais nos acabamos de conhecer se não procuramos conhecer a Deus; mirando sua grandeza, acudamos à nossa baixeza; e mirando a sua limpeza, veremos nossa sujeira; considerando a sua humildade, veremos quão longe estamos de ser humildes.[18]

10. Há dois lucros disto: o primeiro está claro que uma coisa branca parece muito mais branca junto da preta e, ao contrário, a preta junto da branca; o segundo é, porque nosso entendimento e vontade se faz mais nobre e mais aparelhado para todo bem tratando também com Deus; e se nunca saímos de nosso lodo de misérias, é muito inconveniente. Assim como dizíamos dos que estão em pecado mortal quão escuras e de mau odor são as correntes, assim cá (ainda que não sejam como aquelas, Deus nos livre, que isto é comparação), metidos sempre na miséria de nossa terra, nunca a corrente sairá do lodo de temores, de pusilanimidade e covardia: de olhar se me olham, não me olham; se, indo por este caminho, me sucederá mal; se ousarei começar aquela obra, se será soberba; se é bom que uma pessoa tão miserável trate de coisa tão alta como a oração; se me terão por melhor se

---

[18] Passagem que é um condensado do que se chamou de "socratismo teresiano": conhecer a si mesmo, mas à luz do amor que Deus tem por nós.

não vou pelo caminho de todos; que não são bons os extremos, ainda que seja em virtude; que, como sou tão pecadora, será cair de mais alto; talvez não irei adiante e farei dano aos bons; que uma como eu não tem mister de particularidades.[19]

11. Ó, valha-me Deus, filhas, quantas almas deve o demônio de ter feito perder muito por aqui! Que tudo isto lhes parece humildade, e outras muitas coisas que poderia dizer, e vem de não acabar de nos entender; torce o próprio conhecimento e, se nunca saímos de nós mesmos, não me espanto, que isto e mais se pode temer. Por isso digo, filhas, que ponhamos os olhos em Cristo, nosso bem, e ali depreenderemos a verdadeira humildade, e em seus santos, e o entendimento se enobrecerá – como tenho dito – e não fará o próprio conhecimento rateiro[20] e covarde; que, ainda que esta seja a primeira morada, é muito rica e de tão grande preço, que se se escapole das sevandijas dela, não ficará sem passar adiante. Terríveis são os ardis e manhas do demônio para que as almas não se conheçam nem entendam seus caminhos.

---

[19] Passagem alusiva à polêmica da oração, no tempo da Autora. Compare-se com *Caminho* 20, 2, eco claro de situações vividas por ela mesma.

[20] Disse-o no n. anterior – *Conhecimento rateiro*: Cobarruvias definia assim este termo: "rateiro: o homem de baixos pensamentos, tomada a metáfora de certas aves de rapina que caçam ratos". – Pouco antes, a Santa tinha formulado um de seus lemas preferidos: "os olhos em Cristo" (ou, então, "os olhos em vosso Esposo", C. 2, 1). Repetirá isso nas moradas finais: "ponde os olhos no Crucificado" (M. VII, 4, 8; cf. V. 4, 10).

12. Destas moradas primeiras poderei eu dar muitos bons sinais de experiência. Por isso digo[21] que não considerem poucas peças, senão um milhão; porque de muitas maneiras entram almas aqui, umas e outras com boa intenção. Mas como o demônio sempre a tem tão má, deve ter em cada uma muitas legiões de demônios para combater que não passem de umas a outras e, como a pobre alma não entende, por mil maneiras nos faz ilusões, o que não pode tanto às almas que estão mais perto de onde está o rei, que aqui, como ainda estão embebidas no mundo e engolfadas em seus contentos e desvanecidas em suas honras e pretensões, não têm a força os vassalos da alma (que são os sentidos e potências) que Deus lhes deu de seu natural, e facilmente estas almas são vencidas, ainda que andem com desejos de não ofender a Deus, e façam boas obras. As que se virem neste estado hão mister de acudir amiúde, como puderem, a Sua Majestade, tomar sua bendita Mãe por intercessora, e a seus Santos, para que eles pelejem por elas, que seus criados pouca força têm para se defender. Na verdade, em todos os estados é mister que nos venha de Deus. Sua Majestade no-la dê por sua misericórdia, amém.

13. Que miserável é a vida em que vivemos! Porque em outra parte disse muito do dano que nos faz, filhas, não entender bem isto da humildade e conhecimento próprio, não vos digo mais aqui, ainda que

---

[21] Alude ao dito no n. 8.

seja o que mais nos importa e praza ao Senhor tenha dito algo que vos aproveite.[22]

14. Haveis de notar que nestas moradas primeiras ainda não chega quase nada a luz que sai do palácio onde está o Rei;[23] porque, ainda que não estejam obscurecidas e escuras como quando a alma está em pecado, está obscurecida de alguma maneira para que não a possa ver – o que está nela digo – e não por culpa da peça – que não sei dar-me a entender – senão porque com tantas coisas más de cobras e víboras e coisas peçonhentas que entraram com ele, não o deixam advertir a luz. Como se um entrasse numa parte aonde entra muito sol e levasse terra nos olhos, que quase não os pudesse abrir. Clara está a peça, mas ele não o goza pelo impedimento ou coisas dessas feras e bestas que o fazem fechar os olhos para não ver senão a elas. Assim me parece que deve ser uma alma que, ainda que não esteja em mau estado, está tão metida em coisas do mundo e tão empapada na fazenda ou honra ou negócios – como tenho dito – que, ainda que de fato de verdade se quereria ver e gozar de sua formosura, não o deixam, nem parece que pode escapulir-se de tantos impedimentos. E convém muito, para haver de entrar nas segundas moradas, que procure dar

---

[22] Repete o que disse *em outra parte*, quer dizer, em *Caminho* 39, 5 e em *Vida* 13, 15.
[23] À margem do autógrafo Gracián anotou: "Isto se entende quando a alma não chegou às outras de mais adiante; que se tendo caminhado até as últimas, às vezes volta às primeiras para fortalecer-se na humildade, muito cheias estão de luz".

de mão às coisas e negócios não necessários, cada um conforme o seu estado; que é coisa que importa tanto para chegar à morada principal, que se não começa a fazer isto o tenho por impossível; e ainda estar sem muito perigo na que está, ainda que tenha entrado no castelo, porque entre coisas tão peçonhentas, uma vez ou outra é impossível deixar de o morder.

15. Pois que seria, filhas, se às que já estão livres destes tropeços como nós e temos já entrado muito mais dentro de outras moradas secretas do castelo, se por nossa culpa tornássemos a sair para estas barafundas, como por nossos pecados deve haver muitas pessoas, às quais Deus tem feito mercês e por sua culpa se lançam nesta miséria? Cá livres estamos no exterior; no interior praza ao Senhor que o estejamos e nos livre. Guardai-vos, filhas minhas, de cuidados alheios. Mirai que em poucas moradas deste castelo deixam de combater os demônios. É verdade que em algumas os guardas têm força para pelejar – como creio que tenho dito que são as potências[24] –, mas é muito mister não nos descuidar para entender seus ardis e que não nos engane, feito anjo de luz;[25] que há uma multidão de coisas com que nos pode fazer dano entrando pouco a pouco, e até tê-lo feito não o entendemos.

---

[24] Remete aos n. 4 e 12.
[25] O demônio *feito anjo de luz*, segundo o texto paulino de 2Cor 11,14. Repetirá isso mais adiante: V, 5, 1.

Já vos disse outra vez[26] que é como uma lima surda, que mister de entendê-lo no princípio. Quero dizer alguma coisa para vo-lo dar melhor a entender.

Põe numa irmã uns ímpetos de penitência, que lhe parece não ter descanso senão quando está se atormentando. Este princípio é bom; mas se a priora tem mandado que não façam penitência sem licença, e lhe faz parecer que em coisa tão boa bem se pode atrever, e escondidamente se dá tal vida que vem a perder a saúde e não fazer o que manda sua Regra, já vedes em que parou este bem.

Põe em outra um zelo da perfeição muito grande. Isto é muito bom; mas poderia vir daqui que qualquer faltinha das irmãs lhe parecesse uma grande quebra, e um cuidado de olhar se as fazem, e acudir à priora; e ainda às vezes poderia ser não ver as suas pelo grande zelo que tem da religião. Como as outras não entendem o interior e veem o cuidado, poderia ser não o tomar tão bem.

17. O que o demônio pretende aqui não é pouco, que é esfriar a caridade e o amor de umas com outras, que seria grande dano. Entendamos, filhas minhas, que a perfeição verdadeira é amor de Deus e do próximo, e com quanto mais perfeição guardarmos estes dois mandamentos, mais perfeitas seremos. Toda a nossa Regra e Constituições não servem de outra coisa senão de meios para guardar isto com mais

---

[26] Escreveu isso em *Caminho* 38 e 39.

perfeição. Deixemo-nos de zelos indiscretos, que nos podem fazer muito dano. Cada uma olhe para si.

Porque em outra parte vos tenho dito bastante sobre isto,[27] não me alongarei

18. Importa tanto este amor de umas com outras, que nunca quereria que vos esquecêsseis disso; porque de andar olhando nas outras umas ninharias, que às vezes não será imperfeição, senão, como sabemos pouco, talvez o lancemos para a pior parte, pode a alma perder a paz e ainda inquietar a das outras: olhai se custaria caro a perfeição. Também poderia o demônio pôr esta tentação com a priora, e seria mais perigosa. Para isto é mister muita discrição; porque, se fossem coisas que vão contra a Regra e Constituição, é mister que nem todas as vezes se lance para a parte boa, senão avisá-la, e se não se emendar, ao prelado.[28] Isto é caridade. E também com as irmãs, se for alguma coisa grave; e deixar tudo por medo se é tentação, seria a mesma tentação. Mas há de se advertir muito (para que não nos engane o demônio) não o tratar uma com outra, que daqui pode extrair o demônio grande lucro e começar costume de murmuração; senão com quem há de aproveitar, como tenho dito.[29] Aqui, glória a Deus, não há tanto lugar, como se guarda tão contínuo silêncio; mas é bom que estejamos de sobreaviso.

---

[27] Provavelmente remete a *Caminho* c. 4-7 e a *Vida* c. 13, n. 8 e 10.
[28] *Prelado* é o provincial ou o bispo; *priora* é a superiora da comunidade em cada Carmelo.
[29] Disse isso no mesmo número.

MORADAS SEGUNDAS
HÁ NELAS UM SÓ CAPÍTULO

Capítulo único

Que trata do muito que importa a perseverança para chegar às últimas moradas, e a grande guerra que dá o demônio, e quanto convém não errar o caminho no princípio. Para acertar, dá um meio que tem provado ser muito eficaz.

1. Agora vamos falar quais serão as almas que entram nas segundas moradas e o que fazem nelas. Quereria dizer-vos pouco, porque o tenho dito em outras partes bem longamente,[1] e será impossível deixar de tornar a dizer outra vez muito disso, porque coisa não me lembro do dito; que se o quisesse guisar de diferentes maneiras, bem sei que não vos enfadaríeis, como nunca nos cansamos dos livros que tratam disto, sendo muitos.

2. É dos que têm já começado a ter oração e entendido o que lhes importa não ficar nas primeiras moradas, mas não têm ainda determinação para deixar muitas vezes de estar nela,[2] porque não deixam as ocasiões, que é farto perigo. Mas farta misericórdia é que algum tempo procurem fugir das cobras e coisas peçonhentas, e entender que é bom deixá-las.

---

[1] Disse isso em *Vida* 11-13.
[2] *Nela*: na oração, ou nesta segunda morada.

Estes, em parte, têm bastante mais trabalho que os primeiros,[3] ainda que não tanto perigo, porque já parece que os entendem, e há grande esperança de que entrarão mais adentro. Digo que têm mais trabalho, porque os primeiros são como mudos que não ouvem, e assim passam melhor seu trabalho de não falar, o que não passariam, senão muito maior, os que ouvissem e não pudessem falar. Mas nem por isso se deseja mais o dos que não ouvem, que enfim é grande coisa entender o que nos dizem. Assim estes entendem os chamamentos que lhes faz o Senhor; porque, como vão entrando mais perto de onde está Sua Majestade, é muito bom vizinho, e tanta a sua misericórdia e bondade, que ainda estando em nossos passatempos e negócios e contentos e baratarias do mundo,[4] e ainda caindo e levantando em pecados (porque estas bestas são tão peçonhentas e perigosa a sua companhia e buliçosas que por maravilha deixarão de tropeçar nelas para cair), com tudo isto, tem em tanto este Senhor nosso que o queiramos e procuremos sua companhia, que uma vez ou outra não nos deixa de chamar para que nos aproximemos dele; e é esta voz tão doce que se desfaz a pobre alma em não

---

[3] *Os primeiros*: os das moradas primeiras. No entanto, em linhas mais abaixo: *estes* são os das moradas segundas. Para melhor compreender o sentido do presente símile, cf. o n. 3.

[4] *Barataria* (esp.: *baratería*): tráfico e confusão de negócios (cf. *Carta* de 27.7.1573 a J. Ordóñez). *Baratona y negociadora*, dirá zombeteiramente de si mesma em carta a Lourenço de Cepeda (17.1.1570) e a A. Mariano (21.10.1576).

fazer logo o que lhe manda; e assim – como digo – é mais trabalho que não o ouvir.

3. Não digo que são estas vozes e chamamentos como outras que direi depois[5] senão com palavras que ouvem de gente boa ou sermões ou com o que leem em bons livros e coisas muitas que tendes ouvido, por onde chama Deus, ou enfermidades, trabalhos, e também com uma verdade que ensina naqueles momentos que estamos em oração; seja quão frouxamente quiserdes, Deus os tem em muito. E vós, irmãs, não tenhais em pouco esta primeira mercê nem vos desconsoleis, ainda que não respondais logo ao Senhor, que bem sabe Sua Majestade aguardar muitos dias e anos, em especial quando vê perseverança e bons desejos. Esta é o mais necessário aqui, porque com ela jamais se deixa de ganhar muito. Mas é terrível a bateria[6] que aqui dão os demônios de mil maneiras e com mais pena da alma que ainda na passada;[7] porque acolá estava muda e surda, pelo menos ouvia muito pouco e resistia menos, como quem tem em parte perdida a esperança de vencer; aqui está o entendimento mais vivo e as potências mais hábeis: andam os golpes e a artilharia de maneira que não o pode a alma deixar de ouvir. Porque aqui é o representar os demônios estas cobras das coisas do mundo e o fazer os contentos

---

[5] N.T.: *Moradas* VI, cap. 3.
[6] *Bateria*: guerra, porfia (cf. *Vida* 8, 10; 19, 4).
[7] *Na passada*: nas moradas primeiras. – Segue: *acolá*, nas M. primeiras; *aqui*, nas M. segundas.

dele quase eternos, a estima em que está tido nele, os amigos e parentes, a saúde nas coisas de penitência (que sempre começa a alma que entra nesta morada a desejar fazer alguma), e outras mil maneiras de impedimentos.

4. Ó Jesus, o que é a barafunda que aqui põem os demônios, e as aflições da pobre alma, que não sabe se passar adiante ou tornar à primeira peça! Porque a razão, por outra parte, lhe representa o engano que é pensar que tudo isto vale nada em comparação com o que pretende; a fé lhe ensina o que deve fazer; a memória lhe representa no que param todas estas coisas, trazendo-lhe presente a morte dos que muito gozaram estas coisas, que tem visto: como algumas tem visto súbitas, quão depressa são esquecidos de todos, como tem visto alguns que conheceu em grande prosperidade pisar debaixo da terra e ainda passado pela sepultura ele muitas vezes, e olhar que estão naquele corpo fervendo muitos vermes, e outras fartas coisas que lhe pode pôr diante; a vontade se inclina a amar onde tão inumeráveis coisas e mostras tem visto de amor, e quereria pagar alguma: em especial se lhe põe diante como nunca se afasta dele este verdadeiro amador, acompanhando-o, dando-lhe vida e ser. Logo o entendimento acode dando-lhe a entender que não pode cobrar melhor amigo, ainda que viva muitos anos; que todo o mundo está cheio de falsidade, e estes contentos que lhe põe o demônio, de trabalhos e cuidados e contradições; e lhe diz que esteja certo

que fora deste castelo não achará segurança nem paz; que deixe de andar por casas alheias, pois a sua é tão cheia de bens, se a quer gozar; que quem há que ache tudo o que precisa como em sua casa, em especial tendo tal hóspede que o fará senhor de todos os bens, se ele quer não andar perdido, como o filho pródigo, comendo manjar de porcos.[8]

5. Estas são razões para vencer os demônios. Mas, ó Senhor e Deus meu, que o costume nas coisas de vaidade e o ver que todo o mundo trata disto estraga tudo. Porque está tão morta a fé, que queremos mais o que vemos do que o que ela nos diz; e na verdade, não vemos senão farta desventura nos que vão atrás destas coisas visíveis. Mas isso têm feito estas coisas peçonhentas que tratamos: que, como se a um morde uma víbora se envenena todo e se incha, assim é cá; não nos guardamos; claro está que é preciso muitas curas para sarar; e farta mercê nos faz Deus, se não morremos disso. Certamente, passa a alma aqui grandes trabalhos; em especial se entende o demônio que tem aparelho em sua condição e costumes para ir muito adiante, todo o inferno juntará para fazê-lo tornar a sair fora.

6. Ó Senhor meu, aqui é mister a vossa ajuda, que sem ela não se pode fazer nada![9] Por vossa misericórdia não consintais que esta alma seja enganada para deixar o começado. Dai-lhe luz para que veja como

---

[8] Alusão à parábola evangélica: Lucas 15,16.
[9] Eco do texto evangélico de Jo 15,5.

está nisto todo o seu bem, e para que se aparte de más companhias; que grandíssima coisa é tratar com os que tratam disto; achegar-se não só aos que vir nestes aposentos que ele está, senão aos que entender que têm entrado nos mais perto; porque lhe será grande ajuda, e tanto os pode conversar, como tê-lo em sua companhia. Sempre esteja com aviso de não se deixar vencer; porque se o demônio o vê com uma grande determinação de que antes perderá a vida e o descanso e tudo o que lhe oferece tornar à peça primeira, muito mais depressa o deixará. Seja varão e não dos que se deitavam para beber de bruços, quando iam à batalha, não me lembro com quem,[10] senão que se determine que vá pelejar com todos os demônios e que não há melhores armas que as da cruz.

7. Ainda que outras vezes tenha dito isto,[11] importa tanto que o torno a dizer aqui: é que não se lembre de que há regalos nisto que começa, porque é muito baixa maneira de começar a lavrar um tão precioso e grande edifício; e se começam sobre areia, darão com tudo no chão; nunca acabarão de andar desgostados e tentados. Porque não são estas as moradas onde chova o maná; estão mais adiante, onde

---

[10] Eram os soldados menos valentes do exército de Gedeão (Juízes 7,5-6). Gracián corrigiu essa incerteza da autora, riscando *não me lembro com quem* e acrescentando: "Com Gedeão nos Juízes, cap. 7". – *De bruços* em espanhol é "de bruces", mas a Santa escreve "de buzos".

[11] É um dos lemas ascéticos da Santa: cf. *Caminho* 20, 2; 21, título e n. 2; c. 23; 36; 41; e *Vida* 4, 2; c. 11, n. 2.10.12.13.15 etc.

tudo sabe ao que uma alma quer, porque não quer senão ao que Deus quer.[12] É coisa donosa que ainda estamos com mil embaraços e imperfeição e as virtudes que ainda não sabem andar, senão que há pouco que começaram a nascer, e ainda praza a Deus estejam começadas, e não temos vergonha de querer gostos na oração e queixar-nos de securas? Nunca vos aconteça, irmãs; abraçai-vos com a cruz que vosso Esposo levou sobre si e entendei que esta há de ser vossa empresa; a que mais puder padecer, que padeça mais por Ele, e será a melhor livrada. O demais, como coisa acessória, se o Senhor vo-lo der, dai-lhe muitas graças.

8. Parecer-vos-á que para os trabalhos exteriores bem determinadas estais, com que vos regale Deus no interior. Sua Majestade sabe melhor o que nos convém; não há para que lhe aconselhar o que nos há de dar, que nos pode com razão dizer, que *não sabemos o que pedimos*.[13] Toda a pretensão de quem começa oração (e não vos esqueçais disto, que importa muito) há de se trabalhar e determinar-se e dispor-se com quantas diligências possa para fazer a sua vontade conformar com a de Deus; e – como direi depois[14] – estai muito certas que nisto consiste toda a maior perfeição que se pode alcançar no caminho espiritual; quem mais perfeitamente tiver isto, mais receberá

---

[12] Ela escreve *la maná*. Refere-se a Êxodo 16,4-35; e de seu sabor [que é o sentido de "sabe"]: Sabedoria 16,20.
[13] Eco do diálogo de Jesus com os Zebedeus: Mt 20,22.
[14] Dirá em M. V, 3, 3 s.

do Senhor e mais adiante está neste caminho. Não penseis que há aqui mais algaravias[15] nem coisas não sabidas e entendidas, que nisto consiste todo o nosso bem. Pois se erramos no princípio, querendo logo que o Senhor faça a nossa e que nos leve como imaginamos, que firmeza pode levar este edifício? Procuremos fazer o que é em nós e guardar-nos destas sevandijas peçonhentas; que muitas vezes quer o Senhor que nos persigam maus pensamentos e nos aflijam, sem podê-los afastar de nós, e securas; e ainda algumas vezes permite que nos mordam, para que saibamos melhor nos guardar depois e para provar se nos pesa muito tê-lo ofendido.

9. Por isso, não vos desanimeis, se alguma vez cairdes, para deixar de procurar ir adiante; que ainda dessa queda Deus tirará bem, como faz o que vende a triaga[16] para provar se é boa, que bebe a peçonha primeiro. Quando não víssemos em outra coisa nossa miséria e o grande dano que nos faz andar derramados, senão nesta bateria que se passa para tornar-nos a recolher, bastava. Pode ser maior mal que não nos achemos em nossa própria casa? Que esperança podemos ter de achar sossego em outras coisas, pois

---

[15] *Algaravias*: confusão, palavras ininteligíveis, como o árabe falado pelos mouriscos (cf. a passagem de *Caminho* 20, 5; e *Vida* 14, 4).
[16] *Triaga*, teriaga ou teriaca (esp. *triaca*): vomitivo de uso popular. Segundo Cobarrubias, "é um medicamento eficacíssimo composto de muitos simples, e o que é mais de admirar, a maioria deles venenosos, que remedia os que estão empeçonhados com qualquer veneno". É um antídoto caseiro.

nas próprias não podemos sossegar? Senão que tão grandes e verdadeiros amigos e parentes e com quem sempre, ainda que não queiramos, temos de viver, como são as potências, essas parece que nos fazem a guerra como sentidas das que a elas lhes têm feito nossos vícios. Paz! Paz! Irmãs minhas, disse o Senhor, e admoestou a seus Apóstolos tantas vezes.[17] Pois crede-me, que se não a temos e procurarmos em nossa casa, que não a acharemos nos estranhos. Acabe-se já esta guerra; pelo sangue que derramou por nós o peço eu aos que não têm começado a entrar em si; e aos que têm começado, que não baste para fazê-los tornar atrás. Olhem que é pior a recaída que a queda; já veem sua perda; confiem na misericórdia de Deus e nonada em si, e verão como Sua Majestade o leva de umas moradas a outras e o mete na terra[18] onde estas feras não o podem tocar nem cansar, senão que ele as sujeite a todas e burle delas, e goze de muitos mais bens que poderia desejar, ainda nesta vida digo.

10. Porque – como disse no princípio – vos tenho escrito[19] como haveis de comportar-vos nestas perturbações que aqui o demônio põe, e como não há de ir à força de braços o começar-se a recolher, senão com suavidade, para que possais estar mais continuamente, não o direi aqui, mais de que, de meu parecer faz

---

[17] Palavras do Ressuscitado: Jo 20,21...
[18] *Terra* "da promissão da bem-aventurança", anotou Gracián à margem do original.
[19] Disse isso no princípio deste capítulo, n. 1, e o tinha escrito em *Vida* 8, 7-10 e 15, 1-7. E em *Caminho* 28-29 e 31.

muito ao caso tratar com pessoas experimentadas; porque em coisas que são necessário fazer, pensareis que há grande quebra. Como não seja o deixá-lo, tudo guiará o Senhor a nosso proveito, ainda que não achemos quem nos ensine; que para este mal[20] não há remédio se não se torna a começar, senão ir perdendo pouco a pouco cada dia mais a alma, e ainda praza a Deus que o entenda.

11. Poderia alguma pensar que se tanto mal é tornar atrás, que melhor será nunca começar, senão ficar fora do castelo. – Já vos disse no princípio,[21] e o mesmo Senhor o diz, que *quem anda no perigo nele perece*, e que a porta para entrar neste castelo é a oração. Pois pensar que havemos de entrar no céu e não entrar em nós, conhecendo-nos e considerando nossa miséria e o que devemos a Deus e pedindo-lhe muitas vezes misericórdia, é desatino. O mesmo Senhor diz: *Ninguém subirá a meu Pai*,[22] *senão por Mim*; não sei se diz assim, creio que sim; e *quem vê a Mim, vê a meu Pai*. Pois se nunca o miramos nem consideramos o que lhe devemos e a morte que passou por nós, não sei como podemos conhecê-lo nem fazer obras em seu serviço; porque a fé sem elas e sem ir chegadas ao

---

[20] *Este mal*: deixar a oração.
[21] Disse-o nos n. 2-3. A citação bíblica remete a Eclesiástico 3,27.
[22] Textos tomados de João 14,6 e 9. Gracián emendou a primeira citação (riscando "subirá" e substituindo por "vem"). Depois riscou o titubeio da Santa: "não sei se diz assim, creio que sim". E anotou na margem: "uma e a outra diz por São João, cap. 14". – Cf. as mesmas citações em M. VI, 7, 6.

valor dos merecimentos de Jesus Cristo, bem nosso, que valor podem ter? Nem quem nos despertará a amar a este Senhor?

Praza a Sua Majestade nos dê a entender o muito que lhe custamos e como não é mais o servo que o Senhor, e o que temos mister de obrar para gozar sua glória, e que para isto nos é necessário orar para não andar sempre em tentação.[23]

---

[23] Conclui com três alusões bíblicas: Mateus 10,24 ("o servo não está acima do senhor"), Marcos 10,17 ("Bom Mestre, que farei para alcançar a vida eterna?") e Mateus 26,41 ("Vigiai e orai para que não entreis em tentação"). O primeiro destes textos tinha tido especial ressonância na vida mística da autora: *Rel.* 36.

MORADAS TERCEIRAS
CONTÉM DOIS CAPÍTULOS

Capítulo 1

Trata da pouca segurança que podemos ter enquanto se vive neste desterro, ainda que o estado seja subido, e como convém andar com temor. – Há alguns bons pontos.

1. Aos que pela misericórdia de Deus venceram estes combates, e com a perseverança entraram nas terceiras moradas, que lhes diremos senão *bem-aventurado o varão que teme o Senhor*?[1] Não tem sido pouco fazer Sua Majestade que entenda eu agora o que quer dizer o romance deste verso neste tempo, segundo sou torpe neste caso. Por certo, com razão o chamaremos bem-aventurado, pois se não torna atrás, pelo que podemos entender que leva caminho seguro de sua salvação.[2] Aqui vereis, irmãs, o que importa

---

[1] Salmo 111,1. Servirá de lema e modelo para o homem das terceiras moradas. Cf. n. 4.

[2] *Caminho seguro de salvação*. Por escrúpulo teológico, Gracián riscou *seguro* e escreveu *direito*. Todo este capítulo foi salpicado de correções por Gracián, temeroso de que a Santa afirmasse uma *certeza* do estado de graça, ou uma *segurança* da própria salvação, contrária à doutrina do Concílio de Trento e semelhante a certas teorias de iluminados e quietistas. Felizmente, as correções de Gracián deixaram o original perfeitamente legível. Outro egrégio censor do original, o P. F. Ribera foi, por sua vez, fazendo notas na margem para corrigir as emendas de Gracián, com anotações como estas: "não se há de borrar nada do da Santa Madre" (anotação marginal a esta passagem, n. 1); no final do n. 2, Gracián emenda a frase *e não temos segurança*

vencer as batalhas passadas; porque tenho por certo que nunca deixa o Senhor de pô-lo em segurança de consciência, que não é pouco bem. Digo em segurança, e disse mal, que não há nesta vida, e por isso sempre entendei que digo "se não torna a deixar o caminho começado".

2. Bastante grande miséria é viver em vida que sempre havemos de andar como os que têm os inimigos à porta, que nem podem dormir nem comer sem armas, e sempre com sobressalto se por alguma parte podem abrir brecha nesta fortaleza. Ó Senhor meu e bem meu! Como quereis que se deseje vida tão miserável, que não é possível deixar de querer e pedir que nos tireis dela se não é com esperança de perdê-la por Vós ou gastá-la muito deveras em vosso

---

que nos dará Deus a mão para sair deles desta forma: "e não temos segurança de haver de sair deles" e risca também a simpática anotação marginal da Santa: *entenda-se do auxílio particular*; mas sobrevém de novo Ribera com a palmatoada: *não se borre isto*. É curioso notar que o esclarecimento do "auxílio particular", de sabor claramente ao modo de Báñez, reminiscência de conversas do teólogo salmantino com a Santa, foi respeitada integralmente por frei Luís, na edição príncipe, incluindo-a dentro do texto (p. 39-40). Também no n. 4, Gracián corrige a Santa riscando *Salomão* e escrevendo *Absalão*; e de novo Ribera intervém: "há de dizer Salomão, como a Madre escreveu". Por fim se repete a escaramuça numa delicada passagem do n. 8: ... *o que nos tem servido* [Deus]: *de mau grado disse esta palavra, mas isso é assim*... Gracián emenda "nos tem servido" em "tem padecido" e risca o resto. Ribera adverte imediatamente depois: "Não se borre nada, que está muito bem dito o que diz a Santa". – Lembre-se da nota de Ribera na primeira página do original, e não se esqueça de que Gracián teve especial incumbência da Santa para retocar o seu autógrafo.

serviço, e sobretudo entender que é vossa vontade? Se é, Deus meu, morramos convosco, como disse São Tomé,[3] que não é outra coisa senão morrer muitas vezes viver sem Vós e com estes temores de que pode ser possível perder-vos sempre. Por isso digo, filhas, que a bem-aventurança que temos de pedir é estar já em segurança com os bem-aventurados; que com estes temores, que contento pode ter quem todo o seu contento é contentar a Deus? E considerai que este, e muito maior, tinham alguns santos que caíram em graves pecados; e não temos segurança que nos dará Deus a mão para sair deles e fazer a penitência que eles (entende-se do auxílio particular).[4]

3. Por certo, filhas minhas, que estou com tanto temor escrevendo isto, que não sei como o escrevo nem como vivo quando me lembro disso, que é mui muitas vezes. Pedi-lhe, filhas minhas, que viva Sua Majestade em mim sempre; porque se não é assim, que segurança pode ter uma vida tão mal gastada como a minha? E não vos pese de entender que isto é assim, como algumas vezes o tenho visto em vós quando vo-lo digo, e procede de que quisésseis que tivesse sido muito santa, e tendes razão: também o quisera eu; mas que tenho de fazer se o perdi só por minha culpa! Que não me queixarei de Deus que deixou[5] de dar-me bastantes

---

[3] Jo 11,16. "Como disse São Tomé" foi acrescentado pela autora à margem do original.
[4] A frase entre parênteses foi acrescentada pela Santa à margem do original.
[5] *Deixou*: deixasse ou tenha deixado.

ajudas para que se cumprissem vossos desejos; que não posso dizer isto sem lágrimas e grande confusão de ver que escreva eu coisa para as que podem ensinar a mim. Dura obediência tem sido! Praza ao Senhor que, pois se faz por Ele, seja para que vos aproveiteis de algo, porque lhe peçais que perdoe a esta miserável atrevida. Mas bem sabe Sua Majestade que só posso presumir de sua misericórdia, e já que não posso deixar de ser a que tenho sido, não tenho outro remédio senão chegar-me a ela e confiar nos méritos de seu Filho e da Virgem, mãe sua, cujo hábito indignamente trago e trazeis vós. Louvai-o, filhas minhas, que o sois desta Senhora verdadeiramente; e assim não tendes para que vos envergonhar de que seja eu ruim, pois tendes tão boa mãe, imitai-a e considerai que tal deve ser a grandeza desta Senhora e o bem de tê-la por patrona,[6] pois não bastaram meus pecados e ser a que sou para deslustrar em nada esta sagrada Ordem.

4. Mas uma coisa vos aviso: que não por ser tal e ter tal mãe estejais seguras, que muito santo era Davi, e já vedes o que foi Salomão;[7] nem façais caso do encerramento e penitência em que viveis, nem vos assegure o tratar sempre de Deus e exercitar-vos na oração tão continuamente e estar tão retiradas das coisas do mundo

---

[6] *Mãe, Senhora, Patrona*: são os títulos em que se apoia a tradicional piedade mariana do Carmelo. A Autora alude a eles aqui.
[7] Refere-se aos últimos anos de Salomão, seduzido pelas mulheres e pela idolatria: 1Rs 11,1-10; 2Rs 23,13; Eclo 47,19-21. Repetirá os mesmos conceitos em *Fundações* 4, 6-7. E o "tipismo" de Salomão reaparecerá em M. VII, 4, 3.

e tê-las a vosso parecer aborrecidas. Tudo isto é bom, mas não basta – como tenho dito[8] – para que deixemos de temer; e assim continuai este verso e trazei-o na memória muitas vezes: *Beatus vir, qui timet Dominum.*[9]

5. Já não sei o que dizia, que me tenho divertido[10] muito e, em me lembrando de mim, me são quebradas as asas para dizer coisa boa; e assim o quero deixar por ora.

Tornando ao que comecei a dizer-vos[11] das almas que têm entrado nas terceiras moradas, que não lhes tem feito o Senhor pequena mercê em que tenham passado as primeiras dificuldades, senão muito grande, destas, pela bondade do Senhor, creio que há muitas no mundo: são muito desejosas de não ofender Sua Majestade, ainda dos pecados veniais se guardam,[12] e amigas de fazer penitência, suas horas de recolhimento, gastam bem o tempo, exercitam-se em obras de caridade com os próximos, muito concertadas em seu falar e vestir e governo da casa, os que as têm. Certamente, estado para desejar e que, ao parecer, não há por que lhes negar a entrada até à última morada nem a negará o Senhor, se eles querem, que linda disposição é para que lhes faça toda mercê.

---

[8] N.T.: Disse isso no n. 2.
[9] De novo o Salmo 111,1.
[10] *Me tenho divertido*: na acepção clássica de "sair do assunto de que se falava" (Cobarruvias).
[11] Retoma o tema do n. 1.
[12] Equivale a: "e até dos pecados veniais se guardam". Frei Luís omitiu este inciso (p. 42).

6. Ó Jesus! E quem dirá que não quer um tão grande bem, tendo já em especial passado pelo mais trabalhoso? Não, nenhuma. Todas dizemos que o queremos; mas como ainda é mister mais para que de todo possua o Senhor a alma, não basta dizê-lo, como não bastou ao mancebo quando o Senhor lhe disse que se queria ser perfeito.[13] Desde que comecei a falar nestas moradas o trago diante; porque somos assim ao pé da letra, e o mais ordinário vêm daqui as grandes securas na oração, ainda que também haja outras causas; e deixo uns trabalhos interiores, que muitas almas boas têm, intoleráveis e muito sem culpa sua, dos quais sempre as tira o Senhor com muito lucro, e das que têm melancolia[14] e outras enfermidades. Enfim, em todas as coisas havemos de deixar à parte os juízos de Deus. Do que tenho para mim que é o mais ordinário é o que tenho dito;[15] porque como estas almas veem que por nenhuma coisa fariam um pecado, e muitas que ainda venial de advertência não fariam, e que gastam bem sua vida e sua fazenda, não podem pôr à paciência que lhes seja fechada a porta para entrar aonde está nosso Rei, por cujos vassalos se têm e são. Mas ainda que cá tenha muitos o rei da

---

[13] *O mancebo* é o jovem rico, que se afasta triste (Mt 19,16-22).
[14] *Melancolia* (esp. *melancolía* – às vezes a Santa escreve: "melencolía", "melenconía", "humor de melancolía") no léxico teresiano corresponde a uma ampla escala de formas de neurose depressiva. Cf. c. 7 das *Fundações*: "Como hão de proceder com as que têm melancolia".
[15] De novo alude ao episódio do jovem rico do evangelho (n. 6) e à pretensão de passagem franca até as sétimas moradas (n. 5 final).

terra, não entram todos até sua câmara. Entrai, entrai, filhas minhas, no interior; passai adiante de vossas obrinhas, que por serdes[16] cristãs deveis tudo isso e muito mais e vos basta que sejais vassalas de Deus; não queirais tanto, que fiqueis sem nada. Olhai os santos que entraram na câmara deste Rei, e vereis a diferença que há deles a nós. Não peçais o que não tendes merecido, nem havia de chegar a nosso pensamento que por muito que sirvamos o temos de merecer os que temos ofendido a Deus.

7. Ó humildade, humildade! Não sei que tentação tenho neste caso que não posso acabar de crer a quem tanto caso faz destas securas, senão que é um pouco de falta dela. Digo que deixo os trabalhos grandes interiores que tenho dito,[17] que aqueles são muito mais que falta de devoção. Provemo-nos a nós mesmas, irmãs minhas, ou prove-nos o Senhor, que o sabe bem fazer, ainda que muitas vezes não queiramos entendê-lo; e venhamos a estas almas tão concertadas, vejamos o que fazem por Deus e logo veremos como não temos razão de queixar-nos de Sua Majestade. Porque se lhe voltamos as costas e vamos tristes, como o mancebo do Evangelho,[18] quando nos diz o que havemos de fazer para ser perfeitos, que quereis que faça Sua Majestade, que há de dar o prêmio conforme

---

[16] *Vassalas de Deus*: no simbolismo do "castelo". "Escravos de Deus", escreverá em M. VII, 4, 8.
[17] Disse poucas linhas antes, no n. 6.
[18] Mt 19,22. Este inciso é anotação marginal da Santa.

o amor que lhe temos? E este amor, filhas, não há de ser fabricado em nossa imaginação, senão provado por obras; e não penseis que é preciso nossas obras, senão a determinação de nossa vontade.[19]

8. Parecer-nos-á que as que temos hábito de religião e o tomamos de nossa vontade e deixamos todas as coisas do mundo e o que tínhamos por Ele (ainda que sejam as redes de São Pedro,[20] que bastante lhe parece que dá quem dá o que tem), que já está tudo feito. – Bastante boa disposição é, se persevera naquilo e não se torna a meter nas sevandijas das primeiras peças, ainda que seja com o desejo; que não há dúvida senão que se persevera nesta desnudez e desleixo de tudo, que alcançará o que pretende. Mas há de ser com condição, e olhai que vos aviso disto, que se tenha por servo sem proveito – como diz São Paulo, ou Cristo[21] – e creia que não tem obrigado a Nosso Senhor para que lhe faça semelhantes mercês; antes, como quem mais tem recebido, fica mais endividado.[22] Que podemos fazer por um Deus tão generoso que morreu por nós e nos criou e dá ser, que não nos tenhamos por venturosos em que vá descontando algo

---

[19] Também desta vez Gracián julgou necessário esmerar teologicamente essa expressão da Santa e corrigiu: "não somente olha para nossas obras, mas também...".
[20] Narrado por Mt 19,27, em continuação ao episódio do jovem rico.
[21] *Como diz São Paulo*: escreveu primeiro; logo acrescentou entre linhas: "ou Cristo". Gracián riscou no original as duas coisas e escreveu: "o diz São Lucas no capítulo 17".
[22] Alusão evangélica a Lc 12,48.

do que lhe devemos, pelo que nos tem servido (de mau grado disse esta palavra, mas isso é assim que não fez outra coisa tudo o que viveu no mundo), sem que lhe peçamos mercês de novo e regalos?

9. Mirai muito, filhas, algumas coisas que aqui vão apontadas, embora amontoadas, que não sei mais declarar. O Senhor vo-lo dará a entender, para que tireis das securas humildade e não inquietação, que é o que pretende o demônio; e crede que onde a há deveras, ainda que nunca dê Deus regalos, dará uma paz e conformidade com que andem mais contentes que outros com regalos; que muitas vezes – como tendes lido[23] – os dá a divina Majestade aos mais fracos; ainda que creia deles que não os trocariam pelas fortalezas dos que andam com secura. Somos amigos de contentos mais que de cruz. Prova-nos tu, Senhor,[24] que sabes as verdades, para que nos conheçamos.

---

[23] *Como tendes lido*: talvez aluda à leitura comunitária, seja do *Caminho de Perfeição* (por exemplo, o c. 17, n. 2 e n. 7), seja de outros livros espirituais da época.

[24] *Prova-nos tu, Senhor*: já antes tinha aludido a essa palavra do Saltério (Salmos 25,2; 138,23): "Prova-me, Senhor, e examina o meu coração". Única passagem do livro que utiliza tu no diálogo com Deus.

Capítulo 2

Prossegue no mesmo e trata das securas na oração e do que poderia suceder a seu parecer, e como é preciso provar-nos, e que o Senhor prova os que estão nestas moradas.

1. Eu tenho conhecido algumas almas, e ainda creio que posso dizer bastantes, das que têm chegado a este estado, e estado e vivido muitos anos nesta retidão e concerto, alma e corpo, pelo que se pode entender, e depois deles que já parece que haviam de estar senhores do mundo, ao menos bem desenganados dele, prová-los Sua Majestade em coisas não muito grandes, e andar com tanta inquietude e aperto de coração, que me traziam tonta e ainda temerosa bastante. Pois dar-lhes conselho não tem remédio, porque, como há tanto que tratam de virtude, parece-lhes que podem ensinar a outros e que lhes sobra razão em sentir aquelas coisas.

2. Enfim, que eu não tenho achado remédio nem o acho para consolar semelhantes pessoas, se não é mostrar grande sentimento de sua pena (e na verdade se tem de vê-los sujeitos a tanta miséria), e não contradizer sua razão; porque todas concordam em seu pensamento que por Deus as sentem, e assim não acabam de entender que é imperfeição; que é outro engano para

gente tão aproveitada; que de que o sintam, não é de espantar, ainda que a meu parecer, houvesse de passar depressa o sentimento de coisas semelhantes. Porque muitas vezes quer Deus que seus escolhidos sintam sua miséria, e aparta um pouco o seu favor, que não é mister mais, que certamente[1] que nos conheçamos bem depressa. E logo se entende esta maneira de prová-los, para que eles entendam sua falta muito claramente, e às vezes lhes dá mais pena esta de ver que, sem poder mais, sentem coisas da terra e não muito pesadas, que o mesmo de que têm pena. Isto tenho eu por grande misericórdia de Deus; e ainda que seja falta, é muito lucrativa para a humildade.

3. Nas pessoas que digo, não é assim senão que canonizam – como tenho dito[2] – em seus pensamentos estas coisas, e assim quereria que outros as canonizassem. Quero dizer alguma delas, para que nos entendamos e nos provemos a nós mesmas antes que nos prove o Senhor, que seria muito grande coisa estar apercebidas e termos entendido primeiro.

4. Vem a uma pessoa rica, sem filhos nem para quem querer a fazenda, uma falta dela, mas não é de maneira que no que lhe fica lhe pode faltar o necessário para si e para sua casa, e sobrado.[3] Se este andasse com

---

[1] *Certamente*, em espanhol está *a osadas*: a Santa prefere a forma popular "a usadas"; equivale ao nosso "ousaria apostar", "na fé que"...
[2] Disse isso no número anterior.
[3] N.T.: O sentido da frase seria: Um rico, sem filhos e sem herdeiros, tem uma perda nos seus bens, mas sem lhe faltar o necessário, chegando a sobrar.

tanto desassossego e inquietude como se não lhe restasse um pão que comer, como há de pedir-lhe nosso Senhor que deixe tudo por Ele?[4] Aqui entra que o sente porque o quer para os pobres. – Eu creio que Deus quer mais que eu me conforme com o que Sua Majestade faz e, ainda que o procure, tenha quieta minha alma, que não esta caridade. E já que não o faz, porque não a tem o Senhor chegado a tanto, está bem; mas entenda que lhe falta esta liberdade de espírito, e com isto se disporá para que o Senhor a dê, porque lhe será pedida.

Tem uma pessoa bem de comer, e ainda sobrado; é oferecido a ela poder adquirir mais fazenda: tomá-lo, se lho dão, está certo, passe; mas procurá-lo e, depois de tê-lo, procurar mais e mais, tenha quanta boa intenção quiser (que sim deve ter, porque – como tenho dito[5] – são estas pessoas de oração e virtuosas), que não tenham medo que subam às moradas mais juntas do Rei.

5. Desta maneira se lhes é oferecido algo de que os desprezem ou tirem um pouco de honra; que, ainda que Deus lhes faça mercê de que os sofram bem muitas vezes (porque é muito amigo de favorecer a virtude em público, para que não padeça a mesma virtude em que estão tidos, e ainda será porque o têm servido, que é muito bom este Bem nosso), lá lhes fica uma inquietude que não se podem valer, nem acaba

---

[4] Segue a alusão ao "jovem rico" do evangelho (M. III, 1, 6): Mt 19,21.
[5] No n. 3; cf. c. 1, n. 5.

de acabar-se tão depressa. Valha-me Deus! Não são estes os que faz tanto que consideram como padeceu o Senhor e quão bom é padecer e ainda o desejam? Quereriam a todos tão concertados como eles trazem suas vidas, e praza a Deus que não pensem que a pena que têm é da culpa alheia e a façam em seu pensamento meritória.

6. Parecer-vos-á, irmãs, que falo fora de propósito e não convosco, porque cá não há estas coisas, que nem temos fazenda nem a queremos nem procuramos, nem tampouco ninguém nos injuria. – Por isso as comparações não é o que passa; mas tira-se delas outras muitas coisas que podem passar, que nem seria bom assinalá-las nem há para que. Por estas entendereis se estais bem desnudas do que deixastes; porque coisinhas se oferecem, ainda que não desta sorte, em que vos podeis muito bem provar e entender se estais senhoras de vossas paixões. E crede-me que não está o negócio em ter hábito de religião ou não, senão em procurar exercitar as virtudes e render nossa vontade à de Deus em tudo, e que o concerto de nossa vida seja o que Sua Majestade ordenar dela, e não queiramos nós que se faça a nossa vontade, senão a sua.[6] Já que não tenhamos chegado aqui – como tenho dito[7] – humildade, que é o unguento de nossas feridas; porque, se a há deveras, ainda que tarde algum tempo, virá o cirurgião, que é Deus, para sanar-nos.

---

[6] Referência implícita a Mt 6,10 ou a Lc 22,42.
[7] *Humildade, como tenho dito*: no n. 4 e, antes, no c. 1, n. 7.

7. As penitências que estas almas fazem são tão concertadas como sua vida; querem-na muito para servir a nosso Senhor com ela, que tudo isto não é mau, e assim têm grande discrição em fazê-las para que não danem a saúde. Não tenhais medo que se matem, porque sua razão está muito em si; não está ainda o amor para tirar da razão; mas quereria eu que a tivéssemos para não nos contentar com esta maneira de servir a Deus, sempre a um passo passo,[8] que nunca acabaremos de andar este caminho. E como a nosso parecer sempre andamos e nos cansamos (porque crede que é um caminho opressivo), bastante bom será que não nos percamos. Mas parece-vos, filhas, se indo a uma terra desde outra pudéssemos chegar em oito dias, que seria bom andá-lo em um ano por ventos e neves e águas e maus caminhos? Não valeria mais passá-lo de uma vez? Porque tudo isto há e perigos de serpentes. Oh, que boas indicações poderei eu dar disto! E praza a Deus que tenha passado daqui, que fartas vezes me parece que não.

8. Como vamos com tanto siso, tudo nos ofende, porque tudo tememos; e assim não ousamos passar adiante, como se nós pudéssemos chegar a estas moradas e que outros andassem o caminho. Pois isto não é possível, esforcemo-nos, irmãs minhas, por amor do Senhor; deixemos nossa razão e temores em suas mãos; esqueçamos esta fraqueza natural, que nos pode

---

[8] N.T.: *A um passo passo*: passo a passo, lentamente (cf. V. 13, 5).

ocupar muito. O cuidado destes corpos tenham os prelados; lá se avenham; nós apenas caminhar depressa para ver este Senhor; que, ainda que o regalo que tendes seja pouco ou nenhum, o cuidado da saúde nos poderia enganar; quanto mais que não se terá mais por isto, eu o sei; e também sei que não está o negócio no que toca ao corpo, que isto é o de menos; que o caminhar que digo é com uma grande humildade; que se tendes entendido, aqui creio que está o dano das que não vão adiante; senão que nos pareça que temos andado poucos passos e o creiamos assim, e os que andam nossas irmãs nos pareçam muito pressurosos, e não só desejemos senão que procuremos que nos tenham pela mais ruim de todas.

9. E com isto este estado é excelentíssimo; e se não, toda nossa vida estaremos nele e com mil penas e misérias. Porque, como não temos deixado nossas misérias, é muito trabalhoso e pesado; porque vamos muito carregadas desta terra de nossa miséria, o que não vão os que sobem aos aposentos que faltam. Nestes não deixa o Senhor de pagar como justo, e ainda como misericordioso, que sempre dá muito mais que merecemos, dando-nos "contentos" bastante maiores que os podemos[9] ter nos que dão os regalos e distrações da vida; mas não penso que dá muitos "gostos"[10] se não é alguma vez, para convidá-los vendo o que

---

[9] Quer dizer: "maiores do que os que os regalos nos dão".
[10] *Contentos e gostos*: com acepção própria no léxico teresiano. Em seguida os definirá: M. IV, 1 (ver título) e c. 2, 9-12.

passa nas demais moradas, para que se disponham a entrar nelas.

10. Parecer-vos-á que *contentos e gostos* é tudo um, que para que faço esta diferença nos nomes. – A mim parece-me que há muito grande; já me posso enganar. Direi isso quando me ocupar disto nas moradas quartas, que vêm atrás destas;[11] porque como se haverá de declarar algo dos gostos que ali dá o Senhor, vem melhor, e ainda que pareça sem proveito, poderá ser de algum, para que, entendendo o que é cada coisa, possais esforçar-vos para seguir o melhor; e é muito consolo para as almas que Deus chega ali e confusão para as que lhes parece que têm tudo, e se são humildes mover-se-ão a ações de graças; se há alguma falta disto, dar-lhes-á um desabrimento interior e sem propósito; pois não está a perfeição nos gostos, senão em quem ama mais, e o prêmio o mesmo, e em quem melhor obrar com justiça e verdade.

11. Parecer-vos-á que de que serve tratar destas mercês interiores e dar a entender como são, se é isto verdade, como é. – Eu não sei; pergunte-se a quem me manda escrever isto, que eu não sou obrigada a disputar com os superiores, senão a obedecer, nem seria bem feito. O que vos posso dizer com verdade é que, quando eu não tinha nem ainda sabia por experiência nem

---

[11] Nas Moradas quartas, o c. primeiro "trata da diferença que há de contentos e ternura na oração, e de gostos" (título); cf. também M. IV, 1, 4. Dos "gostos" falará especialmente no c. 2 e parte do 3 (n. 9-14).

pensava sabê-lo em minha vida (e com razão, que farto contento teria sido para mim saber ou por conjeturas entender que agradava a Deus em algo), quando lia nos livros destas mercês e consolos que faz o Senhor às almas que lhe servem, me dava grandíssimo e era motivo para que minha alma desse grandes louvores a Deus. Pois se a minha, sendo tão ruim, fazia isto, as que são boas e humildes o louvarão muito mais; e por só uma que o louve uma vez, é muito bom que se diga, a meu parecer, e que entendamos o contento e deleites que perdemos por nossa culpa. Quanto mais que se são de Deus, vêm carregados de amor e fortaleza, podendo-se caminhar mais sem trabalho e ir crescendo nas obras e virtudes. Não penseis que importa pouco que fique por nós, que quando não é nossa falta, justo é o Senhor,[12] e Sua Majestade vos dará por outros caminhos o que vos tira por este pelo que Sua Majestade sabe, que são muito ocultos os seus segredos;[13] ao menos será o que mais nos convém, sem dúvida nenhuma.

12. O que me parece que nos faria muito proveito às que pela bondade do Senhor estão neste estado (que, como tenho dito,[14] não lhes faz pouca misericórdia, porque estão muito perto de subir a mais), é estudar muito na prontidão da obediência; e ainda que não sejam religiosos, seria grande coisa – como

---

[12] Alusão ao Salmo 118,137, texto intensamente vivido pela Santa, cf. V. 19, 9.
[13] Cf. Rm 11,33.
[14] No c. 1, n. 1. 5. 8.

fazem muitas pessoas – ter a quem acudir para não fazer em nada a sua vontade, que é o ordinário em que nos danamos; e não buscar outro de seu humor,[15] como dizem, que vá com tanto tento em tudo, senão procurar quem esteja com muito desengano das coisas do mundo, que de grande maneira aproveita tratar com quem já conhece para conhecer-nos,[16] e porque algumas coisas que nos parecem impossíveis, vendo-as em outros tão possíveis e com a suavidade que as levam, anima muito e parece que com seu voo nos atrevemos a voar, como fazem os filhos das aves quando são ensinados, que ainda que não seja depressa dar um grande voo, pouco a pouco imitam os seus pais.[17] De grande maneira aproveita isto, eu sei.

Acertarão, por determinadas que estejam em não ofender o Senhor pessoas semelhantes, não se meter em ocasiões de ofendê-lo; porque como estão perto das primeiras moradas, com facilidade poderão tornar a elas; porque sua fortaleza não está fundada em terra firme, como os que estão já exercitados em padecer, que conhecem as tempestades do mundo, quão pouco há que temê-las nem que desejar seus contentos e seria possível com uma perseguição grande voltar-se a eles, que sabe bem urdi-las o demônio para fazer-

---

[15] *Outro de seu humor*: de seu mesmo gênio ou índole ou temperamento.
[16] *Tratar com que (nos) conhece, para conhecer-nos*: lema que faz parte do chamado "socratismo teresiano" (cf. M. I, 2, nota 17). Ver *Vida* 7, 20-22: "que não há quem tão bem se conheça a si como (nos) conhecem os que nos olham, se é com amor...".
[17] Cf. Dt 32,11.

-nos mal, e que indo com bom zelo, querendo tirar os pecados alheios, não pudesse resistir o que sobre isto lhe poderia suceder.

13. Miremos nossas faltas e deixemos as alheias, que é muito de pessoas tão concertadas espantar-se de tudo; e porventura de quem nos espantamos poderíamos bem depreender no principal; e na compostura exterior e em sua maneira de trato lhe fazemos vantagens; e não é isto o de mais importância, ainda que seja bom, nem há para que querer logo que todos vão por nosso caminho, nem pôr-se a ensinar o do espírito quem porventura não sabe que coisa é; que com estes desejos que nos dá Deus, irmãs, do bem das almas podemos fazer muitos erros; e assim é melhor chegarmos ao que diz nossa Regra: "em silêncio e esperança procurar viver sempre",[18] que o Senhor terá cuidado de suas almas.[19] Como não nos descuidamos nós em suplicá-lo a Sua Majestade, faremos farto proveito com seu favor. Seja para sempre bendito.

---

[18] Esse texto da Regra do Carmelo é tomado de Is 30,15.
[19] Eco das palavras de 1Pd 5,7: "que Deus tem cuidado de vós".

MORADAS QUARTAS
CONTÉM TRÊS CAPÍTULOS

Capítulo 1

Trata da diferença que há de contentos e ternura na oração e de gostos, e diz o contento que lhe deu entender que é coisa diferente o pensamento e o entendimento. – É de proveito para quem se diverte muito na oração.[1]

1. Para começar a falar das quartas moradas bem é mister o que tenho feito, que é encomendar-me ao Espírito Santo e suplicar-lhe daqui em diante que fale por mim, para dizer algo das que ficam de maneira que o entendais; porque começam a ser coisas sobrenaturais,[2] e é dificílimo de dar a entender, se Sua Majestade não o faz, como em outra parte que se

---

[1] Sobre o léxico teresiano empregado neste capítulo observe-se: *contentos* e *ternura* são sinônimos e significam toda classe de experiências agradáveis (paz, satisfação, agrado) "não infusas", mas "adquiridas" (cf. n. 4 e c. 3, n. 3), quer dizer, psicologicamente semelhantes às naturais, embora percebidas na oração e prática das virtudes sobrenaturais. Por sua vez, *gostos* são todas as experiências infusas, não adquiridas nem homogêneas às naturais. – *Pensamento e entendimento*: no léxico teresiano, *pensamento* equivale aproximadamente à *imaginação* (cf. n. 8); *entendimento* é o que hoje se chama de *intelecto*. – Lembrar que *divertir-se* equivale a *distrair-se*.

[2] *Sobrenatural*, na acepção teresiana já conhecida de "infuso ou místico" (Moradas I, c. 2, nota 10). – *Começam a ser coisas sobrenaturais*: com o recolhimento infuso (c. 3), a oração de quietude ou gostos (c. 2), começam as moradas místicas. Na realidade, a Santa apresenta as Moradas IV como moradas de transição, mescla de "natural e sobrenatural" (adquirido e infuso) dirá ela mesma ao concluí-las (c. 3, n. 14).

escreveu[3] até onde eu havia entendido, catorze anos faz, pouco mais ou menos. Ainda que um pouco mais luz me parece que tenho destas mercês que o Senhor faz a algumas almas, é diferente[4] saber dizê-las. Faça-o Sua Majestade se há de seguir-se algum proveito, e se não, não.

2. Como já estas moradas chegam-se mais aonde está o Rei, é grande sua formosura e há coisas tão delicadas que ver e que entender, que o entendimento não é capaz para poder dar figura como dizer sequer algo que venha tão certo que não podem bem obscuramente para os que não têm experiência; que quem a tem muito bem o entenderá, em especial se é muita.

Parecerá que para chegar a estas moradas se há de ter vivido nas outras muito tempo; e ainda que o ordinário é que se há de ter estado na que acabamos de dizer, não é regra certa, como já tereis ouvido muitas vezes;

---

[3] *Como em outra parte se escreveu*: no livro da *Vida* (alude aos numerosos capítulos dedicados às graças e estados místicos: cf. 14-32 e 37-40. – *Até onde eu havia entendido*: de fato, a experiência e o saber místicos da Santa, quando escreveu a *Vida*, eram muito incompletos: não chegaria pessoalmente ao estado de "matrimônio místico" descrito nas sétimas moradas, senão em 1572; a "quarta água" (*Vida* c. 18-22), os fortes ímpetos místicos (c. 23-32), e as "grandes mercês" dos c. finais (37-40) correspondem às Moradas VI; as Moradas VII não têm correspondência no livro da *Vida*. Daí a insistência da Autora em dizer-nos que aqui corrigirá ou completará muito do que afirmou naquele livro (cf. M. I, c. 2, n. 7; M. IV, c. 2, n. 4). – *Catorze anos faz, pouco mais ou menos*: terminou a primeira redação de *Vida* em 1562; e escreve estas páginas no final de 1577.

[4] *É diferente* (= é outra coisa) *saber dizê-las*: já em *Vida* 17, 5 a Santa distinguiu entre a graça da experiência mística e as subsequentes de sua "compreensão" e "expressão".

porque dá o Senhor quando quer e como quer e a quem quer, como bens seus, que não faz agravo a ninguém.[5]

3. Nestas moradas poucas vezes entram as coisas peçonhentas, e se entram não fazem dano, antes deixam com lucro. E tenho por muito melhor quando entram e dão guerra neste estado de oração; porque poderia o demônio enganar, juntamente com os gostos que Deus dá, se não houvesse tentações, e fazer muito mais dano do que quando as há, e não ganhar tanto a alma, pelo menos apartando todas as coisas que a hão de fazer merecer, e deixá-la num embevecimento[6] ordinário. Que quando o é em um ser, não o tenho por seguro nem me parece possível estar em um ser[7] o espírito do Senhor neste desterro.

4. Pois falando do que disse que diria aqui,[8] da diferença que há entre contentos na oração ou gostos, os contentos me parece a mim que podem ser chamados os que nós adquirimos com nossa meditação

---

[5] *Quando quer e a quem quer*: fórmula utilizada pela Santa (e por São João da Cruz) para sublinhar a absoluta gratuidade do dom de Deus em suas graças místicas. Cf. *Vida* 34, 11: "são dons que dá Deus quando quer e como quer, e nem vai ao tempo nem aos serviços". Aqui relaciona essa sua tese com a parábola dos trabalhadores chamados para a vinha: Mt 20,13. Outras passagens de *Moradas* que reiteram essa "tese" teresiana: IV, 2, 9; V, 1, 12; VI, 4, 12; VI, 7, 9; VI, 8, 5 etc.

[6] *Embevecimento* (esp. *embebecimiento*): enlevo, encantamento, atenção intensa e prolongada (cf. V. 5, 4 e *Fund.* 6, 1-8).

[7] *Estar em um ser*, e pouco antes, "*quando (o embevecimento) o é em um ser*": enlevo prolongado, ininterrupto, total... Cf. M. VI, 2, 4; cf. V. 17, 6; 40, 18.

[8] *O que disse que diria*: prometeu isto em M. III, 2, 10.

e petições a nosso Senhor, que procede de nosso natural, ainda que enfim Deus ajude para isso, que se há de entender enquanto disser que não podemos nada sem Ele;[9] mas nascem da mesma obra virtuosa que fazemos e parece que o ganhamos com nosso trabalho, e com razão nos dá contento ter-nos empregado em coisas semelhantes. Mas, se o consideramos, os mesmos contentos teremos em muitas coisas que nos podem suceder na terra: assim numa grande fazenda que prontamente se proveja a alguém; como ver uma pessoa que muito amamos, com presteza; como de ter acertado num negócio importante e coisa grande, de que todos dizem bem; como se à alguma disseram que morreu seu marido ou irmão ou filho e o vê vir vivo. Eu tenho visto derramar lágrimas de um grande contento, e ainda me tem acontecido alguma vez. Parece-me a mim que assim como estes contentos são naturais, assim nos que nos dão as coisas de Deus, senão que são de linhagem mais nobre, ainda que estoutros não fossem tampouco maus. Enfim, começam de nosso natural[10] mesmo e acabam em Deus.

Os gostos começam em Deus e sente-os o natural e goza tanto deles como gozam os que tenho dito e muito mais. Ó Jesus, e que desejo tenho de saber declarar-me nisto! Porque entendo, a meu parecer,

---

[9] Reiterada alusão à palavra de Jesus em Jo 15,5.
[10] *Nosso natural*: nosso ser natural, o sujeito humano, em contraposição ao plano da graça: um e outro enquanto fonte de dinamismos espirituais humanos. Cf. n. 5 e 6.

muito conhecida diferença e não alcança meu saber a dar-me a entender. Faça-o o Senhor.

5. Agora me lembro de um verso que dizemos na Prima,[11] no fim do último salmo, que no final do verso diz: *Cum dilatasti cor meum*.[12] A quem tiver muita experiência isto lhe basta para ver a diferença que há de um ao outro; a quem não, é mister mais. Os contentos que estão ditos não dilatam o coração, antes o mais ordinariamente parece que apertam um pouco, ainda que com contento de ver tudo que se faz por Deus; mas vêm umas lágrimas cheias de aflição, que de alguma maneira parece que as move a paixão. Eu sei pouco destas paixões da alma – que talvez me desse a entender –, e o que procede da sensualidade[13] e de nosso natural, porque sou muito torpe; que eu me soubesse declarar, se como tenho passado por isso o entendesse. Grande coisa é o saber e as letras[14] para tudo.

6. O que tenho de experiência deste estado, digo destes regalos e contentos na meditação, é que se começava a chorar pela Paixão,[15] não sabia acabar até que minha cabeça se quebrasse; se por meus pecados, o mesmo. Farta mercê me fazia nosso Senhor, que

---

[11] *Prima*: hora matinal do Ofício Divino, então rezada no coro ao amanhecer.
[12] Versículo do Salmo 118,32.
[13] *Sensualidade*: com acepção especial no léxico teresiano. Seria uma parte de nosso "ser natural", a parte "sensitiva" e desordenada.
[14] *As letras*: estudos ou cultura filosófica e teológica.
[15] *A Paixão*, por antonomásia, são os acontecimentos que precedem à morte de Jesus.

não quero eu agora examinar qual é melhor, um ou o outro, senão a diferença que há de um ao outro quereria saber dizer. Para estas coisas algumas vezes vão estas lágrimas e estes desejos ajudados pelo natural e como está a disposição; mas, enfim, como tenho dito,[16] vêm parar em Deus, ainda que seja isto. E é de ter em muito, se há humildade para entender que não são melhores por isso; porque não se pode entender se são todos efeitos do amor, e quando for, é dado por Deus.

Pela maior parte, têm estas devoções as almas das moradas passadas, porque vão quase continuamente com obra de entendimento, empregadas em discorrer com o entendimento e em meditação; e vão bem, porque não lhes foi dado mais, ainda que acertassem em ocupar-se um momento em fazer atos e em louvores de Deus e folgar-se de sua bondade e que seja o que é, e em desejar sua honra e glória. Isto como puder, porque desperta muito a vontade. E estejam com grande aviso quando o Senhor lhes der isto e não deixar para acabar a meditação que se tem de costume.

7. Porque me tenho alongado muito em dizer isto em outras partes,[17] não o direi aqui. Só quero que estejais advertidas que, para aproveitar muito neste caminho e subir às moradas que desejamos, não está a coisa em pensar muito, senão em amar muito;[18] e assim o que

---

[16] Disse isso no n. 4.
[17] *Disse-o* (= escreveu) *em outras partes*: V. 13, 22; C. 16, 20; 26-29.
[18] É um axioma teresiano: "o aproveitamento da alma não está em pensar muito, senão em amar muito": *Fund.* 5, 2.

mais vos despertar a amar isso fazei. Quiçá não sabemos o que é amar, e não me espantarei muito; porque não está no maior gosto, senão na maior determinação de desejar contentar em tudo a Deus e procurar, enquanto pudermos, não o ofender, e rogar-lhe que vá sempre adiante a honra e glória de seu Filho e o aumento da Igreja Católica. Estes são os sinais do amor, e não penseis que esteja em não pensar outra coisa, e que se vos divertis um pouco vai tudo perdido.

8. Eu tenho andado nisto desta barafunda do pensamento bem apertada algumas vezes, e haverá pouco mais de quatro anos que vim a entender por experiência que o pensamento (ou imaginação, para que melhor se entenda)[19] não é o entendimento, e perguntei-o a um letrado[20] e disse-me que era assim, que não foi para mim pouco contento. Porque como o entendimento é uma das potências da alma, fazia-se rija coisa para mim estar tão aturdida[21] às vezes, e o or-

---

[19] O esclarecimento entre parênteses foi acrescentado pela Santa à margem do original. Gracián teve o mau gosto de riscá-lo e escrever entre linhas: "ou imaginação, que assim a chamamos ordinariamente as mulheres". Depois de Gracián veio Ribera, que riscou a nota marginal daquele e advertiu à margem: "não se borre nada!" – Apesar da presente declaração da Santa, sua ignorância neste ponto não era absoluta: cf. *Vida* c. 17, n. 5.

[20] *Perguntei-o a um letrado*: São João da Cruz? De fato, fazia "pouco mais de quatro anos" que era o confessor e assessor da Santa na Encarnação de Ávila.

[21] *Tão aturdida*: traduz o espanhol *tan tortolito*. *Tortolito* é o diminutivo de *tórtolo*, o macho da rola, e significa aqui atordoado e versátil, ou "alvoroçado", como diz em seguida; significa também "sem experiência".

dinário voa o pensamento depressa, que só Deus pode atá-lo, quando nos ata a Si de maneira que parece que estamos de alguma maneira desatados deste corpo. Eu via, a meu parecer, as potências da alma empregadas em Deus e estar recolhidas com Ele, e por outro lado o pensamento alvoroçado: trazia-me tonta.[22]

9. Ó Senhor, tomai em conta o muito que passamos neste caminho por falta de saber! E o mal é que, como não pensamos que tem que saber mais do que pensar em Vós, ainda não sabemos perguntar aos que sabem nem entendemos o que é preciso perguntar, e se passam terríveis trabalhos, porque não nos entendemos, e o que não é mau, senão bom, pensamos que é muita culpa. Daqui procedem as aflições de muita gente que trata de oração e o queixar-se de trabalhos interiores, pelo menos muita parte em gente que não tem letras, e vêm as melancolias e a perder a saúde e ainda a deixá-lo de todo, porque não consideram

---

[22] Estes desvarios da imaginação preocuparam insistentemente a Santa. Em *Vida*, c. 17, n. 7 escrevia: "O último remédio que tenho achado, ao cabo de ter-me fatigado fartos anos... é que não se faça caso dela mais que de um louco, senão deixá-la com sua teima". No entanto, em *Caminho* c. 31, n. 8, volta a isso: "Porventura é só o meu [sua imaginação, a que sofre tais distrações], e não deve ser assim para outros. Comigo falo, que algumas vezes desejo morrer, porque não posso remediar esta variedade do entendimento". (Note-se a instabilidade do léxico teresiano: aqui entendimento equivale a imaginação). Nas *Moradas* tem chegado já a uma alta segurança doutrinal sobre este ponto; essa instabilidade e rebeldia da imaginação é pura consequência da desordem produzida em nós pelo pecado original (cf. n. 11. Ver, além disso, as *Fundações* c. 5, n. 2).

que há um mundo interior cá dentro; e assim como não podemos ter o movimento do céu, senão que anda depressa com toda velocidade, tampouco podemos ter nosso pensamento,[23] e logo metemos todas as potências da alma com ele e nos parece que estamos perdidas e gastando mal o tempo que estamos diante de Deus; e fica a alma porventura toda junta com Ele nas moradas muito próximas, e o pensamento no arrabalde do castelo padecendo com mil bestas-feras e peçonhentas e merecendo com este padecer; e assim, nem nos há de perturbar nem o havemos de desejar, que é o que pretende o demônio. E pela maior parte, todas as inquietudes e trabalhos vêm deste não nos entender.

10. Escrevendo isto, estou considerando o que passa em minha cabeça do grande ruído dela que disse no princípio,[24] por onde se me fez quase impossível poder fazer o que me mandavam escrever. Não parece senão que estão nela muitos rios caudalosos, e por outra parte, que estas águas se despenham; muitos passarinhos e silvos, e não nos ouvidos, senão no superior da cabeça, onde dizem que está o superior da alma. E eu estive nisto bastante tempo, por parecer que o movimento grande do espírito para cima subia com velocidade. Praza a Deus que me lembre das moradas de adiante de dizer a causa disto, que aqui

---

[23] *Ter o movimento* equivale a "deter"; o mesmo que na frase seguinte: *ter nosso pensamento*, detê-lo, refreá-lo.
[24] No prólogo, n. 1.

não vem bem, e não será muito que tenha querido o Senhor dar-me este mal de cabeça para entendê-lo melhor; porque com toda esta barafunda dela, não me estorva na oração nem no que estou dizendo, senão que a alma fica muito inteira em sua quietude e amor e desejos e claro conhecimento.

11. Pois se no superior da cabeça está o superior da alma,[25] como não a perturba? Isso não o sei eu; mas sei que é verdade o que digo. Dá pena quando não é a oração com suspensão,[26] que então até que passa não se sente nenhum mal; mas farto mal seria se por este impedimento deixasse eu tudo. E assim não é bom que pelos pensamentos nos perturbemos nem se nos dê nada; que se o demônio os põe, cessará com isto; e se é, como é, da miséria que nos ficou do pecado de Adão com outras muitas, tenhamos paciência e o soframos por amor de Deus, pois estamos também sujeitas a comer e dormir, sem podê-lo escusar, que é farto trabalho.

12. Conheçamos nossa miséria, e desejemos ir aonde "ninguém nos menospreza"; que algumas vezes me lembro de ter ouvido isto que diz a Esposa nos *Cânticos*,[27] e verdadeiramente que não acho em toda a vida coisa onde com mais razão se possa dizer; porque

---

[25] Teoria vulgarizada pela filosofia e medicina de seu tempo. Pôde lê-la em F. de Osuna, *Tercer Abecedario*, tratado 17, c. 4.
[26] *Suspensão* na acepção mística: cessação da atividade dos sentidos e potências: êxtase.
[27] Cântico dos Cânticos 8,1.

todos os menosprezos e trabalhos que pode haver na vida não me parece que chegam a estas batalhas interiores. Qualquer desassossego e guerra se pode sofrer achando paz onde vivemos, como tenho dito;[28] mas que queremos vir descansar de mil trabalhos que há no mundo e que queria o Senhor aparelhar-nos o descanso, e que em nós mesmas esteja o estorvo, não pode deixar de ser muito penoso e quase insuportável. Por isso, levai-nos, Senhor, aonde não nos menosprezem estas misérias,[29] que parecem algumas vezes que estão fazendo burla da alma.

Ainda nesta vida o Senhor a livra disto, quando tiver chegado à última morada, como diremos, se Deus for servido.[30]

13. E não darão a todos tanta pena estas misérias nem as acometerão, como a mim fizeram muitos anos por ser ruim, que parece que eu mesma queria vingar-me de mim. E como coisa tão penosa para mim, penso que talvez seja para vós assim e não faço senão dizê-lo de ponta a ponta, para, se acertasse alguma vez em dar-vos a entender como é coisa forçosa, e não vos trazer inquietas e aflitas, senão que deixemos andar esta taramela de moinho[31] e moamos nossa farinha, não deixando de obrar a vontade e o entendimento.

---

[28] Disse-o em M. II, n. 9.
[29] Desejos de libertação absoluta, muitas vezes expressos por ela: cf. C. (Escorial), c. 42.
[30] Dirá isso em M. VII, 2.
[31] *Esta taramela de moinho*: a imaginação, "a louca da casa".

14. Há mais e menos neste estorvo, conforme a saúde e os tempos. Padeça a pobre alma, ainda que não tenha nisto culpa, que outras faremos por onde é razão que tenhamos paciência. E como não basta o que lemos e nos aconselham, que é que não façamos caso destes pensamentos, para as que pouco sabemos não me parece tempo perdido todo o que gasto em declarar mais e consolar-vos neste caso; mas até que o Senhor nos queira dar luz, pouco aproveita. Mas é mister e Sua Majestade quer que tomemos meios e nos entendamos, e o que faz a fraca imaginação e o natural e o demônio não ponhamos a culpa na alma.

Capítulo 2

*Prossegue no mesmo e declara por uma comparação
o que é gostos e como se hão de alcançar não os procurando.*

1. Valha-me Deus, no que me tenho metido! Já tinha esquecido o que tratava, porque os negócios e saúde me faz deixá-lo para o tempo melhor; e como tenho pouca memória, irá tudo desconcertado por não poder tornar a lê-lo.[1] E ainda talvez seja tudo desconcerto o que digo; ao menos é o que sinto.

Parece-me que fica dito[2] dos consolos espirituais. Como algumas vezes vão envoltos com nossas paixões, trazem consigo uns alvoroços e soluços, e também tenho ouvido que o peito de algumas pessoas lhes aperta e até vêm a movimentos exteriores, que não se podem ir à mão, e é a força de maneira que lhes faz sair sangue pelo nariz e coisas assim penosas. Disto não sei dizer nada, porque não tenho passado por isso, mas deve ficar consolo; porque – como digo[3] – tudo vai parar em desejar contentar a Deus e gozar de Sua Majestade.

---
[1] Sobre as interrupções na redação do livro, cf. M. V, 4, 1.
[2] No c. 1, 4-6.
[3] Cf. c. 1, n. 5.

2. Os que chamo "gostos de Deus" – que em outra parte tenho nomeado "oração de quietude"⁴ – é muito de outra maneira, como entendereis as que o tendes provado pela misericórdia de Deus. Façamos conta, para entendê-lo melhor, que vemos duas fontes com duas pias que se enchem de água, que não acho coisa mais a propósito para declarar algumas do espírito que isto de água; e é, como sei pouco e o engenho não ajuda e sou tão amiga deste elemento, que o tenho olhado com mais advertências que outras coisas;⁵ que em todas as que criou tão grande Deus, tão sábio, deve haver fartos segredos de que nos podemos aproveitar, e assim o fazem os que o entendem, ainda que creia em cada coisinha que Deus criou há mais do que se entende, ainda que seja uma formiguinha.

3. Estes dois tanques se enchem de água de diferentes maneiras: para um, a água vem de mais longe por muitos aquedutos e artifício; o outro está feito no mesmo nascimento da água e vai se enchendo sem nenhum ruído, e se é o manancial caudaloso, como este de que falamos, depois de cheio este tanque, procede um grande arroio; nem é mister artifício, nem se acaba o edifício dos aquedutos, senão sempre está procedendo água dali.

---

4   *Em outra parte*: quer dizer, em *Vida* e *Caminho*. Em *Vida* a designou sucessivamente com os termos "gostos" (título do c. 14) e "quietude" (título do c. 15). Em *Caminho* 31, "declara o que é oração de quietude" (título): cf. M. IV, 3, 1, nota 1.

5   "*Ver campo, água, flores; nessas coisas achava eu memória do Criador*" (V. 9, 5).

E a diferença da que vem por aquedutos é, a meu parecer, os "contentos" que tenho dito[6] que se obtêm com a meditação; porque os trazemos com os pensamentos, ajudando-nos com as criaturas na meditação e cansando o entendimento; e como vem enfim com nossas diligências, faz ruído quando há de haver algum enchimento de proveitos que faz na alma, como fica dito.[7]

4. Estoutra fonte, vem a água de seu mesmo nascimento, que é Deus, e assim como Sua Majestade quer, quando é servido fazer alguma mercê sobrenatural, produz com grandíssima paz e quietude e suavidade do muito interior de nós mesmos, eu não sei para onde nem como, nem aquele contento e deleite se sente como os de cá no coração – digo em seu princípio, que depois tudo enche –, vai se revertendo esta água por todas as moradas e potências até chegar ao corpo; que por isso disse[8] que começa de Deus e acaba em nós; que certamente, como verá quem o tiver provado, todo o homem exterior goza deste gosto e suavidade.

5. Estava eu agora olhando – escrevendo isto – que no verso que disse: *Dilatasti cor meum*,[9] diz que alargou o coração; e não me parece que é coisa – como digo – que seu nascimento é do coração, senão de outra parte ainda mais interior, como uma coisa profunda. Penso que deve ser o centro da alma, como

---

[6] Disse em *Moradas* III, 2, 9; e IV, 1, 4.
[7] No capítulo anterior, números 5, 6, 10.
[8] Disse no cap. passado, n. 4.
[9] Salmo 118,32, já citado no c. 1, n 5.

depois tenho entendido e direi no fim;[10] que, certamente, vejo segredos em nós mesmos que me trazem espantada muitas vezes. E quantos mais deve haver! Ó Senhor meu e Deus meu, quão grandes são vossas grandezas! E andamos cá como uns pastorzinhos bobos, que nos parece que alcançamos algo de Vós e deve ser tanto como nonada, pois em nós mesmos estão grandes segredos que não entendemos. Digo tanto como nonada, para o mui mui muito que há em Vós, que não porque não são muito grandes as grandezas que vemos, ainda do que podemos alcançar de vossas obras.

6. Tornando ao verso, no que me pode aproveitar, a meu parecer, para aqui, é naquele alargamento; que assim parece que, como começa a produzir aquela água celestial deste manancial que digo do profundo de nós, parece que se vai dilatando e alargando todo o nosso interior e produzindo uns bens que não podem ser ditos, nem ainda a alma sabe entender o que é que lhe é dado ali. Entende uma fragrância – digamos agora – como se naquele fundão interior estivesse um braseiro onde se deitassem olorosos perfumes; não se vê o lume, nem onde está; mas o calor e a fumaça olorosa penetra toda a alma e ainda fartas vezes – como tenho dito[11] – participa o corpo. Mirai, entendei-me, que nem se sente calor nem se cheira odor, que mais delicada coisa é que estas coisas; senão para vo-lo

---

[10] Dirá no fim, em M. VII, 1; e M. VII, 2, 3-9.
[11] Disse isso pouco antes, n. 4.

dar a entender. E entendam as pessoas que não têm passado por isto, que é verdade que se passa assim e que se entende, e o entende a alma mais claro que eu o digo agora; que não é isto coisa que se pode antojar, porque por diligências que façamos não o podemos adquirir, e nisso mesmo se vê não ser de nosso metal, senão daquele puríssimo ouro da sabedoria divina.

Aqui não estão as potências unidas, a meu parecer, senão embebidas e olhando como espantadas o que é aquilo.

7. Poderá ser que nestas coisas interiores me contradiga algo do que tenho dito em outras partes. Não é maravilha, porque em quase quinze anos que faz que o escrevi,[12] talvez me tenha dado o Senhor mais clareza nestas coisas do que então entendia, e agora e então posso errar em tudo, mas não mentir, que, pela misericórdia de Deus, antes passaria mil mortes. Digo o que entendo.[13]

8. A vontade bem me parece que deve estar unida de alguma maneira com a de Deus; mas nos efeitos e obras de depois se conhecem estas verdades de oração, que não há melhor crisol para provar-se. Bastante grande mercê é de nosso Senhor, se a conhece quem a recebe, e muito grande se não torna atrás.

---

[12] Alude a *Vida*, redigida pela primeira vez em 1562. Em M. IV, 1, 1 escreveu que fazia "14 anos pouco mais ou menos". Recorde-se que entre o capítulo primeiro e o segundo destas moradas houve uma notável interrupção redacional (cf. c. 2, n. 1).

[13] A essa maior compreensão do espiritual aludiu já em M. I, 2, 7 e M. IV, 1, 8.

Logo querereis, minhas filhas, procurar ter esta oração, e tendes razão; que – como tenho dito[14] – não acaba de entender a alma as que ali lhe faz o Senhor e com o amor que a vai aproximando mais de Si, que certo está desejar saber como alcançaremos esta mercê. Eu vos direi o que nisto tenho entendido.

9. Deixemos quando o Senhor é servido de fazê-la porque Sua Majestade quer e não por mais. Ele sabe o porquê; não temos de nos meter nisso. Depois de fazer o que os das moradas passadas,[15] humildade, humildade! Por esta se deixa vencer o Senhor a tudo quanto dele queremos;[16] e o primeiro em que vereis se a tendes, é em não pensar que mereceis estas mercês e gostos do Senhor nem os haveis de ter em vossa vida.

Dir-me-eis que desta maneira como se hão de alcançar não os procurando? – A isto respondo que não há outra melhor do que a que vos tenho dito e não procurá-los, por estas razões: a primeira, porque primeiro que para isto é mister amar a Deus sem interesse; a segunda, porque é um pouco de pouca humildade pensar que por nossos serviços miseráveis se há de alcançar coisa tão grande; a terceira, porque o verdadeiro aparelho para isto é desejo de padecer e de imitar o Senhor e não gostos, os que, enfim, o temos ofendido;

---

[14] No n. 5 deste capítulo.
[15] N.T.: *Fazer o que os das moradas passadas*: fazer o mesmo que fazem os que ocupam as moradas anteriores.
[16] Já propôs graficamente esta prerrogativa da humildade em *Caminho*, c. 16, 1-3: "ela dá xeque-mate ao rei da glória".

a quarta, porque não está obrigado Sua Majestade a no-los dar, como a dar-nos a glória se guardamos seus mandamentos, que sem isto nos poderemos salvar e sabe melhor que nós o que nos convém e quem o ama de verdade; e assim é coisa certa, eu o sei, e conheço pessoas[17] que vão pelo caminho do amor como hão de ir, só para servir a seu Cristo crucificado, que não só não lhe pedem gostos nem os desejam, mas lhe suplicam que não lhes sejam dados nesta vida. Isto é verdade. A quinta é, porque trabalhamos debalde, que como não se há de trazer esta água por aquedutos como a passada, se o manancial não a quer produzir, pouco aproveita que nos cansemos. Quero dizer que ainda que mais meditação tenhamos e ainda que mais nos esgotemos e tenhamos lágrimas, não vem esta água por aqui. Só se dá a quem Deus quer e quando mais descuidada está muitas vezes a alma.

10. Suas somos, irmãs; faça o que quiser de nós; leve-nos por onde for servido. Bem creio que quem de verdade se humilhar e desapegar (digo de verdade, porque não há de ser por nossos pensamentos, que muitas vezes nos enganam, senão que estejamos desapegadas de tudo), que não deixará o Senhor de fazer-nos esta mercê e outras muitas que não saberemos desejar. Seja para sempre louvado e bendito, amém.

---

[17] *Conheço pessoas...*: cf. um lugar paralelo em *Moradas* VI, 9, 17, em que as pessoas aludidas são expressamente duas, uma das quais parece identificar-se com frei João da Cruz; a outra, certamente com a autora.

Capítulo 3

Em que trata o que é oração de recolhimento, que pela maior parte a dá o Senhor antes da dita. – Diz seus efeitos e os que ficam da passada que tratou, dos gostos que o Senhor dá.

1. Os efeitos desta oração são muitos: alguns direi, e primeiro, outra maneira de oração que começa quase sempre primeiro que esta, e por tê-la dito em outras partes,[1] direi pouco. Um recolhimento que também me parece sobrenatural, porque não é estar no escuro nem fechar os olhos, nem consiste em

---

[1] Ela falou da "oração de recolhimento" em várias obras: *Vida* c. 14-15; *Caminho* c. 26-29; *Relação* 5 (escrita pouco antes das *Moradas*). – Convém ter em conta que a Santa não é constante na nomenclatura dos graus de oração: ora fala de um "recolhimento" não infuso, última forma de oração não mística; ora de um "recolhimento infuso", primeiro grau de oração mística. Assim, em *Vida*, a segunda água (2º grau de oração: quietude infusa) será designada indistintamente com os termos de "recolhimento e quietude" (cf. c. 15, n. 1 e n. 4). Ao contrário, nos belos capítulos 26-29 do *Caminho* ensinará uma forma de "oração de recolhimento" perfeitamente adquirível e não infusa. Na mencionada *Relação* 5, n. 3-4, a oração de "recolhimento interior" é como o primeiro vagido de oração mística, degrau de acesso à oração de quietude (n. 4; mas cf. o último número desta mesma *Relação*). Esta posição doutrinal se manterá nas *Moradas* IV, c. 3: o recolhimento é uma forma de oração infusa ("que também me parece sobrenatural", n. 1; cf., no entanto, o n. 8) que prepara imediatamente a alma para a oração de quietude. – Por tudo isto, seria errôneo insistir demais na nomenclatura teresiana para captar o pensamento da Santa.

coisa exterior, posto que, sem o querer, se faz isto de fechar os olhos e desejar solidão; e sem artifício, parece que se vai lavrando o edifício para a oração que fica dita;[2] porque estes sentidos e coisas exteriores parece que vão perdendo de seu direito para que a alma vá cobrando o seu que tinha perdido.

2. Dizem que "se a alma entra dentro de si" e outras vezes que "sobe acima de si"[3] por esta linguagem não saberei eu esclarecer nada, que isto tenho mau pelo que sei dizer penso que me haveis de entender, e quiçá será só para mim. Façamos de conta que estes sentidos e potências (que já tenho dito[4] que são a gente deste castelo, que é o que tenho tomado para saber dizer algo), que têm ido para fora e andam com gente estranha, inimiga do bem deste castelo, dias e anos; e que já foram, vendo a sua perdição, aproximando-se dele, ainda que não acabem de estar dentro – porque este costume é dura coisa –, senão não são já traidores e estão ao redor. Visto já o grande Rei, que está na morada deste castelo, sua boa vontade, por sua grande misericórdia, os quer tornar a ele e, como bom pastor, com um silvo tão suave, que ainda quase

---

[2] O sentido é: nesta oração de recolhimento se prepara a alma para a oração de quietude; *sem artifício*, quer dizer, sem esforço pessoal, passivamente ou por via infusa. Esta expressão e a seguinte "lavrar o edifício" (= edificar) aludem ao símbolo dos tanques e aquedutos, c. 2, n. 2-4.

[3] Alusão ao *Tercer Abecedario* de F. de Osuna, tratado 9, c. 7, e à *Subida del Monte Sión* de B. de Laredo, parte 3, c. 41. Sobre este ponto, ver *Vida* c. 12, título e n. 1, 4, 5 e 7; e c. 22, n. 13 e 18.

[4] Cf. M. I, c. 2, n. 4, 12, 15.

eles mesmos não o entendam, faz com que conheçam a sua voz e que não andem tão perdidos, senão que se tornem à sua morada. E tem tanta força este assobio do pastor, que abandonam as coisas exteriores em que estavam alienados e se metem no castelo.

3. Parece-me que nunca o dei a entender como agora, porque para buscar a Deus no interior (que se acha melhor e mais a nosso proveito que nas criaturas, como diz Santo Agostinho que o achou, depois de tê-lo buscado em muitas partes),[5] é grande ajuda quando Deus faz esta mercê. E não penseis que é pelo entendimento adquirido procurando pensar dentro de si em Deus, nem pela imaginação, imaginando-o em si. Isto é bom e excelente maneira de meditação, porque se funda sobre verdade, que é estar Deus dentro de nós mesmos; mas não é isto que cada um pode fazer (com o favor do Senhor, se entende, tudo). Mas o que digo é de maneira diferente, e que algumas vezes, antes que se comece a pensar em Deus, já esta gente está no castelo, que não sei por onde nem como ouviu o assobio de seu pastor. Que não foi pelos ouvidos, que não se ouve nada, mas sente-se notavelmente um encolhimento suave no interior, como verá quem passar por isso, que eu não sei esclarecer melhor. Parece-me que li que como um ouriço ou tartaruga, quando se retiram para si, e quem o escreveu devia entendê-lo

---

[5] *Confissões* L. 10, c. 27, mas provavelmente alude ao c. 31 dos *Solilóquios* atribuídos a Santo Agostinho e editados em castelhano em Valladolid em 1515. Cf. *Vida* c. 40, n. 6; e *Caminho* c. 28, n. 2.

bem.⁶ Mas estes, eles entram quando querem; cá não está em nosso querer senão quando Deus nos quer fazer esta mercê. Tenho para mim que quando Sua Majestade a faz, é a pessoas que vai já dando de mão às coisas do mundo. Não digo que seja por obra os que têm estado que não podem, senão pelo desejo, pois os chama particularmente para que estejam atentos às interiores; e assim creio que, se quisermos dar lugar a Sua Majestade, que não dará só isto a quem começa a chamar para mais.

4. Louve-o muito quem isto entender em si, porque é muita razão que conheça a mercê, e o fazimento de graças por ela fará que se disponha para outras maiores. E é disposição para poder escutar, como se aconselha em alguns livros, que procurem não discorrer, senão ficar atentos para ver o que o Senhor obra na alma;⁷ que se Sua Majestade não começou a embeber-nos, não posso acabar de entender como se pode deter o pensamento de maneira que não faça mais dano que proveito, ainda que tenha sido contenda bem praticada⁸ entre algumas pessoas espirituais e a mim. Confesso minha pouca humildade que nunca me tem dado razão para que eu me renda ao que dizem. Um me alegou com certo livro do santo frei

---

⁶ Nova reminiscência do *Tercer Abecedario* do franciscano F. de Osuna, tratado 6, c. 4.

⁷ Passagem obscura. A Santa faz alusão a Bernardino de Laredo, *Subida del Monte Sión*, parte 3, c. 27: "Que coisa é não pensar nada em contemplação perfeita...".

⁸ N.T.: *Praticar* (esp. *platicar*) no sentido de conversar, planejar.

Pedro de Alcântara – que eu creio que é – a quem eu me rendesse, porque sei que o sabia; e o lemos e diz o mesmo que eu, ainda que não por estas palavras;[9] mas entende-se no que diz que há de estar já desperto o amor. Já pode ser que eu me engane, mas vou por estas razões:

5. A primeira, que nesta obra de espírito quem menos pensa e quer fazer, faz mais; o que temos de fazer é pedir como pobres necessitados diante de um grande e rico imperador, e logo baixar os olhos e esperar com humildade. Quando por seus caminhos secretos parece que entendemos que nos ouve, então é bom calar, pois nos deixou estar perto dele, e não será mal procurar não obrar com o entendimento – se podemos algo. Mas se este Rei ainda não entendemos que nos ouviu nem que nos vê, não havemos de estar bobos, que o fica bastante a alma quando tem procurado isto, e fica muito mais seca e porventura mais inquieta a imaginação com a força que se tem feito para não pensar nada, senão que o Senhor quer que lhe peçamos e consideremos estar em sua presença, que Ele sabe o que nos convém. Eu não posso persuadir-me com indústrias humanas em coisas que parece que Sua Majestade pôs limite e as quis deixar para Si; o que não deixou outras muitas que podemos com sua ajuda, assim de penitência, como de obras, como de oração, até onde pode nossa miséria.

---

[9] Refere-se ao *Tratado de oración y meditación*, aviso 8, do P. Granada, então atribuído a São Pedro de Alcântara.

6. A segunda razão é que estas obras interiores são todas suaves e pacíficas, e fazer coisa penosa antes dana que aproveita. Chamo penosa qualquer força que nos queiramos fazer, como seria pena deter o fôlego; senão deixar a alma nas mãos de Deus, faça o que quiser dela, com o maior descuido de seu proveito que puder e maior resignação à vontade de Deus.

A terceira é que o mesmo cuidado que se põe em não pensar nada talvez desperte o pensamento a pensar muito.

A quarta é que o mais substancial e agradável a Deus é que nos lembremos de sua honra e glória e nos esqueçamos de nós mesmos e de nosso proveito, regalo e gosto. Pois, como está esquecido de si o que com muito cuidado está, que não se ousa bulir, nem ainda deixa o seu entendimento e desejos que se bulam a desejar a maior glória de Deus, nem que se folgue da que tem? Quando Sua Majestade quer que o entendimento cesse, ocupa-o de outra maneira e dá uma luz no conhecimento tão acima da que podemos alcançar, que o faz ficar absorto, e então, sem saber como, fica muito melhor ensinado do que com todas as nossas diligências para deitá-lo mais a perder; que pois Deus nos deu as potências para que com elas trabalhássemos e tem todo o seu prêmio, não há para que as encantar, senão deixá-las fazer o seu ofício, até que Deus as ponha em outro maior.

7. O que entendo que mais convém que há de fazer a alma que o Senhor quis meter nesta morada é

o dito,[10] e que sem nenhuma força nem ruído procure atalhar o discorrer do entendimento, mas não o suspender nem o pensamento, senão que é bom que se lembre que está diante de Deus e quem é este Deus. Se o mesmo que sente em si o embeber, felicitações; mas não procure entender o que é, porque é dado à vontade; deixe-a gozar sem nenhuma indústria além de algumas palavras amorosas, que ainda que não procuremos aqui estar sem pensar nada, muitas vezes se está, ainda que muito breve tempo.

8. Mas, como disse em outra parte,[11] a causa porque nesta maneira de oração (digo na que comecei esta morada, que tenho metido a de recolhimento com esta que havia de dizer primeiro, e é muito menos que a dos gostos que tenho dito de Deus, senão que é princípio para vir a ela; que na do recolhimento não se há de deixar a meditação, nem a obra do entendimento)...[12] nesta fonte manancial que não vem por

---

[10] Nos n. 4-6; cf. c. 2, n. 9.

[11] Em *Caminho* c. 31. – O parêntese que segue rompe o fio do discurso e a frase ficará sem ser concluída. Frei Luís, conservando intacto o parêntese, arranjou o resto assim: "Mas como disse em outra parte, a causa porque nesta maneira de oração cessa o discurso do entendimento [...] assim que a causa é que esta é fonte manancial, que não vem por aquedutos: ele se comede" (p. 81). – *Como disse em outra parte*: provavelmente remete às passagens paralelas de *Caminho* c. 1, n. 3 e 7. Paralelo do que vinha dizendo no número anterior em *Vida* c. 13, n. 11-22, apesar de achar-se em contexto diverso.

[12] A aparente embrulhada da frase e a desordem redacional destas *Moradas* IV fazem necessário um esclarecimento: No c. 1 falou da diferença entre "gostos e contentos" (oração infusa e oração não infusa); no c. 2, tratou da oração de quietude ("gostos"),

aquedutos ele se comede ou o faz comedir ver que não entende o que quer; e assim anda de um lado a outro, como tonto que em nada faz assento. Tem a vontade tão grande em seu Deus, que lhe dá grande pesadume seu bulício, e assim não é preciso fazer caso dele, que a fará perder muito do que goza, sem deixá-lo e deixar-se a si nos braços do amor, que Sua Majestade ensinará a ela o que há de fazer naquele ponto, que quase tudo é achar-se indigna de tanto bem e empregar-se em ação de graças.

9. Por tratar da oração de recolhimento, deixei os efeitos ou sinais que têm as almas a quem Deus nosso Senhor dá esta oração.[13] Assim como se entende claro um dilatamento ou alargamento na alma, à maneira de como se a água que mana de uma fonte não tivesse corrente, senão que a mesma fonte estivesse lavrada de uma coisa que quanto mais água manasse maior se fizesse o edifício, assim parece nesta oração, e outras muitas maravilhas que Deus faz na alma, que a habilita e vai dispondo para que caiba tudo nela. Assim esta

---

contrastando-a com a oração de recolhimento ("contentos"), introduzindo para isso a bela alegoria dos tanques e aquedutos (n. 3-5); neste c. 3 trata da oração de recolhimento (primeira manifestação da oração infusa) e dos efeitos da oração de quietude (n. 9-14). – Essa franca desordem se deve, em parte, às interrupções por que a Santa passou durante a composição destas *Moradas*. – A ordem lógica deveria ser esta: (a) diferença entre contentos e gostos (c. 1); (b) contentos: últimas formas de oração não infusa (c. 2, 1-5); (c) oração de recolhimento infuso (c. 3, n. 1-7); (d) oração de quietude (c. 2, n. 2 e n. 6-10); (e) efeitos da oração de quietude (c. 3, n. 9-14).

[13] *Esta oração*: de quietude. Retoma o tema do n. 1.

suavidade e alargamento interior são vistos no que lhe fica para não estar tão atada como antes nas coisas do serviço de Deus, senão com muita mais largura. Assim ao não se apertar com o temor do inferno, porque ainda que lhe fique maior de não ofender a Deus, o servil[14] perde-se aqui: fica com grande confiança que o há de gozar. O que costumava ter, para fazer penitência, de perder a saúde, já lhe parece que tudo poderá em Deus;[15] tem mais desejos de fazê-la que até ali. O temor que costumava ter dos trabalhos, já vai mais temperado; porque está mais viva a fé e entende que, se os passa por Deus, Sua Majestade lhe dará graça para que os sofra com paciência, e ainda algumas vezes os deseja, porque fica também uma grande vontade de fazer algo por Deus. Como vai conhecendo mais sua grandeza, tem-se já por mais miserável; como tem provado já os gostos de Deus, vê que é um lixo os do mundo, vai pouco a pouco se apartando deles e é mais senhora de si para fazê-lo. Enfim, em todas as virtudes fica melhorada e não deixará de ir crescendo, se não torna atrás já, para fazer ofensas a Deus, porque então tudo se perde, por subida que esteja uma alma no cume. Tampouco se entende que de uma vez ou duas que Deus faça esta mercê a uma alma, ficam todas estas feitas se não vai perseverando em recebê-las, que nesta perseverança está todo o nosso bem.

---

[14] O temor *servil*: em contraposição ao temor *filial*, segundo o esquema da teologia clássica.
[15] Alusão a Fl 4,13. Cf. *Vida* c. 13, n. 3; *Rel.* 58, n. 2.

10. De uma coisa aviso muito a quem se vir neste estado: que se guarde mui muito de pôr-se em ocasiões de ofender a Deus; porque aqui não está ainda a alma criada, senão como uma criança que começa a mamar, que se se aparta dos peitos de sua mãe, o que se pode esperar dela senão a morte? Eu tenho muito temor que a quem Deus tiver feito esta mercê e se apartar da oração, que será assim, se não é com grandíssima ocasião ou se não torna depressa a ela, porque irá de mal a pior. Eu sei que há muito que temer neste caso, e conheço algumas pessoas que me têm bastante lastimada e tenho visto o que digo, por ter-se apartado de quem com tanto amor se lhe queria dar por amigo e mostrá-lo por obras. Aviso tanto que não se ponham em ocasiões, porque põe muito o demônio mais por uma alma destas que por mui muitas a quem o Senhor não faça estas mercês; porque lhe podem fazer grande dano levando outras consigo, e fazer grande proveito, poderia ser, na Igreja de Deus; e ainda que não haja outra coisa senão ver o que Sua Majestade lhes mostra amor particular, basta para que ele se desfaça para que se percam; e assim são muito combatidas e até muito mais perdidas que outras, se se perdem.

Vós irmãs, estais livres destes perigos, pelo que podemos entender; de soberba e vanglória vos livre Deus; e de que o demônio queira contrafazer estas mercês, conhecer-se-á em que não fará estes efeitos, senão tudo ao revés.

11. De um perigo vos quero avisar (ainda que vo-lo tenha dito em outra parte)[16] em que tenho visto cair pessoas de oração, em especial mulheres, que como somos mais fracas, há mais lugar para o que vou dizer. E é que algumas, da muita penitência e oração e vigílias e ainda sem isto, são fracas de compleição; em tendo algum regalo, sujeita-lhes o natural e, como sentem contento algum interior e caimento no exterior e uma fraqueza,[17] quando há um sono que chamam espiritual, que é um pouco mais do que fica dito,[18] parece-lhes que é um como o outro e se deixam embevecer. E quanto mais se deixam, se embevecem mais, porque se enfraquece mais o natural, e em seu senso lhes parece arroubamento; e chamo-o eu abobamento, que não é outra coisa mais além de estar perdendo tempo ali e gastando sua saúde [12] (a uma pessoa lhe acontecia estar oito horas), que nem estão sem sentido, nem sentem coisa de Deus. Dormindo e comendo e não fazendo tanta penitência, foi tirado desta pessoa, porque houve quem a entendesse, que a seu confessor trazia enganado e a outras pessoas e a si mesma, que ela não queria enganar. Bem creio que faria o demônio alguma diligência para tirar algum lucro, e não começava a extrair pouco.

---

[16] No c. 5 das *Fundações*. Insistirá no mesmo aviso em M. VI, c. 7, n. 13.
[17] *Caimento* (de novo no n. 13) equivale a decaimento. – *Fraqueza* (esp. *flaqueza*): a Santa escreveu *flaquedad*.
[18] *Mais do que fica dito*: mais intenso que a oração infusa de quietude de que vem falando. – Do "sono espiritual" (ou "sono de potências"): cf. *Vida* c. 16 e 17, onde a Santa lhe concede maior importância na classificação da vida mística.

13. Há de se entender que quando é coisa verdadeiramente de Deus, ainda que haja caimento interior e exterior, que não haja na alma, que tem grandes sentimentos de ver-se tão perto de Deus, nem tampouco dura tanto, senão muito pouco espaço, bem que se torna a embevecer; e nesta oração, se não é fraqueza – como tenho dito[19] – não chega a tanto que derroque o corpo nem faça nenhum sentimento exterior nele. Por isso tenham aviso que quando sentirem isto em si, o digam à prelada e divirtam-se o que puderem e faça-as não ter tantas horas de oração senão muito pouco, e procure que durmam bem e comam, até que tenha tornado a elas a força natural, se foi perdida por aqui. Se é de tão fraco natural que não lhe baste isto, creiam-me que Deus não a quer senão para a vida ativa, que de tudo há de haver nos mosteiros; ocupem-na em ofícios, e sempre se tenha conta que não tenha muita solidão, porque virá a perder de todo a saúde. Farta mortificação será para ela; aqui o Senhor quer provar o amor que lhe tem em como leva esta ausência, e será servido de tornar a ela a força depois de algum tempo, e se não, com oração vocal ganhará e obedecendo, e merecerá o que havia de merecer por aqui e porventura mais.

---

[19] Nos n. 11-12. – *Derrocar* (despenhar, precipitar duma penha ou rocha; e, figuradamente: humilhar, abater, aniquilar, demolir, arrasar), neste caso, significa o estado de impotência corporal produzido por certas graças extáticas: as graças místicas das Moradas IV não produzem tal "derrocamento", senão, no máximo, "decaimento interior e exterior".

14. Também poderia haver algumas de tão fraca cabeça e imaginação – como eu as tenho conhecido – que tudo o que pensam lhes parece que veem; é bastante perigoso. Porque talvez se trate disso adiante,[20] não mais aqui, que me tenho alongado muito nesta morada, porque é na que mais almas creio *que* entram, e como é também natural junto com o sobrenatural,[21] pode o demônio fazer mais dano; que nas que estão por dizer, não lhe dá o Senhor tanto lugar. Seja para sempre louvado, amém.

---

[20] C. todo o c. 3 das Moradas sextas.
[21] *Natural junto com sobrenatural*: que nestas moradas se entrecruzam atos e estados infusos e não infusos. Por isso falou de contentos e gostos: de meditação e de quietude (cf. n. 8).

MORADAS QUINTAS
CONTÉM QUATRO CAPÍTULOS

Capítulo 1

Começa a tratar como na oração a alma se une com Deus. – Diz em que se conhecerá não ser engano.

1. Ó irmãs! Como vos poderia eu dizer a riqueza e tesouros e deleites que há nas quintas moradas? Creio que fora melhor não dizer nada das que faltam, pois não se há de saber dizer nem o entendimento o sabe entender nem as comparações podem servir para declará-lo, porque são muito baixas as coisas da terra para este fim.

Enviai, Senhor meu, do céu luz para que eu possa dar alguma a estas vossas servas, pois sois servido de que gozem algumas delas tão ordinariamente destes gozos, para que não sejam enganadas, transfigurando-se o demônio em anjo de luz,[1] pois todos os seus desejos são empregados em desejar contentar-vos.

2. E ainda que tenha dito "algumas", bem poucas há que não entrem nesta morada que agora direi. Há mais e menos, e por esta causa digo que são as mais as que entram nelas. Em algumas coisas das que aqui direi que há neste aposento, bem creio que são poucas; mas ainda que não seja senão chegar à porta, é farta misericórdia

---

[1] Utiliza de novo a imagem paulina de 2Cor 11,24, como em *Moradas* I, 2, 15.

a que lhes faz Deus; porque, posto que são muitos os chamados, poucos são os escolhidos.[2] Assim digo agora que ainda que todas as que trazemos este hábito sagrado do Carmo sejamos chamadas à oração e contemplação (porque este foi nosso princípio, desta casa viemos, daqueles santos Pais nossos do Monte Carmelo, que em tão grande solidão e com tanto desprezo do mundo buscavam este tesouro, esta preciosa pérola de que falamos), poucas nos dispomos para que o Senhor no-la descubra. Porque quanto ao exterior vamos bem para chegar ao que é mister; nas virtudes para chegar aqui, temos mister muito, muito, e não nos descuidar pouco nem muito. Por isso, irmãs minhas, alto a pedir ao Senhor, que pois de alguma maneira podemos gozar do céu na terra, que nos dê seu favor para que não fique por nossa culpa e nos mostre o caminho e dê forças na alma para cavar até achar este tesouro escondido,[3] pois é verdade que está em nós mesmas, que isto quereria eu dar a entender, se o Senhor é servido que saiba.

3. Disse "forças na alma", para que entendais que não fazem falta as do corpo a quem Deus nosso Senhor as dá; não impossibilita ninguém para comprar suas riquezas; dando cada um o que tiver, se contenta. Bendito seja tão grande Deus. Mas mirai, filhas, que para isto que tratamos não quer que fiqueis com

---

[2] Mt 20,16. – Gracián reformou a frase seguinte, substituindo o *sejamos* (esp. *somos*) por "seguimos regra de ser", e acrescentando depois do parêntese "e talvez" *poucas...*
[3] Alusão à parábola do tesouro escondido: Mt 13,44.

nada; pouco ou muito, tudo quer para si, e conforme ao que entenderdes de vós que vos têm dado, vos serão feitas maiores ou menores mercês.[4] Não há melhor prova para entender se nossa oração chega à união ou não. Não penseis que é coisa sonhada, como a passada.[5] Digo sonhada, porque assim parece que está a alma como adormecida, que nem bem parece que está dormindo nem se sente desperta. Aqui estando todas dormindo, e bem adormecidas, para as coisas do mundo e para nós mesmas (porque de fato na verdade fica-se como sem sentido aquele pouco que dura, que nem tem poder pensar, ainda que queiram, aqui não é mister com artifício suspender o pensamento; [4] até o amar – se o faz – não entende como, nem o que é o que ama nem o que quereria; enfim, como quem de todo ponto morreu para o mundo para viver mais em Deus, que assim é: uma morte saborosa, um arrancamento da alma de todas as operações que pode ter estando no corpo; deleitosa, porque ainda que de verdade pareça que se aparta a alma dele para melhor estar em Deus, de maneira que ainda não sei eu se lhe fica vida para respirar (agora estava pensando nisso e parece-me que não, a não ser que o faça não se entende se o faz),[6] todo

---

[4] É *slogan* da entrega total: "dar-nos todas ao Tudo sem fazer-nos partes", dirá em *Caminho* 8, 1. – Passagem mal lida por frei Luís.
[5] *A passada*: oração das moradas anteriores (cf. c. 3, n. 11).
[6] Por culpa dos numerosos incisos, a frase fica sem conclusão. Frei Luís arredondou-a assim: "deleitosa, porque ainda que esteja nele, segundo a verdade, parece que se aparta a alma dele, para melhor estar em Deus: é de maneira que ainda não sei eu se lhe fica vida para respirar. Agora estava pensando nisso, e parece-me

o seu entendimento se quereria empregar em entender algo do que sente e, como não chegam suas forças a isto, fica espantado de maneira que, se não se perde de todo, não meneia pé nem mão, como cá dizemos de uma pessoa que está tão desmaiada que nos parece que está morta.

Ó segredos de Deus, que não me fartaria de procurar dar a entendê-los se pensasse acertar em algo, e assim direi mil desatinos, por se alguma vez atinasse, para que louvemos muito o Senhor.

5. Disse que não era coisa sonhada,[7] porque na morada que fica dita, até que a experiência é muita fica a alma duvidosa de que foi aquilo: se lhe foi antojado,[8] se estava dormindo, se foi dado por Deus, se o demônio se transfigurou em anjo de luz. Fica com mil suspeitas, e é bom que as tenha, porque – como disse[9] – ainda o mesmo natural nos pode enganar ali alguma vez; porque ainda que não haja tanto lugar para entrar as coisas peçonhentas, umas lagartixinhas sim, que como são agudas por toda parte se metem; e ainda que não façam dano, em especial se não fazem caso delas – como disse[10] – porque são pensamen-

---

que não, a não ser que o faça não o entende, todo o seu entendimento quereria empregar em entender algo do que sente" (p. 90; conservamos a pontuação original).

[7] No n. 3. Segue uma alusão às moradas precedentes.

[8] N.T.: *Se lhe foi antojado*: em espanhol: *si se le antojó*. Ver "antojar" no Glossário.

[9] Nas *Moradas* IV, c. 3, n. 11-14.

[10] Aconselhou a não fazer caso dessas *lagartixinhas agudas* em M. IV, c. 1, n. 8-12 (cf. n. 3), *que são pensamentinhos que procedem da*

tinhos que procedem da imaginação e do que fica dito, importunam muitas vezes. Aqui, por agudas que sejam as lagartixas, não podem entrar nesta morada; porque nem há imaginação, nem memória, nem entendimento que possa impedir este bem. E ousarei afirmar que se verdadeiramente é união de Deus, que não pode entrar o demônio nem fazer nenhum dano; porque está Sua Majestade tão junto e unido com a essência da alma, que não ousará chegar nem ainda deve entender este segredo. E está claro: pois dizem que não entende nosso pensamento, menos entenderá coisa tão secreta, que ainda Deus não a confia a nosso pensamento.[11] Ó grande bem, estado onde este maldito não nos faz mal! Assim fica a alma com tão grandes lucros, por obrar Deus nela sem que ninguém a estorve, nem nós mesmos. O que não dará quem é tão amigo de dar e pode dar tudo o que quer?

6. Parece que vos deixo confusas ao dizer se é união de Deus e que há outras uniões. E como as há! Ainda que sejam em coisas vãs, quando se amam

---

imaginação e do que fica dito: nesse mesmo capítulo das moradas quartas advertiu que não procedem do entendimento (n. 8) e os atribuiu à "miséria que nos ficou do pecado de Adão" (n. 11).

[11] Gracián castigou intensamente esta passagem do original. Retocou a primeira frase: *se é união de Deus* "só com a alma" para cercear na seguinte as palavras *essência da alma*: mudou *pensamento* para *entendimento* na frase: *não entende nosso pensamento*; e finalmente anotou à margem: "entenda-se dos atos de entendimento e vontade, que os pensamentos da imaginação claramente os vê o demônio, se Deus não o cega naquele ponto". Ribera riscou uma a uma todas as emendas de Gracián (p. 92).

muito, também os transportará o demônio;[12] mas não com a maneira de Deus nem com o deleite e satisfação da alma e paz e gozo. É acima de todos os gozos na terra e sobre todos os deleites e sobre todos os contentos e mais, que não tem que ver onde se engendram estes contentos ou os da terra, que é muito diferente seu sentir como os tereis experimentado. Disse uma vez,[13] que é como se fossem nesta grosseria do corpo, ou na medula dos ossos, e atinei bem, que não sei como dizer melhor.

7. Parece-me que ainda não vos vejo satisfeitas, porque vos parecerá que vos podeis enganar, que este interior é coisa rija de examinar; e ainda que para quem tem passado por isso basta o dito, porque é grande a diferença, quero vos dizer um sinal claro por onde não vos podereis enganar nem duvidar se foi de Deus, que Sua Majestade mo tem trazido hoje à memória, e a meu parecer é o certo. Sempre em coisas dificultosas, ainda que me pareça que o entendo e que digo verdade, vou com esta linguagem de que "me parece"; porque se me enganar, estou muito aparelhada a crer o que disserem os que têm muitas

---

[12] *Transportará*: no sentido figurado de encantar, arrebatar.
[13] Provavelmente alude a seu comentário ao Cântico dos Cânticos: "como se pusessem na medula uma unção suavíssima" (*Conceitos* 4, 2). Cf. *Caminho* 31, 10: "os contentos da vida parece-me a mim que os goza o exterior da vontade, como a casca dela, digamos". O sentido da frase é: que os contentamentos e gozos da terra são como que percebidos na grosseria do corpo; a paz, o gozo da união, como se fossem percebidos no fundo do ser (na "medula").

letras; porque ainda que não tenham passado por estas coisas, os letrados têm um não sei quê, que como Deus os tem para luz de sua Igreja, quando é uma verdade, ela é dada para que se admita; e se não são derramados senão servos de Deus, nunca se espantam de suas grandezas, que têm bem entendido que pode muito mais e mais. E, enfim, ainda que algumas coisas não tão declaradas, outras devem achar escritas, por onde veem que estas podem passar.[14]

8. Disso tenho grandíssima experiência, e também a tenho de uns meio letrados espantadiços, porque me custam muito caro.[15] Ao menos creio que quem não crer que Deus pode muito mais e que tem tido por bem e tem algumas vezes comunicá-lo a suas criaturas, que tem bem fechada a porta para recebê-las. Por isso, irmãs, nunca vos aconteça, senão crede de Deus muito mais e mais, e não ponhais os olhos em se são ruins ou bons a quem as faz, que Sua Majestade sabe, como vo-lo tenho dito;[16] não há para que nos metermos nisto, senão com simplicidade de coração e humildade servir a Sua Majestade e louvá-lo por suas obras e maravilhas.

Pois tornando ao sinal que digo que é o verdadeiro,[17] já vedes esta alma que Deus tem feito boba

---

[14] N.T.: *Podem passar*: são possíveis.
[15] Já em *Vida* se lamentava: "grande dano fizeram à minha alma confessores meio letrados" (V. 5, 3).
[16] Disse-o em M. IV, 1, 2; IV, 2, 9.
[17] Disse sobre o sinal no n. 7.

de todo para imprimir melhor nela a verdadeira sabedoria, que nem vê nem ouve nem entende no tempo que está assim, que sempre é breve, e ainda bastante mais breve parece a ela do que deve ser. Fixa Deus a si mesmo no interior daquela alma de maneira que quando torna a si de nenhuma maneira pode duvidar que esteve em Deus e Deus nela. Com tanta firmeza lhe fica esta verdade, que ainda que passe anos sem tornar Deus a lhe fazer aquela mercê, nem se esquece nem pode duvidar de que esteve. Ainda deixemos pelos efeitos com que fica, que estes direi depois;[18] isto é o que faz muito ao caso.

10. Pois dir-me-eis: como o viu ou como o entendeu, se não vê nem entende? Não digo que o viu então, senão que o vê depois claro; e não porque é visão, senão uma certeza que fica na alma que só Deus a pode pôr. Eu sei de uma pessoa que não tinha chegado à sua notícia que Deus estava em todas as coisas por presença e potência e essência, e de uma mercê que Deus lhe fez desta sorte o veio a crer de maneira que, ainda que um meio letrado dos que tenho dito[19]

---

[18] Falará dos efeitos desta forma de oração infusa no c. 2 (cf. título e n. 7-14). – Também neste número e no seguinte Gracián atenuou as expressões que denotavam segurança ou certeza, com três monótonos "me parece": "pois tornando ao sinal que digo *que me parece que...*" (n. 9); "de nenhuma maneira *parece a ela que pode duvidar*" (n. 9); "não digo que o viu então senão que [risca "o vê"] depois *ficou a seu parecer* [riscando: "claro e porque é visão senão"] (n. 10); e mais abaixo: "o veio a *entender*" em lugar de "o veio a crer". Frei Luís prescindiu das emendas de Gracián.

[19] No n. 8 e em *Vida* c. 25, n. 22 e c. 13, n. 19.

a quem perguntou como estava Deus em nós (ele o sabia tão pouco como ela antes que Deus o desse a entender) lhe disse que não estava mais que pela graça, ela tinha já tão fixa a verdade, que não acreditou nele e o perguntou a outros[20] que lhe disseram a verdade, com que se consolou muito.

11. Não vos haveis de enganar parecendo-vos que esta certeza fica em forma corporal, como o corpo de nosso Senhor Jesus Cristo está no Santíssimo Sacramento, ainda que não o vejamos, porque cá não fica assim, senão só a divindade. Pois, como o que não vemos fica em nós com essa certeza? – Isso não sei, são obras suas: mas sei que digo a verdade, e quem não ficar com esta certeza, não diria eu que é união de toda a alma com Deus, senão de alguma potência, e outras muitas maneiras de mercês que Deus faz à alma. Havemos de deixar em todas estas coisas de buscar razões para ver como foi; pois não chega nosso entendimento a entendê-lo, para que nos queremos desvanecer? Basta ver que é todo-poderoso o que o faz, e pois não somos nenhuma parte[21] por diligências que façamos para alcançá-lo, senão que é Deus que o faz, não o queiramos ser para entendê-lo.

12. Agora me lembro, sobre isto que digo de que "não somos parte", do que tendes ouvido que diz a Esposa nos Cânticos: *Levou-me o rei à adega do vinho,*

---

[20] Um deles "frei Vicente Barrón", segundo anota Gracián em *Vida* 18, 15; cf. *Relação* 54.
[21] *Ser parte*, e no n. 12 "ter parte": participar ativamente.

ou *meteu-me*, creio que diz.²² E não diz que ela se foi. E diz também que *andava buscando o seu Amado por uma parte e por outra*. Esta entendo eu que é a adega onde nos quer meter o Senhor quando quer e como quer; mas por diligências que nós façamos, não podemos entrar. Sua Majestade nos há de meter e entrar Ele no centro de nossa alma e, para mostrar suas maravilhas melhor, não quer que tenhamos nesta mais parte da vontade que totalmente se tem rendido a Ele, nem que lhe seja aberta a porta das potências e sentidos, que todos estão adormecidos; senão entrar no centro da alma sem nenhuma, como entrou a seus discípulos quando disse: *Pax vobis*, e saiu do sepulcro sem levantar a pedra.²³ Adiante vereis como Sua Majestade quer que a alma o goze em seu próprio centro, ainda mais que aqui muito na última morada.

13. Ó filhas, que muito veremos se não queremos ver mais do que nossa baixeza e miséria, e entender que não somos dignas de ser servas de um Senhor tão grande, que não podemos alcançar suas maravilhas! Seja para sempre louvado, amém.

---

[22] Ct 2,4; e 3,2.
[23] Jo 20, 19. – *Adiante vereis*: cf. Moradas sextas 2, 3, em que retoma este tema. Voltará ao texto de São João em Moradas sétimas 2, 3.

Capítulo 2

Prossegue no mesmo. – Declara a oração de união por uma comparação delicada. – Diz os efeitos com que fica a alma. – É muito de notar.

1. Parecer-vos-á que já está tudo dito do que se tem que ver nesta morada, e falta muito, porque – como disse[1] – há mais e menos. Quanto ao que é união, não creio que saberei dizer mais; mas quando a alma a quem Deus faz estas mercês se dispõe, há muitas coisas que se dizer do que o Senhor obra nelas. Algumas direi e da maneira que fica. Para dá-lo melhor a entender, quero aproveitar-me de uma comparação que é boa para este fim, e também para que vejamos como, ainda que nesta obra que o Senhor faz não possamos fazer nada, mas para que Sua Majestade nos faça esta mercê, podemos fazer muito dispondo-nos.[2]

2. Já tereis ouvido suas maravilhas em como se cria a seda, que só Ele pôde fazer semelhante invenção, e como de uma semente, que dizem que é à maneira

---

[1] Nas Moradas V, 1, 2, disse já que há graus de "mais e menos" dentro de uma mesma morada, ou dentro do estado de união.
[2] Diferença entre receber e se dispor. As graças místicas são "obra que o Senhor faz" em nós. Dispor-nos é o que nós "podemos fazer".

de grãos de pimenta pequenos (que eu nunca vi, mas ouvi, e assim se algo for torcido não é minha a culpa),[3] com o calor, ao começar a haver folha nas amoreiras, começa esta semente a viver; que até que há este mantimento de que se sustentam, está morta; e com folhas de amoreira se criam, até que, depois de grandes, lhes põem uns raminhos e ali com as boquinhas vão por si mesmos fiando a seda e fazem uns casulinhos muito apertados aonde se encerram; e acaba este bicho que é grande e feio, e sai do mesmo casulo uma mariposinha branca, muito graciosa. Mas se isto não se visse, senão que no-lo contassem de outros tempos, quem poderia crer nisso? Nem com que razões poderíamos deduzir que uma coisa tão sem razão como é um verme ou uma abelha, sejam tão diligentes em trabalhar para nosso proveito e com tanta indústria, e o pobre bichinho perca a vida na demanda? Para um tempo de meditação basta isto, irmãs, ainda que não vos diga mais, que nisso podeis considerar as maravilhas e sabedoria de nosso Deus. Pois, o que será se soubéssemos a propriedade de todas as coisas? De grande proveito é ocupar-nos em pensar estas grandezas e regalar-nos em ser esposas de Rei tão sábio e poderoso.

3. Tornemos ao que dizia. Então começa a ter vida este verme, quando com o calor do Espírito

---

[3] Todo este parêntese foi riscado no original por Gracián, que também mudou "de pimenta pequenos" por "de mostarda", e acrescentou à margem: "assim é, que eu o tenho visto". Ribera respeitou a emenda, e frei Luís omitiu a frase em sua edição (p. 98).

Santo começa a se aproveitar do auxílio geral[4] que a todos nos dá Deus e quando começa a aproveitar-se dos remédios que deixou em sua Igreja, assim de continuar as confissões, como com boas lições e sermões, que é o remédio que uma alma que está morta em seu descuido e pecados e metida em ocasiões pode ter. Então começa a viver e vai se sustentando nisto e em boas meditações, até que está crescida, que é o que a mim me faz ao caso, que isto outro pouco importa.

4. Pois crescido este bicho da seda – que é o que no princípio fica dito disto que tenho escrito –,[5] começa a lavrar a seda e edificar a casa onde há de morrer. Esta casa quereria dar a entender aqui, que é Cristo. Numa parte me parece que tenho lido ou ouvido que *nossa vida está escondida em Cristo*, ou *em Deus*, que tudo é um, ou que *nossa vida é Cristo*. Em que isto seja ou não, pouco vai para meu propósito.[6]

5. Pois vedes aqui, filhas, o que podemos com o favor de Deus fazer: que Sua Majestade mesmo seja nossa morada, como o é nesta oração de união,

---

[4] *Auxílio geral*, em contraste com o *auxílio particular* de que falou em moradas III, 1, 2; equivalem à graça que Deus outorga a toda pessoa; e às graças singularíssimas que Ele dispensa a algumas ou em algumas ocasiões (cf. *Vida* 14, 6).

[5] Quer dizer, todo o processo de moradas I-IV. Note-se a correspondência do símbolo do castelo com seu símile do bicho-da-seda.

[6] Cl 3,3-4. Gracián emendou as hesitações da Santa. Frei Luís, em sua edição, omitiu a frase: "em que isto seja ou não, pouco vai a meu propósito". Essa pequena adição não se referia ao conteúdo do texto paulino, mas à hesitação da citação, entre Cristo e Deus.

lavrando-a nós. Parece que quero dizer que podemos tirar e pôr em Deus, pois digo que Ele é a morada e a podemos nós fabricar para meter-nos nela. E, como se podemos! não tirar de Deus nem pôr, senão tirar de nós e pôr, como fazem estes bichinhos; que não teremos acabado de fazer nisto tudo o que podemos, quando este trabalhinho, que não é nada, junte Deus com sua grandeza e lhe dê tão grande valor que o mesmo Senhor seja o prêmio desta obra. E assim como tem sido o que pôs o maior custo, assim quer juntar nossos trabalhinhos com os grandes que padeceu Sua Majestade e que tudo seja uma coisa.

6. Pois eia, filhas minhas! Pressa em fazer este lavor e tecer este casulinho, tirando nosso amor-próprio e nossa vontade, o estar apegadas a nenhuma coisa da terra, pondo obras de penitência, oração, mortificação, obediência, tudo o demais que sabeis; que assim obrássemos como sabemos e somos ensinadas do que havemos de fazer! Morra, morra este bicho, como faz ao acabar de fazer para o que foi criado! e vereis como vemos a Deus[7] e nos vemos tão metidas em sua grandeza como está este bichinho neste casulo. Olhai que digo ver a Deus, como deixo dito que se dá a sentir nesta maneira de união.

7. Pois vejamos o que se faz este bicho, que é para o que tenho dito todo o demais, que quando está

---

[7] Gracián risca *vemos* e escreve *contemplamos*, temendo que a Santa se comprometa com a afirmação da "visão" de Deus nesta vida; bastava e sobrava o esclarecimento que a Santa faz na linha seguinte. – *Como deixo dito*: no c. 1, n. 10-11.

nesta oração bem morto está para o mundo: sai uma borboletinha branca.[8] Ó grandeza de Deus, e qual sai uma alma daqui, de ter estado um pouquinho metida na grandeza de Deus e tão junta com Ele; que a meu parecer nunca chega a meia hora! Eu vos digo de verdade que a mesma alma não se conhece a si; porque, olhai a diferença que há de um verme feio para uma borboletinha branca, que a mesma há cá. Não sabe de onde pôde merecer tanto bem – de onde lhe pôde vir, quis dizer, que bem sabe que não o merece –; vê-se com um desejo de louvar ao Senhor, que se quereria desfazer, e de morrer por Ele mil mortes. Logo lhe começa a ter de padecer grandes trabalhos, sem poder fazer outra coisa. Os desejos de penitência grandíssimos, o de solidão, o de que todos conhecessem a Deus; e daqui lhe vem uma pena grande de ver que é ofendido. E ainda que na morada que vem se tratará mais destas coisas em particular,[9] porque ainda que quase não o haja nesta morada e na que vem depois é tudo um, é muito diferente a força dos efeitos; porque – como tenho dito[10] – se depois que Deus chega a uma alma aqui se esforça a ir adiante, verá grandes coisas.

---

[8] Frase não muito clara. Frei Luís achou que o segundo "está" era repetição maquinal (ver um exemplo no começo do n. 13) e o suprimiu, lendo assim: "Pois vejamos o que se faz deste bicho (que é para o que tenho dito todo o demais:) que, quando está nesta oração bem morto para o mundo, sai uma borboletinha branca" (p. 101).
[9] Moradas VI, 6, 1; e c. 11.
[10] No c. 1, n. 2-3 e 13.

8. Oh, pois ver o desassossego desta borboletinha, não tendo estado mais quieta e sossegada em sua vida, é coisa para louvar a Deus! E é que não sabe aonde pousar e fazer o seu assento, que como tem tido tal, tudo o que vê na terra a descontenta, em especial quando são muitas as vezes que Deus lhe dá deste vinho;[11] quase de cada uma fica com novos lucros. Já não tem em nada as obras que fazia sendo verme, que era pouco a pouco tecer o casulo; nasceram-lhe asas, como se há de contentar, podendo voar, em andar passo a passo? Tudo se lhe faz pouco quanto pode fazer por Deus, segundo são os seus desejos. Não tem em muito o que passaram os santos, entendendo já por experiência como o Senhor ajuda e transforma uma alma, que não parece ela nem sua figura. Porque a fraqueza que antes lhe parecia ter para fazer penitência, já a acha forte; o atamento com parentes ou amigos ou fazenda (que nem lhe bastavam atos, nem determinações, nem querer se apartar, que então lhe parecia que se achava mais junta), já se vê de maneira que lhe pesa estar obrigada ao que, para não ir contra Deus, é mister fazer. Tudo a cansa, porque provou que o verdadeiro descanso não lhe podem dar as criaturas.

9. Parece que me alongo, e muito mais poderia dizer, e a quem Deus tiver feito esta mercê verá que fico curta; e assim não tem que espantar que esta

---

[11] *Vinho* que Deus dá à *borboletinha*. Surpreendente associação devida ao cruzamento das duas imagens: a adega dos Cânticos e a borboleta libertada do casulo.

mariposinha busque assento de novo, assim como se acha nova das coisas da terra. Pois, aonde irá a pobrezinha? Que tornar aonde saiu não pode, que – como está dito[12] – não é em nossa mão, ainda que mais façamos, até que seja Deus servido de tornar a nos fazer esta mercê. Ó Senhor! e que novos trabalhos começam a esta alma! Quem diria tal depois de mercê tão subida? Enfim, fim, de uma maneira ou de outra há de haver cruz enquanto vivemos, e quem disser que, depois que chegou aqui, sempre está com descanso e regalado, diria eu que nunca chegou, senão que porventura foi algum gosto, se entrou na morada passada, e ajudado por fraqueza natural, e ainda, porventura, pelo demônio, que lhe dá paz para fazer-lhe depois guerra muito maior.

10. Não quero dizer que não têm paz os que chegam aqui, que a têm e muito grande; porque os mesmos trabalhos são de tanto valor e de tão boa raiz que, sendo muito grandes, deles mesmos sai a paz e o contento. Do mesmo descontentamento que dão as coisas do mundo nasce um desejo de sair dele tão penoso, que se algum alívio tem é pensar que Deus quer que viva neste desterro, e ainda não basta, porque ainda a alma com todos estes lucros não está tão rendida na vontade de Deus, como se verá adiante,[13] ainda que não deixe de conformar-se;

---

[12] *Tornar aonde saiu*: elipse para "voltar ao lugar de onde saiu", quer dizer, à oração de união, ou à adega dos Cânticos, ou ao centro da alma... como "disse" no c. 1, n. 12; cf. os textos paulinos do n. 4 e M. IV, c. 2, n. 9.

[13] Nas M. VI e VII; cf. M. VI, 10, 8; e M. VII, 3, 4.

mas é com um grande sentimento, que não pode mais, porque não lhe têm dado mais, e com muitas lágrimas. Cada vez que tem oração é esta sua pena. De alguma maneira talvez proceda da muito grande que lhe dá de ver que é ofendido Deus e pouco estimado neste mundo e das muitas almas que se perdem, assim de hereges como de mouros; ainda que as que mais a lastimam sejam as dos cristãos, que ainda que veja que é grande a misericórdia de Deus, que por mal que vivam se podem emendar e salvar-se, teme que muitos se condenam.

11. Ó grandeza de Deus! que poucos anos antes estava esta alma, e ainda talvez dias, que não se lembrava senão de si, quem a tem metido em tão penosos cuidados? Que ainda que queiramos ter muitos anos de meditação, tão penosamente como agora esta alma o sente não o poderemos sentir. Pois, valha-me Deus! se muitos dias e anos eu me procuro exercitar no grande mal que é ser Deus ofendido e pensar que estes que se condenam são filhos seus e irmãos meus, e os perigos em que vivemos, quão bem nos está sair desta miserável vida, não bastará? – Que não, filhas, não é a pena que se sente aqui como as de cá; que isso bem poderíamos com o favor de Deus tê-la, pensando muito nisto; mas não chega ao íntimo das entranhas como aqui, que parece que esfacela a alma e a mói, sem ela o procurar e ainda às vezes sem o querer. Pois, o que é isto? De onde procede? – Eu vo-lo direi.

12. Não tendes ouvido – que já aqui o tenho dito[14] outra vez, ainda que não a este propósito – da Esposa, que *a meteu Deus na adega do vinho e ordenou nela a caridade?* Pois isto é; que como aquela alma já se entrega em suas mãos e o grande amor a tem tão rendida que não sabe nem quer mais de que faça Deus o que quiser dela (que jamais fará Deus, pelo que eu penso, esta mercê senão à alma que já toma muito por sua), quer que, sem que ela entenda como, saia dali selada com seu selo. Porque verdadeiramente a alma ali não faz mais que a cera quando outro imprime o selo, que a cera não imprime a si, só está disposta, digo, branda; e ainda para esta disposição tampouco se abranda ela, senão que está quieta e o consente. Ó bondade de Deus, que tudo há de ser à vossa custa! Só quereis nossa vontade e que não haja impedimento na cera.

13. Pois vedes aqui, irmãs, o que nosso Deus faz aqui para que esta alma já se conheça por sua; dá do que tem, que é o que teve seu Filho nesta vida; não nos pode fazer maior mercê. Quem mais devia querer sair desta vida? É assim o disse Sua Majestade na Ceia: *Com desejo tenho desejado.*[15]

Pois como, Senhor, não foi posta diante de vós a trabalhosa morte que haveis de sofrer tão penosa e espantosa? – Não; porque o grande amor que

---

[14] No c. 1, n. 12. A citação é de Ct 2,4.
[15] Lc 22,15. Também esta passagem teve de ser glosada por frei Luís com uma nota apologética ao fazer a 2ª edição do Livro (Salamanca, 1589, p. 77-78).

tenho e desejo e que se salvem as almas sobrepuja sem comparação essas penas; e as mui grandíssimas que tenho padecido e padeço, depois que estou no mundo, são bastantes para não ter essas em nada em sua comparação.

14. É assim que muitas vezes tenho considerado nisto, e sabendo eu o tormento que passa e tem passado certa alma que conheço[16] de ver ofender a nosso Senhor, tão impossível de sofrer que se quereria muito mais morrer que sofrê-la, e pensando se uma alma com tão pouquíssima caridade, comparada com a de Cristo, que se pode dizer quase nenhuma nesta comparação, sentia este tormento tão impossível de sofrer, que seria o sentimento de nosso Senhor Jesus Cristo, e que vida devia passar, pois todas as coisas lhe eram presentes e estava sempre vendo as grandes ofensas que se faziam a seu Pai? Sem dúvida creio eu que foram muito maiores que as de sua sacratíssima Paixão; porque então já via o fim destes trabalhos, e com isto e com o contento de ver nosso remédio com sua morte e de mostrar o amor que tinha a seu Pai em padecer tanto por Ele, moderaria as dores, como acontece cá aos que com força de amor fazem grandes penitências, que não as sentem quase, antes quereriam fazer mais e mais, e tudo lhe parece pouco. Pois, o que seria a Sua Majestade, vendo-se

---

[16] Ela mesma: cf. *Vida*, c. 39, n. 9 e c. 38, n. 18: "Faz um espanto à alma grande ver como ousou, nem pode ninguém ousar, ofender uma majestade tão grandíssima".

em tão grande ocasião, para mostrar a seu Pai quão cabalmente cumpria o obedecer-lhe, e com o amor do próximo? Ó grande deleite, padecer fazendo a vontade de Deus! Mas ao ver tão contínuo tantas ofensas a Sua Majestade feitas, e ir tantas almas para o inferno, tenho-o por coisa tão rija, que creio, se não fosse mais que homem, um dia daquela pena bastava para acabar muitas vidas, quanto mais uma!

Capítulo 3

Continua a mesma matéria. – Diz de outra maneira de união que pode alcançar a alma com o favor de Deus, e o que importa para isto o amor do próximo. – É de muito proveito.

1. Pois tornemos à nossa pombinha[1] e vejamos algo do que Deus dá neste estado. Sempre se entende que há de procurar ir adiante ao serviço de nosso Senhor e no conhecimento próprio; que se não faz mais que receber esta mercê e, como coisa já segura, descuidar-se em sua vida e torcer o caminho do céu, que são os mandamentos, acontecer-lhe-á o que àquela que sai do bicho da seda, que deita a semente para que produzam outras e ela fica morta para sempre. Digo que deita a semente, porque tenho para mim que Deus quer que não seja dada debalde uma mercê tão grande; senão que já que não se aproveita dela para si, aproveite para outros. Porque como fica com estes desejos e virtudes ditas, no tempo que dura no

---

[1] *Pombinha* (esp. *palomica*): borboleta ou "borboletinha" (esp. *mariposica*) (M. V, 4, 1) em que se metamorfoseou a crisálida do capítulo anterior. – A alegoria do bicho-da-seda chega talvez a prevalecer sobre a do "castelo" nos capítulos seguintes: quase todos começam com a típica alusão à pombinha ou borboletinha (cf. c. 4, n. 1; M. VI, 2, 1; VI, 4, 1; VI, 6, 1; VI, 11, 1 ("a pombinha ou borboletinha"); M. VII, c. 3, n. 1: "agora, pois, dizemos que esta borboletinha já morreu").

bem sempre faz proveito a outras almas e de seu calor elas pegam calor; e ainda quando o têm já perdido, acontece ficar com essa gana de que outros se aproveitem, e gosta de dar a entender as mercês que Deus faz a quem o ama e serve.

2. Conheci uma pessoa que lhe acontecia assim,[2] que, estando muito perdida, gostava de que se aproveitassem outras com as mercês que Deus lhe tinha feito e mostrar o caminho da oração às que não o entendiam, e fez farto proveito, farto. Depois tornou o Senhor a lhe dar luz. É verdade que ainda não tinha os efeitos que ficam ditos. Mas quantos deve haver que os chama o Senhor para o apostolado, como a Judas, comunicando-se com eles, e os chama para fazer reis, como a Saul,[3] e depois por sua culpa se perdem! De onde tiraremos, irmãs, que para ir merecendo mais e mais e não perdendo-nos como estes, a segurança que podemos ter é a obediência e não torcer a lei de Deus; digo a quem fizer semelhantes mercês, e ainda a todos.

3. Parece-me que fica algo obscura, com quanto tenho dito, dessa morada. Pois há tanto lucro em entrar nela, bem será que não pareça que fiquem sem esperança aos que o Senhor não dá coisas tão sobrenaturais; pois a verdadeira união se pode muito bem alcançar, com o favor de nosso Senhor, se nós nos esforçamos por procurá-la, não tendo vontade senão

---

[2] Ela mesma; cf. V. c. 7, n. 10.
[3] O desenlace dramático das duas figuras bíblicas, Judas e Saul, será lembrado outras duas vezes em *Castelo* (VI, 7, 10; VI, 9, 15).

atada com o que for a vontade de Deus. Oh, quantos deles haverá que digamos isto e nos pareça que não queremos outra coisa e morreríamos por esta vontade, como creio que já tenho dito![4] Pois eu vos digo, e o direi muitas vezes, que quando o for, que haveis alcançado esta mercê do Senhor, e nenhuma coisa vos seja dada desta outra união regalada que fica dita, que o que há de maior preço nela é por proceder desta que agora digo e por não poder chegar ao que fica dito se não é muito certa a união de estar resignada nossa vontade na de Deus.[5] Oh, que união esta para desejar! Venturosa a alma que a tem alcançado, que viverá nesta vida com descanso e na outra também; porque nenhuma coisa dos sucessos da terra a afligirá, se não for se se vê em algum perigo de perder a Deus ou ver se é ofendido; nem enfermidade, nem pobreza, nem mortes, se não for de que há de fazer falta na Igreja de Deus; que vê bem esta alma que Ele sabe melhor o que faz do que ela o que deseja.

---

[4] No c. 2, n. 6-7.

[5] Para entender corretamente esta passagem, tenha-se em conta as duas "maneiras de união" que a Santa distingue: "união regalada" (gozosa, infusa) de que falou nos capítulos anteriores, e "união não regalada" (não infusa, que podemos "muito bem alcançar... se nos esforçarmos por buscá-la"); desta última trata o presente capítulo. O sentido, portanto, é: se lograis conformar de verdade vossa vontade com a de Deus (= união não regalada), nenhuma coisa se vos dê dessa outra união (= regalada) que fica dita (nos c. 1-2); o que há de maior preço nela (= na união regalada) é por proceder desta (= da união não regalada); e por não poder chegar àquela sem esta. – Frei Luís omitiu parte desta passagem (p. 110).

4. Haveis de notar que há penas e penas; porque algumas penas há produzidas prontamente pela natureza, e contentos o mesmo, e ainda de caridade de apiedar-se dos próximos, como fez nosso Senhor quando ressuscitou Lázaro;[6] e não tiram estas o estar unidas com a vontade de Deus, nem tampouco perturbam a alma com uma paixão inquieta, desassossegada, que dura muito. Estas penas passam rapidamente; que, como disse,[7] dos gozos na oração, parece que não chegam ao fundo da alma, senão a estes sentidos e potências. Andam por estas moradas passadas, mas não entram na que está por dizer última, pois para isto é mister o que fica dito[8] de suspensão de potências, que poderoso é o Senhor de enriquecer as almas por muitos caminhos e chegá-las a estas moradas e não pelo atalho que fica dito.

5. Mas adverti muito, filhas, que é necessário que morra o bicho da seda, e mais à vossa custa; porque acolá[9] ajuda muito para morrer o ver-se na vida tão nova; cá é preciso que, vivendo nesta, o matemos nós. Eu vos confesso que será a muito ou mais trabalho, mas

---

[6] João 11,35.
[7] No c. 1, n. 6 (cf. M. IV, c. 1, n. 4-5; e c. 2, n. 3-5). – O que aqui chama *gozos* equivale a *contentamentos* das *Moradas* IV. Neste mesmo número os chamou com este segundo vocábulo. Nas *Moradas* V, c. 1, n. 6 os chamou "gozos", "deleites", "contentos".
[8] No c. 1, n. 3-4.
[9] *Acolá* (esp. *acullá*): na união regalada ou oração infusa (cf. n. 3); *cá* (esp. *acá*): na união não regalada, de pura conformidade de vontades. – *Ajuda para morrer* para morrer para si mesmo: tenha-se presente o símbolo do bicho-da-seda (c. 2, n. 7).

seu preço se tem; assim será maior o galardão se saís com vitória. Mas de ser possível não há que duvidar que seja a união verdadeiramente com a vontade de Deus.[10]

Esta é a união que em toda a minha vida tenho desejado; esta é a que peço sempre a nosso Senhor e a que está mais clara e segura.

6. Mas ai de nós, quão poucos devemos chegar a ela, ainda que a quem se guarda de ofender ao Senhor e tem entrado em religião pareça que tem feito tudo! Oh, que ficam uns vermes que não se dão a entender, até que, como o que roeu a hera de Jonas,[11] nos tem roído as virtudes, com um amor-próprio, uma própria estima, um julgar os próximos, ainda que seja em poucas coisas, uma falta de caridade com eles, não os querendo como a nós mesmos; que, ainda que arrastando, cumprimos com a obrigação para não ser pecado, não chegamos com muito ao que há de ser para estar de todo unidas com a vontade de Deus.

7. Que pensais, filhas, que é a sua vontade? Que sejamos totalmente perfeitas; que para sermos um com Ele e com o Pai, como Sua Majestade pediu,[12] olhai o que nos falta para chegar a isto. Eu vos digo que o estou escrevendo com farta pena de ver-me tão longe, e tudo por minha culpa; que não tem mister

---

[10] O sentido é: que seja possível esta morte ("matar-nos nós", metaforicamente) não há que duvidar, contanto que a união (= conformidade com a vontade de Deus) seja verdadeira.
[11] Jonas 4,6-7.
[12] Jo 17,22; Mt 5,48.

o Senhor fazer-nos grandes regalos para isto; basta o que nos tem dado em dar-nos a seu Filho, que nos ensinasse o caminho. Não penseis que está a coisa em se morre meu pai ou irmão, conformar-me tanto com a vontade de Deus que não o sinta; e se há trabalhos e enfermidades, sofrê-los com contentamento. É bom, e às vezes consiste em discrição, porque não podemos mais, e fazemos da necessidade virtude. Quantas coisas destas faziam os filósofos, ou ainda que não seja destas, de outras, de ter muito saber. Cá só estas duas que nos pede o Senhor: amor a Sua Majestade e ao próximo, é no que temos de trabalhar.[13] Guardando-as com perfeição, fazemos a sua vontade, e assim estaremos unidos com Ele. Mas quão longe estamos de fazer, como devemos a tão grande Deus, estas duas coisas, como tenho dito! Praza a Sua Majestade nos dar graça para que mereçamos chegar a este estado, que em nossa mão está, se queremos.

8. O sinal mais certo que, a meu parecer, há de que guardamos estas duas coisas é guardando bem a do amor do próximo; porque se amamos a Deus não se pode saber, ainda que haja indícios grandes para entender que o amamos; mas o amor do próximo, sim.[14] E estai certas que quanto mais neste vos virdes aproveitadas, mais o estais no amor de Deus; porque é tão grande o que Sua Majestade nos tem, que em pagamento do que temos ao próximo fará que cresça

---

[13] Alusão ao duplo preceito do amor: Mc 12,31.
[14] Cf. 1Jo 4,20.

o que temos a Sua Majestade por mil maneiras. Disto eu não posso duvidar.

9. Importa-nos muito andar com grande advertência como andamos nisto, que se é com muita perfeição, tudo temos feito; porque creio que segundo é mau nosso natural, que se não é nascendo de raiz do amor de Deus, que não chegaremos a ter com perfeição o do próximo. Pois tanto nos importa isto, irmãs, procuremos ir ocupando-nos em coisas ainda miúdas, e não fazendo caso de umas muito grandes, que assim por junto vêm na oração, de parecer que faremos e aconteceremos[15] pelos próximos e por uma alma só que se salve; porque se não vêm depois conforme as obras, não há para que crer que o faremos. Assim digo da humildade também e de todas as virtudes. São grandes os ardis do demônio, que para fazer-nos entender que temos uma, não a tendo, dará mil voltas ao inferno. E tem razão, porque é muito danoso, que nunca estas virtudes fingidas vêm sem alguma vanglória, como são de tal raiz; assim como as que Deus dá estão livres dela e também de soberba.

10. Eu gosto algumas vezes de ver umas almas, que, quando estão em oração, lhes parece que quereriam ser abatidas e publicamente afrontadas por Deus, e depois uma falta pequena encobririam se pudessem, ou que se não a fizeram e são acusadas dela, Deus nos livre. Pois mire-se muito quem isto não sofre,

---

[15] N.T.: *Faremos e aconteceremos*: indica que se oferece um bem ou benefício grande.

para não fazer caso do que sozinho determinou, a seu parecer; que de fato em verdade não foi determinação da vontade, que quando esta tem verdadeira é outra coisa; senão alguma imaginação, que nesta faz o demônio seus saltos e enganos;[16] e a mulheres ou gente sem letras, poderá fazer muitos, porque não sabemos entender as diferenças de potências e imaginação e outras mil coisas que há interiores. Ó irmãs, como se vê claro onde está deveras o amor do próximo em algumas de vós, e nas que não está com esta perfeição! Se entendêsseis o que nos importa esta virtude, não traríeis outro estudo.[17]

11. Quando eu vejo almas muito diligentes em entender a oração que têm e muito encapotadas quando estão nela, que parece que não ousam bulir-se nem menear o pensamento para que não se lhes vá um pouquinho de gosto e devoção que tiveram, faz-me ver quão pouco entendem do caminho por onde se alcança a união, e pensam que ali está todo o negócio. Que não, irmãs, não; o Senhor quer obras, e que se vês uma enferma a quem podes dar algum alívio, e não se te dê nada de perder essa devoção e te compadeças dela; e se tem alguma dor, doa a ti; e se for mister, jejues, para que ela coma, não tanto por ela, como porque sabes que teu Senhor quer aquilo. Esta é a verdadeira união com sua vontade, e que se vires louvar muito a uma pessoa te alegres mais muito que

---

[16] *Saltos e enganos*: assaltos e ciladas (cf. M. V, 4, 10).
[17] *Estudo*: interesse, desejo (cf. M. III, 2, 12).

se louvassem a ti. Isto, na verdade, é fácil, que se há humildade, antes terá pena de ver-se louvar. Mas esta alegria de que se entendam as virtudes das irmãs é grande coisa, e quando virmos alguma falta em alguma, senti-la como se fosse em nós e encobri-la.

12. Muito tenho dito em outras partes[18] disto, porque vejo, irmãs, que se houvesse nisso quebra vamos perdidas. Praza ao Senhor nunca a haja, que como isto seja, eu vos digo que não deixeis de alcançar de Sua Majestade a união que fica dita. Quando vos virdes falhas nisto, ainda que tenhais devoção e regalos, que vos pareça que tendes chegado aí, e alguma suspensãozinha na oração de quietude (que algumas logo lhes parecerá que está tudo feito), crede-me que não tendes chegado à união, e pedi a nosso Senhor que vos dê com perfeição este amor do próximo, e deixai Sua Majestade fazer, que Ele vos dará mais do que sabereis desejar, desde que vós vos esforceis procureis em tudo o que puderdes nisto; e forçar vossa vontade para que se faça em tudo a das irmãs, ainda que percais de vosso direito, e esquecer vosso bem pelo seu, ainda que mais contradição vos faça o natural; e procurar tomar trabalho para tirar o do próximo, quando se oferecer. Não penseis que não há de custar algo e que o haveis de achar feito. Olhai o que custou a vosso esposo o amor que nos teve, que para livrar-nos da morte, a morreu tão penosa como morte de cruz.

---

[18] Em *Caminho* c. 7; *Fundações* c. 5.

Capítulo 4

Prossegue no mesmo, declarando mais esta maneira de oração.[1] *– Diz o muito que importa andar com aviso, porque o demônio o traz grande para fazer tornar atrás do começado.*[2]

1. Parece-me que estais com desejo de ver o que faz esta pombinha e onde assenta, pois fica entendido que não é em gostos espirituais nem em contentos da terra: mais alto é o seu voo. E não vos posso satisfazer este desejo até a última morada, e ainda praza a Deus que eu me lembre ou tenha lugar de escrevê-lo; porque se passaram quase cinco meses desde que o comecei até agora;[3] e como a cabeça não

---

[1] Ela continua tratando da *oração de união*: cf. o título do c. 2, e o n. 2 do presente capítulo.

[2] N.T.: *Porque o demônio...*: o demônio faz o possível para fazer a alma retroceder no seu caminho começado.

[3] Penosa alusão às dificuldades que acompanharam a composição deste livro; começado em Toledo em 2 de junho de 1577 (cf. prólogo, n. 3), em menos de um mês e meio estava redigido até o c. 2 (inclusive) das Moradas quintas, apesar das contínuas interrupções impostas "pelos negócios e pela saúde" (M. V, 2, 11). Em meados de julho, a viagem da Autora de Toledo a Ávila impõe uma interrupção que quase se converte em suspensão definitiva da obra: escreve o c. 3 das Moradas quintas durante a longa viagem ou em seus primeiros dias em Ávila; seguem meses de abandono total da tarefa, até que em princípios de novembro se vê obrigada a retomar a redação com o capítulo 4 das Moradas

está para tornar a lê-lo, tudo deve ir desbaratado e porventura dito algumas coisas duas vezes. Como é para minhas irmãs, pouco vai nisso.

2. Todavia quero mais declarar-vos o que me parece que é esta oração de união. Conforme meu engenho porei uma comparação; depois diremos mais desta borboletinha, que não para (ainda que sempre frutifique fazendo bem a si e a outras almas),[4] porque não acha seu verdadeiro repouso.

3. Já tereis ouvido muitas vezes[5] que Deus se desposa com as almas espiritualmente. Bendita seja sua misericórdia que tanto se quer humilhar! E ainda que seja grosseira comparação, eu não acho outra que mais possa dar a entender o que pretendo do que o sacramento do Matrimônio. Porque ainda que de diferente maneira, porque nisto que tratamos jamais há coisa que não seja espiritual (isto corpóreo vai muito longe, e os contentos espirituais que o Senhor dá, e os gostos,[6] que devem ter os que se desposam, vão mil léguas um do outro), porque tudo é amor com amor, e suas operações são limpíssimas e tão delicadíssimas e suaves, que não há como se dizer, mas o Senhor sabe dá-las muito bem a sentir.

---

quintas: "Passaram quase cinco meses desde que o comecei até agora", e ainda não estava na metade da obra; mas em menos de um mês escreverá o resto: datará o epílogo em Ávila em 29 de novembro.

[4] A frase entre parênteses foi acrescentada pela Santa entre linhas e à margem.

[5] *Já tereis ouvido*: não é difícil associar essa alusão às práticas ou sermões de frei João da Cruz por aquela mesma época.

[6] *E os gostos*, comparados ao gosto que...

4. Parece-me a mim que a união ainda não chega a desposório[7] espiritual; senão, como por cá quando se hão de desposar dois, se trata se são conformes e que um e o outro queiram, e também que se vejam, para que um mais se satisfaça do outro, assim cá,[8] pressuposto que o concerto está já feito e que esta alma está muito bem informada quão bem está e determinada a fazer em tudo a vontade de seu Esposo de todas quantas maneiras ela vir que lhe há de dar contento, e Sua Majestade, como quem bem entenderá se é assim, está contente com ela, e assim faz esta misericórdia, que quer que o entenda mais e que – como dizem – venham a vistas[9] e juntá-la consigo. Podemos

---

[7] N.T.: *Desposório*: em português se usa também "esponsório", ou seja, a promessa mútua que homem e mulher fazem de contrair matrimônio. Equivale ao "noivado" dos dias de hoje (ver C. 22, n. 7, nota 8).

[8] A Santa, muito amiga da elipse, abusa de *cás* e *acolás*, eliminados em mais de uma ocasião por frei Luís (cf. o n. 5 do capítulo anterior, Ed. príncipe, p. 111). Nesta passagem, o primeiro *cá* se refere ao ritual profano; o segundo, à vida espiritual.

[9] *Que, como dizem, venham a vistas*: no uso do século de ouro espanhol, "vir a vistas" ou "à vista" (cf. n. 5) era um rito pré-nupcial, anterior ao casamento, em que os noivos se conheciam mutuamente e trocavam os primeiros regalos. Ao introduzir em seu livro esta terceira *alegoria matrimonial*, a Santa irá tocando muito de passagem – como nas duas anteriores: castelo e bicho-da-seda – nos elementos reais ou materiais, que depois carregará de conteúdo simbólico. Assim acaba de aludir ao "concerto" prévio (n. 4), e em seguida a "dar e tomar" os dons (n. 4), ao "enamoramento" (n. 4), ao "dar as mãos" (n. 4), e sucessivamente ao "desposório" e "matrimônio". Estes dois últimos elementos terão amplo desenvolvimento nas Moradas VI e VII, respectivamente. Podemos facilitar ao leitor um esquema – sumaríssimo e apenas aproximado – da versão alegórica dada aos outros elementos: o

dizer que isto é assim, porque passa em brevíssimo tempo. Ali não há mais dar e tomar, senão um ver a alma, por uma maneira secreta, quem é este Esposo que há de tomar; porque pelos sentidos e potências de maneira nenhuma podia entender em mil anos o que aqui entende em brevíssimo tempo; mas como é tal o Esposo, só aquela vista a deixa mais digna de que venham a dar-se as mãos, como dizem; porque fica a alma tão enamorada, que faz de sua parte o que pode para que não se desconcerte este divino desposório. Mas se esta alma se descuida para pôr sua afeição em coisa que não seja Ele, perde tudo, e é tão grandíssima perda como são as mercês que vai fazendo, e muito maior que se pode encarecer.

5. Por isso, almas cristãs, as quais o Senhor tem chegado a estes termos, por Ele vos peço que não vos descuideis, senão que vos aparteis das ocasiões, que ainda neste estado não está a alma tão forte que se possa meter nelas, como está depois de feito o desposório, que é na morada que diremos depois desta;

"concerto" [o acordo de "noivado"] corresponde vagamente às graças preparatórias das quartas moradas; as "vistas" [o encontro dos noivos] são ilustrações brevíssimas de entendimento e vontade para iniciar a alma num conhecimento mais profundo de Deus e despertar nela um amor novo (n. 4-5); o "enamoramento" significa uma permanente ferida de amor (M. VI, c. 1, n. 1); o "dar-se as mãos" indica o compromisso de vigilância e proteção do esposo divino sobre a alma: "que ninguém há de tocar nela" (M. VI, 4, 16); o mútuo intercâmbio de dons tem sua correspondência mística nas três "joias que o Esposo começa a dar à esposa": "conhecimento da grandeza de Deus", "conhecimento próprio" e menosprezo do terreno (M. VI, 5, 10-11).

porque a comunicação não foi mais que uma vista – como dizem[10] – e o demônio andará com grande cuidado a combatê-la e a desviar este desposório; que depois, como já a vê de todo rendida ao Esposo, não ousa tanto, porque tem medo dela, e tem experiência que, se alguma vez o faz, fica com grande perda e ela com mais lucro.

6. Eu vos digo, filhas, que tenho conhecido pessoas muito elevadas, e chegar a este estado e com a grande sutileza e ardil do demônio, tornar a ganhá-las para si; porque deve juntar-se todo o inferno para isso, porque, como muitas vezes digo,[11] não perdem uma alma só, senão grande multidão. Ele já tem experiência neste caso; porque, se mirarmos a multidão de almas que por meio de uma traz Deus a si, é para louvá-lo muito os milhares que os mártires convertiam: uma donzela como Santa Úrsula! Pois as que terá perdido o demônio por São Domingos e São Francisco e outros fundadores de Ordens, e perde agora pelo Padre Inácio, o que fundou a Companhia, que todos está claro – como lemos[12] – recebiam mercês semelhantes de

---

[10] Intencionalmente, ela insiste no léxico da linguagem corrente: "não foi mais que uma vista, como dizem". Esse "como dizem" já tinha sido repetido duas vezes no número 4 para introduzir outros elementos da alegoria.

[11] Assim nas *Moradas* IV, 3, 9-10.

[12] Vaga alusão às leituras devidas de Santos, correntes nos Carmelos já pelos anos da Santa. Ver, no entanto, um lugar paralelo à passagem que segue em *Fundações* c. 4, n. 6-7, escrito anos antes, em 1573. – Santa Úrsula é a protagonista da legenda das "Onze mil virgens".

Deus. O que foi isto, senão que se esforçaram para não perder por sua culpa tão divino desposório? Ó filhas minhas, que tão aparelhado está este Senhor para nos fazer mercê agora como então, e ainda em parte mais necessitado de que as queiramos receber, porque há poucos que olhem por sua honra, como então havia. Queremo-nos muito; há mui muita cordura para não perder nosso direito. Oh, que engano tão grande! O Senhor nos dê luz para não cair em semelhantes trevas, por sua misericórdia.

7. Podereis me perguntar ou estar com dúvida sobre duas coisas: a primeira, que se está a alma tão posta com a vontade de Deus como fica dito,[13] que como se pode enganar, pois ela em tudo não quer fazer a sua? A segunda, por que vias pode entrar o demônio tão perigosamente que se perca vossa alma, estando tão apartadas do mundo e tão chegadas aos sacramentos e em companhia – podemos dizer – de anjos, pois pela bondade do Senhor todas não trazem outros desejos senão de servi-lo e agradecer-lhe em tudo? Que já os que estão metidos nas ocasiões do mundo, não é muito. Eu digo que nisto tendes razão, que farta misericórdia nos tem feito Deus; mas quando vejo – como tenho dito – que estava Judas em companhia dos Apóstolos, e tratando sempre com o próprio Deus, e ouvindo suas palavras, entendo que não há segurança nisto.[14]

---

[13] No n. 4; e c. 1-3 *passim*.
[14] Ver as alusões a Judas e Saul no c. 3, n. 2.

8. Respondendo ao primeiro, digo que se esta alma estivesse sempre apegada à vontade de Deus, que está claro que não se perderia; mas vem o demônio com umas sutilezas grandes, e debaixo de cor de bem vai desengonçando-a em pouquinhas coisas dela e metendo em algumas que ele a faz entender que não são más, e pouco a pouco obscurecendo o entendimento e entibiando a vontade e fazendo crescer nela o amor-próprio, até que de um em outro a vai apartando da vontade de Deus e chegando à sua.

Daqui fica respondido o segundo; porque não há encerramento tão encerrado aonde ele não possa entrar, nem deserto tão apartando aonde deixe de ir. E ainda outra coisa vos digo, que talvez o Senhor permita para ver como se comporta aquela alma a quem quer pôr por luz de outras; que mais vale que no princípio, se há de ser ruim, o seja, do que quando dane a muitas.

9. A diligência mais certa que me é oferecida (depois de pedir sempre a Deus na oração que nos tenha em sua mão, e pensar muito continuamente como, se Ele nos deixa, seremos logo no profundo,[15] como é verdade, e jamais estar confiadas em nós, pois será desatino estar), é andar com particular cuidado e aviso, olhando como vamos nas virtudes: se vamos melhorando ou diminuindo em algo, em especial no amor umas com as outras e no desejo de ser tida como

---

[15] N.T.: *Seremos logo no profundo*: cairemos logo no abismo.

a menor e em coisas ordinárias; que se olharmos nisso e pedirmos ao Senhor que nos dê luz, logo veremos o lucro ou a perda. Que não penseis que a alma que Deus chega a tanto a deixa tão depressa de sua mão, que não tenha bem o demônio que trabalhar, e sente Sua Majestade tanto que se perca, que lhe dá mil avisos interiores de muitas maneiras; assim que não poderá ser escondido dela o dano.

10. Enfim, seja a conclusão nisto, que procuremos sempre ir adiante, e se isto não há, andemos com grande temor, porque sem dúvida algum salto[16] nos quer fazer o demônio; pois não é possível que, tendo chegado a tanto, deixe de ir crescendo, que o amor jamais está ocioso, e assim será bastante mau sinal. Porque a alma que tem pretendido ser esposa do próprio Deus e tratado já com Sua Majestade e chegado aos termos que fica dito, não há de deitar-se para dormir.

E para que vejais, filhas, o que faz com as que já tem por esposas, comecemos a tratar das sextas moradas, e vereis como é pouco tudo o que poderíamos servir e padecer e fazer para dispor-nos a tão grandes mercês. Que poderá ser ter ordenado nosso Senhor que mo mandassem escrever para que, postos os olhos no prêmio e vendo quão sem medida é sua misericórdia, pois com uns vermes quer assim comunicar-se e mostrar-se, esqueçamos nossos contentinhos da terra e, postos os olhos em sua grandeza, corramos acesas no seu amor.

---

[16] *Salto*: por assalto (cf. M. V, 3,10).

11. Praza a Ele que acerte eu a declarar algo de coisas tão dificultosas; que se Sua Majestade e o Espírito Santo não meneia a pluma,[17] bem sei que será impossível. E se não há de ser para vosso proveito, suplico-lhe que não acerte a dizer nada; pois Sua Majestade sabe que não é outro o meu desejo, por quanto posso entender por mim, senão que seja louvado seu nome, e que nos esforcemos para servir a um Senhor que assim paga ainda cá na terra; por onde podemos entender algo do que nos há de dar no céu, sem os intervalos e trabalhos e perigos que há neste mar de tempestades. Porque, para não ter de perdê-lo e ofendê-lo, descanso seria que não se acabasse a vida até o fim do mundo, para trabalhar por tão grande Deus e Senhor e Esposo.

Praza à Sua Majestade que mereçamos fazer-lhe algum serviço, sem tantas faltas como sempre temos, ainda nas obras boas, amém.

---

[17] *Que... meneiem a pluma*: invocação motivada pela aproximação de um novo plano místico (cf. M. IV, 4, 1; VI, 1, 1).

MORADAS SEXTAS
HÁ NELAS ONZE CAPÍTULOS

Capítulo 1

Trata como em começando o Senhor a fazer maiores mercês há trabalhos maiores. – Diz alguns e como se comportam neles os que já estão nesta morada. – É bom para quem os passa interiores.

1. Pois venhamos com o favor do Espírito Santo a falar nas sextas moradas, aonde a alma já fica ferida do amor do Esposo e procura mais lugar para estar só e tirar tudo o que pode, conforme o seu estado, que a pode estorvar desta solidão.

Está tão esculpida na alma aquela vista,[1] que todo o seu desejo é tornar a gozá-la. Já tenho dito, que nesta oração não se vê nada, que se possa dizer ver, nem com a imaginação; digo vista, pela comparação que pus.[2] Já a alma fica bem determinada a não tomar outro esposo; mas o Esposo não olha para os grandes desejos que tem de que se faça já o desposório, que ainda quer que o deseje mais e que lhe custe algo bem que é o maior dos bens. E ainda que tudo seja pouco para tão grandíssimo lucro, eu vos digo, filhas, que

---

[1] *Aquela vista*: refere-se à graça mística simbolizada nas "vistas" do capítulo anterior. – A seguir: *já tenho dito*, nas Moradas V, 1, 9-11.
[2] Alude ao léxico nupcial do capítulo anterior e à correspondente graça mística: M. V, 4, 3 e V, 1, 9-11.

não deixa de ser mister a mostra e sinal que já se tem dela, para poder-se levar. Oh, valha-me Deus, e que são os trabalhos interiores e exteriores que padece até que entra na sétima morada!

2. Por certo que algumas vezes considero isso e que temo que se fossem entendidos antes, seria dificílimo determinar-se a fraqueza natural para poder sofrê-lo, nem determinar-se a passá-lo, por bens que lhe fossem representados, salvo se houvesse chegado à sétima morada, que já ali nada se teme de maneira que não se lance radicalmente a alma a passá-lo por Deus.[3] E a causa é que está quase sempre tão junta de Sua Majestade, que dali lhe vem a fortaleza. Creio que será bom contar-vos alguns que sei que se passam com certeza. Talvez nem todas as almas sejam levadas por este caminho, ainda que duvide muito que vivam livres de trabalhos da terra de uma maneira ou de outra as almas que a tempos gozam de coisas tão deveras do céu.

3. Ainda que por mim não tivesse de tratar disto, pensei que para alguma alma que se vê nisso será grande consolo saber o que se passa nas que Deus faz semelhantes mercês, porque verdadeiramente parece então que está tudo perdido. Não citarei por ordem como sucedem, mas como me vier à memória. E quero começar pelos menores, que é uma gritaria das pessoas com quem se trata, e ainda com as que não trata senão

---

[3] As passagens aludidas são: M. VII, 3, 4-5 e M. VI, 11, 11.

que em sua vida lhe pareceu que se podiam lembrar dela: "que se faz santa";[4] "que faz extremos para enganar o mundo e para fazer os outros ruins; que são melhores cristãos sem essas cerimônias"; e há de se notar que não há nenhuma, senão procurar guardar bem o seu estado. Os que tinha por amigos se afastam dela e são os que lhe dão melhor bocado, e é dos que muito se ouvem: "que vai perdida aquela alma e notavelmente enganada"; "que são coisas do demônio"; "que há de ser como aquela e a outra pessoa que se perdeu, e ocasião de que caia a virtude"; "que traz enganados os confessores", e ir a eles e dizer-lhes, dando a eles exemplos do que aconteceu a alguns que se perderam por aqui; mil maneiras de mofas e de ditos destes.

4. Eu sei de uma pessoa[5] que teve bastante medo que não houvesse de haver quem a confessasse, segundo andavam as coisas, que por serem muitas não há para que me deter. E o pior é que não passam depressa, senão que é toda a vida, e uns a avisarem aos outros que se guardem de tratar com pessoas semelhantes.

Dir-me-eis que também há quem diga bem. – Ó filhas, e que poucos há que creem nesse bem, em comparação com os muitos que abominam! Quanto mais que esse é outro trabalho maior que os ditos!

---

[4] *Que se faz santa...*: segue uma série de alusões ao seu caso pessoal, amplamente narrado em *Vida*: "diziam que me queria fazer santa e que inventava novidades" (*Vida* 19, 8). *Que são coisas do demônio*: cf. *Vida* 25, 19 e todo o c. 29.
[5] Novamente ela mesma em anonimato. Cf. *Vida* 28, 14.

Porque como a alma vê claro que, se tem algum bem, é dado de Deus e de nenhuma maneira seu, porque pouco antes se viu muito pobre e metida em grandes pecados, é-lhe um tormento intolerável, pelo menos no princípio, que depois nem tanto, por algumas razões: a primeira, porque a experiência a faz ver claro que tão depressa dizem bem como mal, e assim não faz mais caso de um que do outro; a segunda, porque o Senhor lhe deu maior luz de que nenhuma coisa boa é sua, senão dada de Sua Majestade, e como se a visse em terceira pessoa, esquecida de que não tem ali nenhuma parte, volta-se a louvar a Deus; a terceira, se tem visto algumas almas aproveitadas de ver as mercês que Deus lhe faz, pensa que tomou Sua Majestade este meio de que a tivessem por boa não o sendo, para que a elas viesse bem; a quarta, porque como tem mais diante a honra e glória de Deus que a sua, tira-se uma tentação que dá no princípio de que esses louvores hão de ser para destruí-la, como tem visto alguns, e pouco se lhe dá de ser desonrada a troco de que sequer uma vez seja Deus louvado por seu meio; depois, venha o que vier.[6]

5. Estas razões e outras aplacam a muita pena que dão estes louvores, ainda que quase sempre se sinta alguma, a não ser quando não se adverte nem pouco nem muito; mas sem comparação é maior trabalho

---

[6] Em *Caminho* (36, 8) tinha escrito: "Alma que Deus chega a Si em oração tão subida... nem se lhe dá mais ser estimada que não... muita mais pena lhe dá a honra do que a desonra".

ver-se assim e público ter por boa sem razão, do que os ditos;[7] e quando já vem a não ter muito disto, mui muito menos tem deste outro, antes se folga e é como uma música muito suave. Isto é grande verdade, e antes fortalece a alma do que a acobarda; porque já a experiência lhe tem ensinado o grande lucro que lhe vem por este caminho, e parece-lhe que não ofendem a Deus os que a perseguem; antes, que Sua Majestade o permite para grande lucro dela; e como a sente claramente, toma-lhes um amor particular muito terno, que lhe parece que aqueles são mais amigos e que lhe dão mais a ganhar que os que dizem bem.

6. O Senhor também costuma dar enfermidades grandíssimas. Este é muito maior trabalho, em especial quando são dores agudas, que em parte, se elas são rijas, me parece a maior que na terra – digo exterior – ainda que entrem quantas quiserem;[8] se é das dores muito rijas, digo, porque decompõe o interior e exterior de maneira que aperta uma alma que não sabe o que fazer de si; e de muito bom grado tomaria qualquer martírio depressa, que estas dores; ainda que em grandíssimo extremo não durem tanto, que enfim Deus não dá mais do que se pode sofrer, e Sua Majestade dá primeiro a paciência; mas de outras grandes no ordinário e enfermidades de muitas maneiras, [7]

---

[7] Quer dizer: é mais penoso que as murmurações e ditos dos n. 3-4.
[8] Compare-se com *Vida* 30, 8. [Refere-se às dores e aos "trabalhos" ou sofrimentos].

eu conheço uma pessoa[9] que desde que começou o Senhor a fazer-lhe esta mercê que fica dita, que há quarenta anos, não pode dizer com verdade que tem estado dia sem ter dores e outras maneiras de padecer, de falta de saúde corporal, digo, sem outros grandes trabalhos. É verdade que tinha sido muito ruim, e para o inferno que merecia todo se faz pouco para ela. Outras que não tenham ofendido tanto a nosso Senhor, as levará por outro caminho; mas eu sempre escolheria o do padecer, ao menos para imitar nosso Senhor Jesus Cristo, ainda que não houvesse outro lucro; em especial, que sempre há muitos.

Oh, pois se tratamos dos interiores,[10] estoutros pareceriam pequenos, se estes se acertassem a dizer, senão que é impossível dar-se a entender da maneira que se passam.

8. Comecemos pelo tormento que dá topar com um confessor tão cordato[11] e pouco experimentado, que não há coisa que tenha por segura: tudo teme, em tudo põe dúvida, vendo coisas não ordinárias; em especial, se na alma que as tem vê alguma imperfeição (que lhes parece hão de ser anjos a quem Deus fizer estas mercês,

---

[9] Nova alusão velada a si mesma e à sua *história penosa*. Está com idade de 62 anos quando escreve estas linhas. Descontados os 40 aludidos no texto, se deveria voltar aos 22/23 anos, entre seu noviciado e a terrível enfermidade que a leva a Becedas e à beira da morte. Foi, então, quando "começou o Senhor a regalar-me tanto por este caminho, que me fazia mercê de dar-me oração de quietude, e alguma vez chegava à união" (*Vida* 4, 7).

[10] Pois se tratamos dos (trabalhos) interiores...

[11] Um confessor *tão cordato*: dito humoristicamente (cf. M. V, 4, 8).

e é impossível enquanto estiverem neste corpo), logo é tudo condenado a demônio ou melancolia. E desta está o mundo tão cheio, que não me espanto; que há tanta agora no mundo e faz o demônio tantos males por este caminho, que têm mui muita razão de temê-lo e olhá-lo muito bem os confessores. Mas a pobre alma que anda com o mesmo temor e vai ao confessor como a um juiz, e esse a condena, não pode deixar de receber tão grande tormento e perturbação, que só entenderá quão grande trabalho é quem houver passado por ele. Porque este é outro dos grandes trabalhos que estas almas padecem, em especial se têm sido ruins, pensar que por seus pecados Deus há de permitir que sejam enganadas; e ainda quando Sua Majestade lhes faz a mercê estão seguras e não podem crer ser outro espírito senão de Deus, como é coisa que passa depressa e a lembrança dos pecados está sempre presente e vê em si faltas – que estas nunca faltam –, logo vem este tormento. Quando o confessor a assegura, aplaca-se, ainda que torne; mas quando ele ajuda com mais temor, é coisa quase insofrível; em especial, quando atrás destes vêm umas securas, que parece que jamais se tem lembrado de Deus, nem se há de lembrar, e que como uma pessoa de quem ouviu dizer de longe, é quando ouve falar de Sua Majestade.

9. Tudo não é nada, se não é que sobre isto venha o parecer que não sabe informar aos confessores e que os traz enganados; e ainda que mais pense e veja que não há primeiro movimento que não lhes diga,

não aproveita; que está o entendimento tão obscuro que não é capaz de ver a verdade, senão crer o que a imaginação lhe representa (que então ela é a senhora), e os desatinos que o demônio quer representar a ela, a quem nosso Senhor deve dar licença para que a prove e ainda para que a faça entender que está reprovada por Deus. Porque são muitas as coisas que a combatem com um aperto interior de maneira tão sensível e intolerável, que eu não sei a que pode ser comparado, senão aos que padecem no inferno; porque nenhum consolo se admite nesta tempestade. Se o querem tomar com o confessor, parece que os demônios acudiram a ele para que a atormente mais; e assim, tratando um com uma alma que estava neste tormento, depois de passado (que parece aperto perigoso por ser de tantas coisas juntas), dizia a ela que lhe avisasse quando estivesse assim, e sempre era tão pior, que veio ele a entender que não era mais em sua mão.[12] Pois se se quer tomar um livro de romance, pessoa que o sabia ler bem, lhe acontecia não entender mais dele que se não soubesse letra, porque não estava o entendimento capaz.

10. Enfim, que nenhum remédio há nesta tempestade, senão aguardar a misericórdia de Deus, que de repente, com uma só palavra sua ou uma ocasião que acaso sucedeu, tira tudo tão depressa, que parece que não houve nuvem naquela alma, segundo fica cheia de

---

[12] A Santa e o P. Baltasar Alvarez: cf. *Vida* c. 30, n. 13. – A alusão seguinte corresponde à *Vida* c. 30, n. 12.

sol e de muito mais consolo; e como quem escapou de uma batalha perigosa tendo ganhado a vitória, fica louvando nosso Senhor, que foi o que pelejou para o vencimento; porque conhece muito claro que ela não pelejou; que todas as armas com que podia defender-se lhe parece que as vê em mãos de seu contrário, e assim conhece claramente sua miséria e o pouquíssimo que podemos de nós se o Senhor nos desamparasse.

11. Parece que já não é preciso consideração para entender isto, porque a experiência de passar por isso, tendo-se visto totalmente inabilitada, a fazia entender nosso nonada, e quão miserável coisa somos; porque a graça (ainda que não deva estar sem ela, pois com toda esta tormenta não ofende a Deus nem o ofenderia por coisa da terra), está tão escondida, que nem sequer uma centelha muito pequena lhe parece ver de que tem amor de Deus nem que o teve jamais; porque se fez algum bem ou Sua Majestade lhe fez alguma mercê, tudo lhe parece coisa sonhada e que foi antojo. Os pecados vê certo que os fez.

12. Ó Jesus, e o que é ver uma alma desamparada desta sorte, e – como tenho dito[13] – quão pouco lhe aproveita nenhum consolo da terra! Por isso não penseis, irmãs, se alguma vez vos virdes assim, que os ricos e os que estão com liberdade terão para estes tempos mais remédio. Não, não, que a mim me parece que é como se diante dos condenados fossem postos

---

[13] Nos n. 9-10.

quantos deleites há no mundo, não bastariam para dar-lhes alívio, antes lhes acrescentaria o tormento; assim cá vem de cima, e não valem aqui nada as coisas da terra. Quer este grande Deus que conheçamos rei[14] e nossa miséria, e importa muito para o de adiante.

13. Pois, o que fará esta pobre alma quando muitos dias lhe durar assim? Porque se reza, é como se não rezasse, para seu consolo, digo; que não é admitido no interior, nem sequer entende o que reza ela mesma, ainda que seja vocal, que para mental não é este tempo de maneira alguma, porque não estão as potências para isso, antes faz maior dano a solidão, sendo outro tormento por si estar com alguém ou que lhe falem. E assim, por mui muito que se esforce, anda com um desabrimento e má condição no exterior, que se nota muito.

É verdade que saberá dizer o que tem? É indizível; porque são apertos e penas espirituais, que não se sabem pôr nomes. O melhor remédio – não digo para que se tire, que eu não o acho, senão para que se possa sofrer – é ocupar-se com obras de caridade e exteriores, e esperar na misericórdia de Deus, que nunca falta aos que nele esperam.[15] Seja para sempre bendito, amém.

14. Outros trabalhos que os demônios dão, exteriores, não devem ser tão ordinários, e assim não há para que falar neles, nem são tão penosos com

---

[14] Que o reconheçamos por rei.
[15] Ressonância dos salmos rezados pela Santa: 32,18; 33,23...

grande parte; porque, por muito que façam, não chegam a inabilitar assim as potências, a meu parecer, nem perturbar a alma desta maneira; que, enfim, fica razão para pensar que não podem fazer mais do que o Senhor lhes der licença, e quando esta[16] não está perdida, tudo é pouco em comparação com o que fica dito.

15. Outras penas interiores iremos dizendo nesta morada, tratando diferenças de oração e mercês do Senhor; que ainda que algumas sejam ainda mais rijas que o dito no padecer, como se verá por qual deixa o corpo, não merecem nome de trabalhos, nem há razão para que lhe seja posto, por serem tão grandes mercês do Senhor, e que no meio deles entende a alma que o são e muito fora de seus merecimentos. Vem já esta pena grande para entrar na sétima morada, com outros fartos, que alguns direi,[17] porque todos será impossível, nem ainda declarar como são, porque vêm de outra linhagem que os ditos, muito mais alta; e se neles, sendo de casta mais baixa, não pude declarar mais que o dito, menos poderei nisto outro. O Senhor dê para tudo seu favor pelos méritos de seu Filho, amém.

---

[16] *Esta*: a razão.
[17] *Alguns direi* no c. 11, último das Moradas sextas. – Vêm *de outra linhagem que os ditos* neste capítulo.

Capítulo 2

Trata de algumas maneiras com que desperta a alma nosso Senhor, que parece que não há nelas o que temer, ainda que seja coisa muito subida.

1\. Parece que temos deixado muito a pombinha, e não temos; porque estes trabalhos são os que a fazem voo mais alto.

Pois comecemos agora a tratar da maneira que o Esposo se comporta com ela e como antes que de todo o seja faz bem que seja desejado, por uns meios tão delicados, que a alma mesma não os entende, nem eu creio que acertarei em dizer para que o entenda, a não ser as que passaram por isso; porque são impulsos tão delicados e sutis, que procedem do muito interior da alma, que não sei comparação que pôr que quadre.

2. Vai bem diferente de tudo o que cá podemos procurar e ainda dos gostos que ficam ditos,[1] que muitas vezes estando a mesma pessoa descuidada e sem ter a memória em Deus, Sua Majestade a desperta, à maneira de um cometa que passa depressa, ou um trovão, ainda que não se ouça ruído;[2] mas entende muito bem a alma

---

[1] Nas *Quartas Moradas*.
[2] Frase corrigida no original pela Santa, que primeiro tinha escrito: "... depressa, ou um relâmpago, ainda que nem se veja luz nem se ouça ruído" (cf. R. 4, 2).

que foi chamada por Deus, e tão entendido, que algumas vezes, em especial no princípio, a faz estremecer e ainda queixar-se, sem ser coisa que lhe doa. Sente ser ferida saborosissimamente, mas não atina como nem quem a feriu; antes conhece ser coisa preciosa e jamais quereria ser sã daquela ferida. Queixa-se com palavras de amor, mesmo exteriores, sem poder fazer outra coisa, a seu Esposo; porque entende que está presente, mas não se quer manifestar de maneira que deixe gozar-se. E é farta pena, ainda que saborosa e doce; e ainda que quisesse não tê-la, não pode; mas isto não quereria jamais: muito mais a satisfaz que o embevecimento saboroso que carece de pena, da oração de quietude.

3. Desfazendo-me estou, irmãs, para dar-vos a entender esta operação de amor, e não sei como. Porque parece coisa contrária dar a entender o Amado claramente que está com a alma, e parecer que a chama com um sinal tão certo que não se pode duvidar e um assobio tão penetrante para a alma entendê-lo que não o pode deixar de ouvir; porque não parece senão que em falando o Esposo, que está na sétima morada, por esta maneira (que não é fala formada), toda a gente que está nas outras não se ousam bulir, nem sentidos, nem imaginação, nem potências.

Ó meu poderoso Deus, quão grandes são vossos segredos, e quão diferentes as coisas do Espírito Santo[3] a quanto por cá se pode ver e entender, pois com

---

[3] Frei Luís leu: "coisas do espírito". Preferimos o texto original.

nenhuma coisa se pode declarar esta tão pequena, para[4] as muito grandes que obrais com as almas!

4. Faz nela tão grande operação, que se está desfazendo de desejo e não sabe o que pedir, porque claramente lhe parece que está com ela o seu Deus.

Dir-me-eis: pois se entende isto, o que deseja, ou o que lhe dá pena? Que maior bem quer? – Não o sei; sei que parece lhe chegar às entranhas esta pena, e que, quando delas arranca a seta o que a fere, verdadeiramente parece que as leva atrás de si,[5] segundo o sentimento de amor que sente. Estava pensando agora se seria que deste fogo do braseiro aceso que é o meu Deus saltava alguma centelha e dava na alma, de maneira que se deixava sentir aquele fogo aceso, e como não era ainda bastante para queimá-la e ele é tão deleitoso, fica com aquela pena e ao tocar faz aquela operação; e parece-me que é a melhor comparação que tenho acertado a dizer. Porque esta dor saborosa – e não é dor – não está em um ser; ainda que às vezes dure grande tempo, outras depressa se acaba, como quer comunicar-lhe o Senhor, que não é coisa que se pode procurar por nenhuma via humana. Mas ainda que algumas vezes dure muito, ela

---

[4] *Tão pequena para...*: tão pequena em comparação de.
[5] "Parece que as leva atrás de si, segundo é o sentimento de amor": assim esclareceu frei Luís (p. 138). – Toda esta passagem, com a dupla experiência do fogo e da seta, tem um belo paralelo biográfico em *Vida*, c. 29, n. 10: "Não pomos nós a lenha, senão que parece que, feito já o fogo, depressa nos lançam dentro para que nos queimemos... fincam uma seta no mais vivo das entranhas e coração... que não sabe a alma o que faz nem o que quer". Segue a conhecida descrição da transverberação (n. 13).

vai e volta; enfim, nunca está estante,⁶ e por isso não acaba de abrasar a alma, senão já que vai acender-se, morre a centelha e fica com desejo de tornar a padecer aquela dor amorosa que lhe causa.

5. Aqui não há que pensar se é coisa movida pelo próprio natural, nem causada por melancolia, nem tampouco engano do demônio, nem se é antojo; porque é coisa que se deixa muito bem entender ser este movimento de onde está o Senhor, que é imutável; e as operações não são como de outras devoções, que o muito embevecimento do gosto nos pode fazer duvidar. Aqui estão todos os sentidos e potências sem nenhum embevecimento, mirando o que poderá ser, sem estorvar nada nem poder acrescentar aquela pena deleitosa nem tirá-la, a meu parecer.

A quem nosso Senhor fizer esta mercê (que, se lhe foi feita, ao ler isto o entenderá), dê-lhe mui muitas graças, que não tem que temer se é engano; tema muito se há de ser ingrato a tão grande mercê, e procure esforçar-se para servir e para melhorar em tudo a sua vida, e verá no que para e como recebe mais e mais; ainda que a uma pessoa⁷ que teve isto passou

---

⁶ *Estante*: estável, fixo.
⁷ Alude a si mesma. Ela era vítima destes ímpetos irresistíveis durante os anos em que escrevia o livro da *Vida*, 1562-1565. Em 1568 São Juan de Ávila escreve a ela garantindo-lhe "que são bons" (cf. Rel. 5, n. 13; e a carta do Santo em B.M.C., t. II, p. 208-210). Ainda em 1571 os tem frequentemente, apesar de escrever: "de uns dias para cá me parecia não ter tão grandes ímpetos como costumava" (Rel. 15, n. 1, mas em seguida refere o famoso "traspassamento" das *coplas* de Salamanca). Pouco depois, sem que seja possível fixar

alguns anos com ele e com aquela mercê estava bem satisfeita, que se multidão de anos servisse ao Senhor com grandes trabalhos, ficava com ela muito bem paga. Seja bendito para sempre jamais, amém.

6. Poderá ser que repareis em como há mais segurança nisto que em outras coisas. – A meu parecer por estas razões: a primeira, porque jamais o demônio deve dar pena saborosa como esta; poderá ele dar o sabor e o deleite que pareça espiritual; mas juntar pena, e tanta, com quietude e gosto da alma, não é de sua faculdade: que todos os poderes estão no exterior,[8] e suas penas, quando ele as dá, não são, a meu parecer, jamais saborosas nem com paz, senão inquietas e com guerra. A segunda, porque esta tempestade saborosa vem de outra região das que ele pode dominar. A terceira, pelos grandes proveitos que ficam na alma, que é o mais ordinário determinar-se a padecer por Deus e desejar ter muitos trabalhos, e ficar muito mais determinada a apartar-se dos contentos e conversações da terra, e outras coisas semelhantes.

7. O fato de não ser antojo,[9] está muito claro; porque ainda que outras vezes o procure, não poderá reproduzir aquilo. E é coisa tão notória, que de

---

a data, esta graça mística dá passagem a outras menos violentas: "o desejo e ímpetos tão grandes de morrer foram tirados de mim" (Rel. 21).

[8] *No exterior* (*por las adefueras*): no exterior do homem, como "na ronda do castelo".

[9] *O fato de não ser antojo*: a graça de que falou nos primeiros números. A imaginação não poderá reproduzi-la.

nenhuma maneira se pode antojar, digo parecer que é, não sendo, nem duvidar de que é; e se alguma[10] ficar, saibam que estes não são verdadeiros ímpetos; digo, se duvidar em se o teve, ou se não; porque assim se dá a sentir, como aos ouvidos uma grande voz. Pois ser melancolia, não leva caminho nenhum, porque a melancolia não faz e fabrica seus antojos senão na imaginação; este outro procede do interior da alma.

E pode ser que eu me engane, mas até ouvir outras razões de quem o entende, sempre estarei nesta opinião; e assim sei de uma pessoa bastante cheia de temor destes enganos, que desta oração jamais o pôde ter.[11]

8. Também costuma nosso Senhor ter outras maneiras de despertar a alma: que de repente, estando rezando vocalmente e com descuido de coisa interior, parece que vem uma inflamação deleitosa, como se depressa viesse um odor tão grande que se comunicasse por todos os sentidos (não digo que é odor, mas ponho esta comparação) ou coisa desta maneira, só para dar a sentir que o Esposo está ali; move um desejo saboroso de a alma gozar dele, e com isto fica disposta a fazer grandes atos de louvor a nosso Senhor. O nascimento

---

[10] *Se alguma* dúvida *ficar*.
[11] Na *Relação* 5, n. 13, garante que seus próprios confessores estavam isentos de temor com respeito a esta graça mística: "ninguém o condena". – Todo este capítulo tem seu paralelo ou reverso biográfico no c. 29 de *Vida*; cf., além disso, o c. 20.

desta mercê é de onde o que fica dito; mas aqui[12] não há coisa que dê pena, nem os desejos mesmos de gozar a Deus são penosos: é mais ordinário a alma sentir isso. Tampouco me parece que aqui há que temer, por algumas razões das ditas,[13] senão procurar admitir esta mercê com ação de graças.

---

[12] *O nascimento... é de onde o que fica dito*: disse no n. 1 que os "impulsos delicados... procedem *do muito interior da alma*"; a ferida saborosíssima" (n. 2) ou o "assobio penetrante" (n. 3) procedem do "Esposo, que está na sétima morada" (n. 3) e "chega às suas entranhas" (n. 4); é um "movimento" que procede "de onde está o Senhor [centro da alma] que é imutável" (n. 5). Ver também o n. 1 do c. 3.

[13] No n. 6.

Capítulo 3

Trata da mesma matéria e diz da maneira que Deus fala à alma quando é servido, e avisa como se hão de haver nisso e não seguir-se por seu parecer. – Põe alguns sinais para que se conheça quando não é engano e quando é. – É de farto proveito.[1]

1. Deus tem outra maneira de despertar a alma, e ainda que de alguma maneira pareça maior mercê que as ditas,[2] poderá ser mais perigosa e por isso me deterei algo nela, que são umas falas com a alma de muitas maneiras: umas parece virem de fora, outras do muito interior da alma, outras do superior delas, outras tão no exterior que se ouvem com os ouvidos, porque parece ser voz formada. Algumas vezes, e muitas, pode ser antojo, em especial em pessoas de fraca imaginação ou melancólicas, digo de melancolia notável.

---

[1] Este capítulo é uma espécie de duplicação do c. 25 de *Vida*. Nas duas passagens, a ideia dominante é a preocupação por distinguir entre locuções místicas (procedentes de Deus e de seus santos) e suas deformações (truques da imaginação ou do diabo): cf. *Vida* c. 25, n. 2, e *Moradas* VI, c. 3, n. 4. – Tenha-se presente que este capítulo trata primeiro de falas místicas em geral (n. 1-11) e depois de uma espécie de falas místicas "com visão intelectual" (n. 12-18). – Facilitaremos a comparação das duas passagens indicando em nota os principais lugares paralelos.
[2] No c. 2, n. 1-4 e 8.

2. Destas duas maneiras de pessoas não há que fazer caso, a meu parecer, ainda que digam que veem e ouvem e entendem, nem inquietá-las dizendo que é demônio; senão ouvi-las como a pessoas enfermas, dizendo a priora ou confessor, a quem o disser, que não faça caso disso, que não é a substância para servir a Deus e que a muitos o demônio tem enganado por ali, ainda que não seja talvez assim a ela, para não a afligir mais do que traz com seu humor; porque se lhe dizem que é melancolia, nunca acabará, que jurará que o vê e o ouve porque lhe parece assim.

3. É verdade que é mister trazer conta tirando-lhe a oração, e o mais que se puder que não faça caso disso; porque o demônio costuma aproveitar-se destas almas assim enfermas, ainda que não seja para seu dano, para o dos outros; e a enfermas e sãs, sempre destas coisas há que temer até ir entendendo o espírito. E digo que o melhor é sempre desfazer-se disso no princípio; porque se é de Deus, é mais ajuda para ir adiante, e antes cresce quando é provado. Isto é assim, mas não seja apertando muito a alma e inquietando-a, porque verdadeiramente ela não pode mais.

4. Pois tornando ao que dizia das falas com a alma, de todas as maneiras que tenho dito,[3] podem ser de Deus e também do demônio e da própria imaginação. Direi, se acertar, com o favor do Senhor, os sinais que há nestas diferenças e quando serão estas falas perigosas.

---

[3] No n. 1.

Porque há muitas almas que as ouvem entre gente de oração, e quereria, irmãs, que não penseis que fazeis mal em não lhes dar crédito, nem tampouco em dá-lo quando são somente para vós mesmas, de consolação ou aviso de faltas vossas, diga-as quem as disser, ou seja antojo, que pouco vai nisso. De uma coisa vos aviso, que não penseis, ainda que sejam de Deus, que por isso sereis melhores, que bastante falou aos fariseus, e todo o bem está como se aproveitam destas palavras; e nenhuma que não vá muito conforme à Escritura façais mais caso delas do que se as ouvísseis do próprio demônio; porque ainda que sejam de vossa fraca imaginação, é mister serem tomadas como uma tentação de coisas da fé, e assim resistir sempre, para que sejam tiradas; e serão tiradas, porque levam pouca força consigo.[4]

5. Pois tornando ao primeiro,[5] que venha do interior, que do superior, que do exterior, não importa para deixar de ser de Deus. Os mais certos sinais que se podem ter, a meu parecer, são estes:[6] o primeiro e mais verdadeiro é o poderio e senhorio que trazem consigo, que é falando e agindo. Declaro-me mais: está uma alma em toda a tribulação e alvoroço interior que fica dito[7] e obscuridade do entendimento e secura; com uma palavra destas que diga somente: *não tenhas*

---

[4] É mais categórica em *Vida* c. 25, n. 12-13.
[5] Alusão à diversidade de falas interiores (n. 1), ou aos sinais para discerni-las (n. 4).
[6] Já no c. 25 de *Vida* tinha desenvolvido estas três "razões": a primeira e segunda no n. 3, a terceira no n. 7.
[7] No c. 1, n. 7-15.

pena, fica sossegada e sem nenhuma, e com grande luz, tirada toda aquela pena com que lhe parecia que todo o mundo e letrados que se juntaram para dar-lhe razões para que não a tivesse, não puderam por mais que trabalhassem tirar daquela aflição. Está aflita por ter-lhe dito o seu confessor e outros, que é espírito do demônio o que tem, e toda cheia de temor: e com uma só palavra que lhe seja dita: *Sou eu, não tenhas medo*, lhe é tirada de todo e fica consoladíssima, e parecendo-lhe que ninguém bastará para fazê-la crer outra coisa. Está com muita pena de alguns negócios graves, que não sabe como hão de suceder: entende que se sossegue que tudo sucederá bem. Fica com certeza e sem pena. E desta maneira outras muitas coisas.[8]

6. A segunda razão, uma grande quietude que fica na alma, e recolhimento devoto e pacífico, e disposta para louvores de Deus. Ó Senhor, se uma palavra enviada a dizer com um pajem vosso (que, pelo que dizem, ao menos estas nesta morada não as diz o próprio Senhor, senão algum anjo), têm tanta força, que tal a deixareis na alma que está atada por amor convosco e Vós com ela?

7. O terceiro sinal é não saírem estas palavras da memória em mui muito tempo e algumas jamais, como saem as que por cá entendemos, digo que ouvimos dos homens; que ainda que sejam muito graves e letrados, não as temos tão esculpidas na memória, nem tampouco, se são em coisas por vir, as cremos

---

[8] Cf. os fatos aos quais veladamente alude em *Vida* c. 25, n. 14-19 e c. 30, n. 14.

como a estas; que fica uma certeza grandíssima, de maneira que, ainda que algumas vezes em coisas muito impossíveis ao parecer, não deixa de lhe vir dúvida se será ou não será e andam com algumas vacilações o entendimento, na mesma alma está uma segurança que não pode render-se, ainda que pareça que vai tudo ao contrário do que entendeu, e passam anos, não lhe é tirado aquele pensar que Deus buscará outros meios que os homens não entendem, mas que, enfim, se há de fazer; e assim é que se faz; ainda que, como digo, não se deixa de padecer quando vê muitos desvios, porque como faz tempo que o entendeu e as operações e certeza que no presente ficam de ser Deus é já passado, ocorrem estas dúvidas, pensando se foi demônio, se foi da imaginação. Nenhuma destas lhe fica no presente, senão que morreria por aquela verdade. Mas, como digo, com todas estas imaginações, que deve pôr o demônio para dar pena e acovardar a alma, em especial se é negócio que ao se fazer o que se ouviu há de ter muitos bens de almas, e são obras para a grande honra e serviço de Deus, e nelas há grande dificuldade, o que não fará? Ao menos enfraquece a fé, que é farto dano não crer que Deus é poderoso para fazer obras que nossos entendimentos não entendem.

8. Com todos estes combates, ainda que haja quem diga à pessoa mesma que são disparates (digo os confessores com quem se tratam estas coisas),[9] e com quantos

---

[9] Cf. o lugar paralelo em *Vida* c. 25, n. 14-15.

maus sucessos houver para dar a entender que não se podem cumprir, fica uma centelha – não sei onde – tão viva de que será, ainda que todas as demais esperanças estejam mortas, que não poderia, ainda que quisesse, deixar de estar viva aquela centelha de segurança. E enfim – como tenho dito[10] – se cumpre a palavra do Senhor, e fica a alma tão contente e alegre que não quereria senão louvar sempre a Sua Majestade e muito mais por ver cumprido o que lhe tinha dito, que pela mesma obra, ainda que lhe vá mui muito nela.

9. Não sei no que vai isto que tem em tanto a alma que saiam estas palavras verdadeiras, que se a própria pessoa fosse tomada em algumas mentiras, não creio que sentiria tanto; como se ela nisto pudesse mais, que não diz senão o que lhe dizem. Infinitas vezes certa pessoa se lembrava de Jonas, profeta, sobre isto, quando temia que Nínive não havia de se perder.[11] Enfim, como é espírito de Deus, é razão que se lhe tenha esta fidelidade em desejar que não o tenham por falso, pois é a suma verdade. E assim é grande a alegria quando, depois de mil rodeios e em coisas dificílimas, o vê cumprido; ainda que à mesma pessoa se lhe hão de seguir grandes trabalhos disso, os quer mais passar que não deixe de se cumprir o que tem por certo o Senhor tê-lo dito. Talvez nem todas as pessoas terão esta fraqueza, se o é, que não o posso condenar por mau.

---

[10] No n. 7.
[11] Jonas cap. 1 e 4. – Essa "certa pessoa" talvez seja a Santa. Ver, contudo, o livro das *Fundações* c. 20, n. 12.

10. Se são da imaginação,[12] nenhum destes sinais há, nem certeza nem paz e gosto interior; salvo que poderia acontecer, e ainda eu sei de algumas pessoas a quem tem acontecido, estando muito embebidas em oração de quietude e sono espiritual, que algumas são tão fracas de compleição ou imaginação, ou não sei a causa, que verdadeiramente neste grande recolhimento estão tão fora de si que não se sentem no exterior, e estão tão adormecidos todos os sentidos que, como uma pessoa que dorme, e ainda talvez seja assim que estão adormecidas, como maneira de sono lhes parece que lhes falam e ainda que veem coisas, e pensam que é de Deus, e deixam os efeitos enfim como de sonho. E também poderia ser pedindo uma coisa a nosso Senhor afetuosamente, parecer-lhes que lhe dizem o que querem, e isto acontece algumas vezes. Mas para quem tiver muita experiência das falas de Deus, não se poderá enganar nisto – a meu parecer – da imaginação.[13]

11. Do demônio há mais que temer. Mas se há os sinais que ficam ditos,[14] muito se pode assegurar ser de Deus, ainda que não de maneira que se é coisa grave o que se diz e que se há de pôr em obra por si ou por negócios de terceiras pessoas, jamais faça nada, nem lhe passe por pensamento, sem parecer de confessor letrado e avisado e servo de Deus, ainda que mais e

---

[12] Se as falas não procedem de Deus, mas da imaginação...
[13] Comparar com *Vida* c. 25, n. 3 e 6.
[14] Nos n. 5-7.

mais entenda e lhe pareça claro ser de Deus; porque isto quer Sua Majestade, e não é deixar de fazer o que Ele manda, pois nos tem dito[15] que tenhamos o confessor em seu lugar, onde não se pode duvidar ser palavras suas; e estas ajudam a dar ânimo, se é negócio dificultoso, e nosso Senhor o porá ao confessor e fará que creia que é espírito seu, quando Ele o quiser; e se não, não estão mais obrigados. E fazer outra coisa senão o dito e seguir-se ninguém por seu parecer nisto, tenho isso por coisa muito perigosa; e assim, irmãs, vos admoesto de parte de nosso Senhor que jamais vos aconteça.[16]

12. Outra maneira há como o Senhor fala à alma, que eu tenho para mim ser muito certo de sua parte, com alguma visão intelectual, que adiante direi como é.[17] É tão no íntimo da alma, e parece-lhe tão claro ouvir aquelas palavras com os ouvidos da alma ao mesmo Senhor e tão em segredo, que a mesma maneira de entendê-las, com as operações que faz a mesma visão, assegura e dá certeza não poder o demônio ter parte ali. Deixa grandes efeitos para crer isto; ao menos há segurança de que não procede da imaginação; e também, se há advertência, a pode sempre ter disto,[18] por estas

---

[15] *Nos tem dito* o Senhor em Lucas 10,16, texto referido na *Regra do Carmelo*.

[16] Cf. *Vida* c. 25, n. 10-14.

[17] Falará das visões intelectuais no c. 8; cf. c. 5, n. 8-9. – Das falas com visão intelectual tratará no c. 10.

[18] O sentido é: *pode sempre ter* segurança de que essa "fala com visão intelectual" não procede da imaginação, por estas razões... – As três primeiras razões coincidem literalmente com o lugar paralelo de *Vida* c. 25: a primeira, com o n. 4 ("... voz tão clara

razões: a primeira, porque deve ser diferente na claridade da fala, que é tão clara, que uma sílaba que falte do que ouviu, se lembra, e se foi dito por um estilo ou por outro, ainda que seja tudo uma sentença; e no que se antoja pela imaginação, será não fala tão clara nem palavras tão distintas, senão como coisa meio sonhada.

13. A segunda, porque cá não se pensava muitas vezes no que se entendeu – digo que é a desoras e ainda algumas estando em conversação – ainda que fartas se responde ao que passa depressa pelo pensamento ou ao que antes se pensou; mas muitas é em coisas que nunca teve lembrança de que haviam de ser nem seriam, e assim não as podia ter fabricado a imaginação para que a alma se enganasse em se antojar o que não tinha desejado nem querido nem vindo à sua notícia.

14. A terceira, porque um é como quem ouve, e o da imaginação é como quem vai compondo o que ele mesmo quer que lhe digam, pouco a pouco.

15. A quarta, porque as palavras são muito diferentes, e com uma se compreende muito, o que nosso entendimento não poderia compor tão depressa.

16. A quinta, porque junto com as palavras muitas vezes, por um modo que eu não saberei dizer, se dá a entender muito mais do que elas soam, sem palavras.

---

que não se perde uma sílaba do que se diz"); a segunda, com o mesmo n. 4 ("acha guisadas grandes sentenças"); a terceira, com os n. 3, 4 e 6.

Neste modo de entender falarei em outra parte mais,[19] que é coisa muito delicada e para louvar nosso Senhor. Porque nesta maneira e diferenças tem havido pessoas muito duvidosas (em especial uma por quem tem passado[20] e assim haverá outras) que não acabavam de entender-se; e assim sei que o tem mirado com muita advertência, porque têm sido mui muitas vezes as que o Senhor lhe faz esta mercê, e a maior dúvida que tinha era nisto se ela o antojava a si, no princípio; que ser demônio mais depressa se pode entender, ainda que sejam tantas suas sutilezas, que sabe bem contrafazer o espírito de luz; mas será – a meu parecer – nas palavras, dizê-las muito claras, que tampouco fique dúvida se foram entendidas como no Espírito de verdade; mas não poderá contrafazer os efeitos que ficam ditos,[21] nem deixar essa paz na alma, nem luz; antes inquietação e alvoroço. Mas pode fazer pouco dano ou nenhum, se a alma é humilde e faz o que tenho dito,[22] de não se mover a fazer nada por coisa que ouça.

17. Se são favores e regalos do Senhor, olhe com atenção se por isso se tem por melhor; e, se quanto maior palavra de regalo, não ficar mais confundida, creia que não é espírito de Deus. Porque é coisa muito certa que, quando é, quanto maior mercê lhe faz,

---

[19] Cf. c. 10 e c. 4.
[20] Ela mesma: ver *Vida* c. 25, n. 14-19.
[21] Nos n. 12-16.
[22] No n. 11.

muito mais em menos se tem a mesma alma e mais lembrança traz de seus pecados e mais esquecida de seu lucro e mais empregada a sua vontade e memória em querer só a honra de Deus, nem lembrar-se de seu próprio proveito, e com mais temor anda de torcer em alguma coisa a sua vontade, e com maior certeza de que nunca mereceu aquelas mercês, senão o inferno. Como fazem estes efeitos todas as coisas e mercês que tiver na oração, não ande a alma espantada, senão confiada na misericórdia do Senhor, que é fiel e não deixará que o demônio a engane, ainda que sempre seja bom andar com temor.[23]

18. Poderá ser que às almas que o Senhor não leva por este caminho lhes pareça que poderiam estas almas não escutar estas palavras que lhes dizem e, se são interiores, distrair-se de maneira que não sejam admitidas, e com isto andarão sem estes perigos.

A isto respondo que é impossível. Não falo das que lhes são antojadas, que não estando apetecendo tanto alguma coisa nem querendo fazer caso das imaginações, têm remédio. Cá, nenhum; porque de tal maneira o mesmo espírito que fala faz parar todos os outros pensamentos e advertir ao que se diz, que de maneira alguma me parece, e creio que é assim, que seria mais possível não ouvir uma pessoa que falasse em voz muito alta do que outra que ouvisse muito bem; porque poderia não advertir, e pôr o pensamento

---

[23] Dupla alusão bíblica: 1Cor 10,13 e Fl 2,12.

e o entendimento em outra coisa; mas no que tratamos não se pode fazer: não há ouvidos a se tapar, nem poder para pensar senão no que se diz, de maneira alguma; porque o que pôde fazer parar o sol – por petição de Josué creio que era[24] – pode fazer parar as potências e todo o interior de maneira que vê bem a alma que outro maior Senhor governa aquele castelo que ela, e lhe faz farta devoção e humildade. Assim que, não há remédio algum em escusá-lo. A divina Majestade no-lo dê para que só ponhamos os olhos em considerá-lo e nos esqueçamos de nós mesmos, como tenho dito, amém.

Praza a Ele que tenha acertado a dar a entender o que nisto pretendi e que seja de algum aviso para quem o tiver.

---

[24] Josué 10,12-13. Cf. *Vida* 25, 1 ("O que tudo pode quer que entendamos que se há de fazer o que quer...").

Capítulo 4

Trata de quando Deus suspende a alma na oração com arroubamento ou êxtase ou rapto, que tudo é um ao meu parecer,[1] e como é mister grande ânimo para receber tão grandes mercês de Sua Majestade.

1. Com estas coisas ditas de trabalhos e as demais, que sossego pode trazer a pobre borboletinha? Tudo é para mais desejar gozar o Esposo; e Sua Majestade, como quem conhece nossa fraqueza, vai habilitando-a com estas coisas e outras muitas para que tenha ânimo de juntar-se com tão grande Senhor e tomá-lo por Esposo.[2]

2. Rir-vos-eis de que digo isto e parecer-vos-á desatino, porque a qualquer uma de vós parecerá que não é mister e que não haverá nenhuma mulher tão baixa que não o tenha para desposar-se com o rei. – Assim creio eu com o da terra, mas com o do céu eu

---

[1] Acerca desta terminologia, ver *Vida* 20, 1; e *Relações* 5, 9.

[2] *Que tenha ânimo*: tema repetido dentro da experiência mística da Santa. Como na Bíblia, quando se trata da proximidade da divindade. "É preciso ânimo, certamente; porque é tanto o gozo, que parece que algumas vezes não fica um ponto para acabar a alma de sair deste corpo" (*Vida* 17, 1; cf. 13, 1; 20, 4; 39, 21; *Rel.* 5, 9; *Caminho* 18). Repetirá isso ao longo das Moradas sextas (c. 5, n. 1, 5, 12...). Ao concluí-las, advertirá: "Aqui vereis, irmãs, se tenho tido razão em dizer que é preciso ter ânimo" (VI, 11, 11)

vos digo que é mister mais do que pensais; porque nosso natural é muito tímido e baixo para tão grande coisa, e tenho por certo que, se Deus não o desse, apesar de quanto vedes que nos está bem, seria impossível. E assim vereis o que faz Sua Majestade para concluir este desposório, que entendo eu que deve ser quando dá arroubamentos, que a tira de seus sentidos; porque se estando neles se visse tão perto desta grande majestade, não era possível porventura ficar com vida. Entendem-se arroubamentos que o sejam, e não fraquezas de mulheres como por cá temos, que tudo nos parece arroubamento e êxtase, e – como creio que deixo dito[3] – há compleições tão fracas, que com uma oração de quietude morrem.

Quero pôr aqui algumas maneiras que eu tenho entendido (como tenho tratado com tantas pessoas espirituais) que há de arroubamentos, ainda que não saiba se acertarei, como em outra parte que o escrevi,[4] isto e algumas coisas das que vão aqui, que por algumas razões tem parecido que não tem importância tornar a dizê-lo, ainda que não seja senão porque as moradas vão por junto aqui.

3. Uma maneira há[5] que estando a alma, ainda que não seja em oração, tocada com alguma palavra de que se lembrou ou ouve de Deus, parece que Sua Majestade desde o interior da alma faz crescer a centelha que

---
[3] Disse isto em M. IV, 3, 11-12; e VI, 3, 11.
[4] Nova alusão ao livro da *Vida* c. 20. Cf. *Rel* 5.
[5] *Uma maneira*: a primeira forma de arroubamento é quando...

dissemos já,[6] movido de piedade de tê-la visto padecer tanto tempo por seu desejo, que abrasada toda ela como uma ave fênix fica renovada e, piedosamente se pode crer, perdoadas as suas culpas; (há de se entender, com a disposição e meios que esta alma terá tido, como a Igreja o ensina),[7] e assim limpa, a junta consigo, sem entender aqui ninguém senão eles dois, nem ainda a própria alma entende de maneira que o possa depois dizer, ainda que não esteja sem sentido interior; porque não é como a quem toma um desmaio ou paroxismo, que nenhuma coisa interior nem exterior entende.

4. O que eu entendo neste caso é que a alma nunca esteve tão desperta para as coisas de Deus nem com tão grande luz e conhecimento de Sua Majestade. Parecerá impossível, porque se as potências estão tão absortas, que podemos dizer que estão mortas, e os sentidos o mesmo, como se pode entender que entende esse segredo? – Eu não o sei, nem talvez nenhuma criatura, senão o mesmo Criador, e outras coisas muitas que se passam neste estado, digo nestas duas moradas; que esta e a última poderiam juntar-se bem, porque de uma à outra não há porta fechada. Porque há coisas na última que não foram manifestadas aos que ainda não chegaram a ela, me pareceu dividi-las.

5. Quando estando a alma nesta suspensão, o Senhor tem por bem mostrar-lhe alguns segredos, como

---

[6] Em M. VI, 2, 4: "a centelha do braseiro que é meu Deus".
[7] A frase entre parênteses foi acrescentada pela Santa à margem do autógrafo, para prevenir interpretações distorcidas.

de coisas do céu e visões imaginárias, sabe depois dizer isto, e de tal maneira fica impresso na memória, que nunca jamais se esquece; mas quando são visões intelectuais, tampouco as sabe dizer; porque deve haver algumas nestes tempos tão subidas, que não as convêm entender os que vivem na terra para podê-las dizer; ainda que estando em seus sentidos, por cá se podem dizer muitas destas visões intelectuais. Poderá ser que algumas não entendais que coisa é visão, em especial as intelectuais. Eu o direi a seu tempo,[8] porque mo tem mandado quem pode; e ainda que pareça coisa impertinente, quiçá para algumas almas será de proveito.

6. Pois dir-me-eis: se depois não há de haver lembrança dessas mercês tão subidas que aí faz o Senhor à alma, que proveito lhe trazem? – Ó filhas, que é tão grande que não se pode encarecer; porque, ainda que não as saibam dizer, no muito interior da alma ficam bem escritas e jamais se esquecem.

Pois se não têm imagem nem as potências as entendem, como podem lembrar-se delas? – Tampouco entendo isso; mas entendo que ficam umas verdades nesta alma tão fixas da grandeza de Deus, que quando não tiver fé que lhe diz quem é e que está obrigada a crer nele por Deus, o adorará desde aquele ponto por tal, como fez Jacó quando viu a escada,[9] que com ela devia entender outros segredos, que não os soube dizer; que só por ver uma escada na qual desciam e

---

[8] No c. 8 tratará das visões intelectuais e no c. 9 das imaginárias.
[9] Gênesis 28,12.

subiam anjos, se não tivesse mais luz interior, não entenderia tão grandes mistérios.

7. Não sei se atino no que digo, porque ainda que o tenha ouvido, não sei se me lembro bem.[10] Tampouco Moisés soube dizer tudo o que viu na sarça, senão o que quis Deus que dissesse;[11] mas se Deus não mostrasse à sua alma segredos com certeza para que visse e cresse que era Deus, não se pusera em tantos e tão grandes trabalhos; mas devia entender tão grandes coisas dentro dos espinhos daquela sarça, que lhe deram ânimo para fazer o que fez pelo povo de Israel. Assim que, irmãs, as coisas ocultas de Deus não havemos de buscar razões para entendê-las, senão que, como cremos que é poderoso, está claro que havemos de crer que um verme de tão limitado poder como nós, que não há de entender suas grandezas. Louvemo-lo muito, porque é servido que entendamos algumas.

8. Estou desejando acertar em pôr uma comparação para que se pudesse dar a entender algo disto que estou dizendo, e creio que não há a que quadre, mas digamos esta: entrais num aposento de um rei ou grande senhor, ou creio camarim os chamam, onde têm infinitos gêneros de vasilhas, de vidros e de barro e muitas coisas, postas por tal ordem, que quase todas se veem ao entrar. Uma vez me levaram a uma peça destas em casa da Duquesa de Alba (aonde vindo de caminho me

---

[10] Camuflagem intencionada para manter o anonimato com respeito às altas graças místicas referidas no livro.
[11] Êxodo 3,2.

mandou a obediência estar, por tê-los importunado esta senhora),[12] que fiquei espantada ao entrar, e considerava de que podia aproveitar aquela barafunda de coisas e via que se podia louvar o Senhor de ver tantas diferenças de coisas, e agora me cai em graça como me tem aproveitado para aqui; e ainda que estivesse ali um tempo, era tanto o que havia para ver que logo me esqueci de tudo de maneira que de nenhuma daquelas peças me ficou mais memória do que se nunca as tivesse visto, nem saberia dizer de que feitura eram (mas por junto lembra-se de que o viu).[13] Assim cá, estando a alma tão feita uma coisa com Deus, metida neste aposento de céu empíreo que devemos ter no interior de nossas almas (porque claro está, que pois Deus está nelas, que tem alguma destas moradas), e ainda que quando está assim a alma em êxtase, não deve sempre o Senhor querer que veja estes segredos (porque está tão embebida em gozá-lo, que lhe basta tão grande bem), algumas vezes gosta que se desembeba[14] e depressa veja o que está naquele aposento, e assim fica, depois que torna a si, com aquele representar-se as grandezas que viu; mas não pode dizer nenhuma, nem chega seu natural a mais do que sobrenatural[15] tem querido Deus que veja.

---

[12] Isso ocorreu nos primeiros meses de 1574. *Aonde... me mandou a obediência estar dois dias*, completou frei Luís (p. 159). Este episódio talvez deva ser situado no relato de Fund. c. 21, n. 1-2.

[13] A frase entre parênteses foi acrescentada pela Santa à margem do original.

[14] N.T.: *Desembeba*: depois que passa o êxtase.

[15] *sobrenatural*mente, editou frei Luís (p. 160).

9. Logo já confesso que foi ver, e que é visão imaginária. Não quero dizer tal, que não é isto de que trato senão visão intelectual; que, como não tenho letras, minha torpeza não sabe dizer nada; que, o que tenho dito até aqui nesta oração, entendo claro que, se vai bem, não sou eu a que o tenho dito.

E tenho para mim que se algumas vezes não entende destes segredos, nos arroubamentos, a alma a quem Deus os tem dado, que não são arroubamentos, senão alguma fraqueza natural, que pode ser a pessoas de fraca compleição como somos as mulheres, com alguma força de espírito sobrepujar o natural e ficar-se assim embebidas, como creio que disse na oração de quietude.[16] Aqueles não têm que ver com arroubamentos; porque o que o é, crede que Deus rouba toda a alma para si, e que como a coisa sua própria e já esposa sua, a vai mostrando alguma partezinha do reino que ganhou, por sê-lo; que por pouca que seja, é tudo muito o que há neste grande Deus, e não quer estorvo de ninguém, nem de potências, nem sentidos; senão depressa manda fechar as portas destas moradas todas, e só na que Ele está fica aberta para ambos. Bendita seja tanta misericórdia, e com razão serão malditos os que não quiserem aproveitar-se dela e perderem a este Senhor.

10. Ó irmãs minhas, que não é nada o que deixamos, nem é nada quanto fazemos nem quanto po-

---

[16] M. IV, 3, 11-13. – A frase que segue: *Aqueles embevecimentos não têm o que ver com arroubamentos.*

deríamos fazer por um Deus que assim se quer comunicar a um verme! E se temos esperança de ainda nesta vida gozar deste bem, o que fazemos? Em que nos detemos? O que é bastante para que um momento deixemos de buscar a este Senhor, como fazia a Esposa por bairros e praças?[17] Oh, que é burla tudo o que há no mundo, se não nos chega e ajuda a isto, ainda que durassem para sempre seus deleites e riquezas e gozos, quantos se pudesse imaginar, que é tudo asco e lixo comparado a estes tesouros que se hão de gozar sem fim! Nem mesmo estes não são nada em comparação de ter por nosso o Senhor de todos os tesouros e do céu e da terra.

11. Ó cegueira humana! Até quando, até quando se tirará esta terra de nossos olhos? Ainda que entre nós não pareça ser tanta que nos cegue de todo, vejo uns cisquinhos, umas pedrinhas, que se as deixarmos crescer bastarão para fazer-nos grande dano; senão que, por amor de Deus, irmãs, nos aproveitemos destas faltas, para conhecer nossa miséria e elas nos deem maior vista, como a deu o lodo do cego que nosso Esposo curou;[18] e assim, vendo-nos tão imperfeitas, cresça mais o suplicar-lhe que tire bem de nossas misérias, para em tudo contentar a Sua Majestade.

12. Muito me tenho divertido sem entendê-lo. Perdoai-me, irmãs, e crede que, chegada a estas

---

[17] Cântico dos Cânticos 3,2 (cf. M. V, 1, 12).
[18] Episódio do cego de nascença (João 4,6-7), já aludido em M. I, 1, 3.

grandezas de Deus, digo a falar nelas, não posso deixar de lastimar-me muito ver o que perdemos por nossa culpa. Porque, ainda que seja verdade que são coisas que o Senhor dá a quem quer, se quiséssemos a Sua Majestade como Ele nos quer, a todas as daria. Não está desejando outra coisa, senão ter a quem dar, que nem por isso suas riquezas diminuem.

13. Pois, tornando ao que dizia, manda o Esposo fechar as portas das moradas e ainda as do castelo e cerca;[19] que ao querer arrebatar esta alma, lhe é tirado o fôlego de maneira que ainda que durem um pouquinho mais algumas vezes os outros sentidos, de nenhuma maneira pode falar; ainda que outras vezes tudo lhe seja tirado de repente e se esfriam as mãos e o corpo de maneira que não parece ter alma, nem se ouve algumas vezes se solta o fôlego. Isto dura pouco espaço, digo para estar em um ser; porque tirando-se esta grande suspensão um pouco, parece que o corpo torna algo em si e toma alento para tornar a morrer e dar maior vida à alma, e contudo não dura muito este tão grande êxtase; [14] mas acontece, ainda que se tire, ficar a vontade tão embebida e o entendimento tão alienado, e durar assim dia, e ainda dias, que parece que não é capaz de ocupar-se com coisa que não seja para despertar a vontade a amar, e ela está bastante desperta para isto e adormecida para encarar e apegar-se a nenhuma criatura.

---

[19] Retoma o tema do n. 9: "depressa manda (Deus) fechar as portas destas moradas...".

15. Oh, quando a alma torna já de todo a si, quanta confusão que lhe fica e os desejos tão grandíssimos de empregar-se em Deus de todas quantas maneiras se quiser servir dela! Se das orações passadas ficam tais efeitos como ficam ditos, o que será de uma mercê tão grande como esta? Quereria ter mil vidas para empregá-las todas em Deus, e que todas quantas coisas há na terra fossem línguas para louvá-lo por ela. Os desejos de fazer penitência, grandíssimos; e não faz muito em fazê-la, porque com a força do amor sente pouco quanto faz e vê claro que não faziam muito os mártires nos tormentos que padeciam,[20] porque com esta ajuda de parte de nosso Senhor, é fácil, e assim se queixam estas almas a Sua Majestade quando não lhes é oferecido em que padecer.

16. Quando esta mercê lhes é feita em segredo, tem-na por muito grande; porque quando é diante de algumas pessoas, é tão grande o corrimento e afronta que lhes fica, que de alguma maneira desembebe a alma do que gozou, com a pena e cuidado que lhe dá pensar o que pensarão os que o têm visto.[21] Porque conhecem a malícia do mundo, e entendem que não o deitarão porventura ao que é, senão que, pelo que haviam de louvar o Senhor, porventura lhes será ocasião para lançar juízos. De alguma maneira me parece esta pena e corrimento falta de humildade; mas isso

---

[20] Tema reiterado: cf. M. V, 2, 8 e a passagem paralela de *Vida* 16, 4.
[21] Cf. *Vida* c. 20, n. 5.

não é mais em sua mão; porque se esta pessoa deseja ser vituperada, o que se lhe dá? Como entendeu uma que estava nesta aflição da parte de nosso Senhor: *Não tenhas pena, que ou eles hão de louvar a Mim, ou murmurar de ti; e em qualquer coisa destas ganhas tu.*[22] Soube depois que esta pessoa tinha se animado muito com estas palavras e consolado; e porque se alguma se vir nesta aflição, vo-las ponho aqui. Parece que nosso Senhor quer que todos entendam que aquela alma já é sua, que ninguém há de tocar nela; no corpo, na honra, na fazenda, felizmente, que de tudo se tirará honra para Sua Majestade; mas na alma, isso não, que se ela, com atrevimento muito culpável não se aparta de seu Esposo, Ele a amparará de todo o mundo e ainda de todo o inferno.

17. Não sei se fica dado algo a entender de que coisa é arroubamento, que tudo é impossível, como tenho dito;[23] e creio que nada foi perdido em dizê-lo para que se entenda o que é; porque há efeitos muito diferentes nos arroubamentos fingidos. Não digo fingidos, porque quem os tem quer enganar,[24] senão porque ela está; e como os sinais e efeitos não conformam com a grande mercê, fica infamada de maneira que com razão não se crê depois a quem o Senhor a fizer. Seja para sempre bendito e louvado, amém, amém.

---

[22] Alusão a si mesma: ver V. 31, 13.
[23] Disse isso nos n. 4-5; cf. c. 2, n. 1.
[24] Outra mão corrigiu a frase no original: "não quer enganar". Frei Luís retocou ligeiramente o texto (p. 165).

Capítulo 5

*Prossegue no mesmo, e põe uma maneira de quando
Deus levanta a alma com um voo do espírito de maneira
diferente do que fica dito. – Diz alguma causa
por que é mister ânimo. – Declara algo desta mercê
que o Senhor faz, por saborosa maneira. – É farto proveitoso.*

1. Outra maneira de arroubamentos há,[1] ou voo do espírito o chamo eu, que ainda que tudo seja um na substância, no interior se sente muito diferente; porque muito prontamente algumas vezes se sente um movimento tão acelerado da alma, que parece ser arrebatado o espírito com uma velocidade que põe bastante temor, em especial no princípio; que por isso vos dizia[2] que é mister ânimo grande para aquele a quem Deus há de fazer estas mercês, e ainda fé e confiança e resignação grande de que faça nosso Senhor da alma o que quiser. Pensais que é pouca perturbação estar uma pessoa muito em seu sentido e ver-se arrebatar a alma (e ainda alguns temos lido[3]

---

[1] *Outra maneira de arroubamentos*: a primeira espécie ficou descrita no capítulo anterior, n. 3 e seguintes. – Sobre a relação entre "arroubamento" e "voo de espírito", ver *Vida* 20, 1 e 18, 7, aclarado em R. 5, 10.
[2] *Grande ânimo*, disse já em M. VI, 4, 1 e o repetirá no final do presente capítulo, n. 12.
[3] *Temos lido*: nova alusão à leitura de vidas de santos, em comunidade.

que o corpo com ela) sem saber aonde vai, o que ou quem a leva ou como; que no princípio deste momentâneo movimento não há tanta certeza de que é Deus.[4]

2. Pois há algum remédio de poder resistir? – De nenhuma maneira; antes é pior; que eu sei de uma pessoa[5] que parece querer Deus dar a entender à alma que, pois tantas vezes com tão grandes veras foi posto em suas mãos, e com tão inteira vontade se lhe tem oferecido toda, que entende que já não tem parte em si, e notavelmente com mais impetuoso movimento é arrebatada; e tomava já para si não fazer mais do que faz uma palha quando a levanta o âmbar, se o tendes mirado, e deixar-se nas mãos de quem é tão poderoso, que vê que é o mais acertado fazer da necessidade virtude. E porque disse da palha, é certo assim, que com a facilidade que um homenzarrão pode arrebatar uma palha, este nosso grande gigante e poderoso arrebata o espírito.[6]

3. Não parece senão que aquele tanque de água que dissemos – creio que era na quarta morada, que não me lembro bem[7] –, que com tanta suavidade e mansidão, digo sem nenhum movimento, se enchia, aqui desatou este grande Deus, que detém os

---

[4] Ver o relato autobiográfico em *Vida* 20, 3-7.
[5] Ela mesma. Ver o relato de *Vida* 20, 5-6. Não se exclui que a alusão seja também a frei João da Cruz, ou a episódios desse gênero, ocorridos a ambos poucos anos antes na Encarnação.
[6] "Como um gigante tomaria uma palha", tinha escrito em *Vida* 22, 13 e c. 20, n. 4
[7] Disse-o na M. IV, 2, 2.

mananciais das águas e não deixa sair o mar de seus termos,⁸ os mananciais por onde vinha a este tanque de água; e com um ímpeto grande se levanta uma onda tão poderosa, que sobe ao alto esta navezinha de nossa alma. E assim como não pode uma nave, nem é poderoso o piloto, nem todos os que a governam, para que as ondas, se vêm com fúria, a deixem estar onde querem, muito menos pode o interior da alma deter-se onde quer, nem fazer que seus sentidos nem potências façam mais do que lhes têm mandado, que o exterior, não se faz aqui caso dele.

4. É certo, irmãs, que só de ir escrevendo isso me vou espantando de como se mostra aqui o grande poder deste grande Rei e Imperador; o que fará quem passa por isso! Tenho para mim que, se Sua Majestade se descobrisse aos que andam muito perdidos pelo mundo, como faz a estas almas, que ainda que não fosse por amor, por medo não ousariam ofendê-lo. Pois oh, quão obrigadas estarão as que foram avisadas por caminho tão subido a procurar com todas as suas forças não enfadar este Senhor! Por Ele vos suplico, irmãs, às quais tiver Sua Majestade feito estas mercês ou outras semelhantes, que não vos descuideis não fazendo mais que receber. Olhai que quem muito deve, muito há de pagar.⁹

---

⁸ Eco da imagem bíblica de Provérbios 8,29; ou Jó 38,8.10.
⁹ Reminiscência da passagem evangélica de Lucas 12,48: a ideia reiteradamente expressa pela Santa, a propósito da profusão de graças místicas por ela recebidas.

5. Para isto também é mister grande ânimo, que é uma coisa que acovarda de grande maneira; e se nosso Senhor não o desse a ela, andaria sempre com grande aflição; porque olhando o que Sua Majestade faz com ela e tornando-se para olhar para si, quão pouco serve para o que está obrigada, e esse pouquinho que faz cheio de faltas e quebras e frouxidão, que por não se lembrar de quão imperfeitamente faz alguma obra, se a faz, tem por melhor procurar que se esqueça disso e trazer diante seus pecados e meter-se na misericórdia de Deus, que, pois não tem com que pagar, supra a piedade e misericórdia que sempre teve com os pecadores.

6. Talvez lhe responda o que disse a uma pessoa[10] que estava muito aflita diante de um crucifixo neste ponto, considerando que nunca tinha tido o que dar a Deus nem o que deixar por Ele. Disse-lhe o próprio Crucificado, consolando-a, que *Ele lhe dava todas as dores e trabalhos que tinha passado em sua Paixão, que os tivesse por próprios, para oferecer ao seu Pai*. Ficou aquela alma tão consolada e tão rica, segundo dela tenho ouvido, que nunca pôde se esquecer disso; antes cada vez que se vê tão miserável, lembrando-se disso, ficava animada e consolada.

Algumas coisas destas poderia dizer aqui, que como tenho tratado com tantas pessoas santas e de oração, sei de muitas; porque não penseis que sou eu,

---

[10] Ela mesma. Referiu isto na *Relação* 51.

pelo contrário. Esta me parece de grande proveito para que entendais o que nosso Senhor se contenta com que nos conheçamos e procuremos sempre mirar e remirar nossa pobreza e miséria, e que não temos nada do que não recebemos.[11] Assim que, irmãs minhas, para isto e outras muitas coisas que se oferece a uma alma que o Senhor já tem neste ponto, é preciso ânimo; e a meu parecer, para este último mais que para nada, se há humildade. No-la dê o Senhor, por quem Ele é.

7. Pois tornando a este apressado arrebatar o espírito,[12] é de tal maneira que verdadeiramente parece que sai do corpo e, por outro lado claro está que não fica esta pessoa morta; ao menos ela não pode dizer se está no corpo ou não, por alguns instantes. Parece-lhe que toda junta tem estado em outra região muito diferente desta em que vivemos, onde lhe é mostrada outra luz tão diferente da de cá, que se toda a sua vida ela a estivesse fabricando junto com outras coisas, teria sido impossível alcançá-las. E acontece que num instante lhe ensinam tantas coisas juntas, que em muitos anos que trabalhasse em ordená-las com sua imaginação e pensamento, não poderia de mil partes uma. Isto não é visão intelectual, mas imaginária, que se vê com os olhos da alma muito melhor que cá vemos com os do corpo, e sem palavras lhe são dadas a entender algumas coisas; digo como se vê alguns santos, conhece-os como se tivesse tratado muito com eles.

---

[11] Reminiscências de 1Cor 4,7.
[12] Ela volta ao tema do n. 1.

8. Outras vezes, junto com as coisas que se veem com os olhos da alma, por visão intelectual lhe são representadas outras, em especial multidão de anjos com o Senhor deles; e sem ver nada com os olhos do corpo,[13] por um conhecimento admirável que eu não saberei dizer, lhe é representado o que digo e outras muitas coisas que não são para dizer. Quem passar por elas, que tenha mais habilidade que eu, as saberá talvez dar a entender, ainda que me pareça bem dificultoso. Se isto tudo se passa estando no corpo, ou não, eu não saberei dizer; pelo menos não juraria que está no corpo nem tampouco que está o corpo sem alma.[14]

9. Muitas vezes tenho pensado se, como o sol estando no céu, que seus raios têm tanta força, que não se mudando ele dali, depressa chegam cá, se a alma e o espírito, que são uma mesma coisa como é o sol e seus raios, pode, ficando ela em seu posto, com a força do calor que lhe vem do verdadeiro Sol de Justiça, alguma parte superior sair sobre si mesma.[15] Enfim, eu não sei o que digo. O que é verdade é que

---

[13] Tinha escrito: *sem ver nada com os olhos do corpo nem da alma*. Depois ela mesma borrou "nem da alma". Já frei Luís omitiu o apagado.

[14] Evidente paralelismo com o testemunho autobiográfico de São Paulo em 2Cor 12,2-4. – A seguir a própria autora apagou a frase: "di-lo-á, como tenho dito, quem passar por isso, que se tem letras terá grande ajuda". Já frei Luís omitiu o texto riscado (p. 161).

[15] *Sol de justiça*: Cristo. Imagem de inspiração bíblica (Malaquias 4,2), reiterada na liturgia. – Sobre a distinção entre alma e espírito, cf. M. VII, 1, 11; e R. 5, 10; R. 29, 1. Cf. o lugar paralelo de *Vida* 20, 14.

com a presteza com que sai a bala de um arcabuz quando lhe põem fogo, se levanta no interior um voo (que eu não sei que outro nome lhe pôr), que ainda que não faça ruído, faz movimento tão claro que não pode ser antojo de nenhuma maneira; e muito fora de si mesma, para tudo o que pode entender, lhe são mostradas grandes coisas; e quando torna a sentir-se em si, é com tão grandes lucros e tendo em tão pouco todas as coisas da terra em comparação das que tem visto, que lhe parecem lixo; e daí em diante vive nela com farta pena, e não vê coisa das que lhe costumavam parecer bem, que lhe faça ser-lhe dado nada dela. Parece que o Senhor quis mostrar algo da terra aonde há de ir, como levaram amostras os que enviaram à terra da promissão os do povo de Israel,[16] para que passe os trabalhos deste caminho tão trabalhoso, sabendo aonde há de ir descansar. Ainda que coisa que passa tão depressa não vos parecerá de muito proveito, são tão grandes os que deixa na alma que se não é por quem passa, não se saberá entender o seu valor.

10. Por onde se vê bem não ser coisa do demônio; que da própria imaginação é impossível, nem o demônio poderia representar coisas que tanta operação e paz e sossego e aproveitamento deixa na alma, em especial três coisas muito em subido grau: conhecimento da grandeza de Deus, porque quantas mais coisas virmos dela, mais nos é dado a entender. Segunda

---

[16] Números 13,18-24.

razão[17]: conhecimento próprio e humildade de ver como coisa tão baixa em comparação com o Criador de tantas grandezas, a tem ousado ofender nem ousa mirá-lo; a terceira, ter em muito pouco todas as coisas da terra, se não forem as que pode aplicar para serviço de tão grande Deus.

11. Estas são as joias[18] que o Esposo começa a dar à sua esposa, e são de tanto valor que não as guardará mal; que assim ficam esculpidas na memória estas vistas, que creio ser impossível esquecê-las até que as goze para sempre, se não fosse para grandíssimo mal seu; mas o Esposo que lhas dá é poderoso para dar-lhe graça de não perdê-las.

12. Pois tornando ao ânimo que é mister,[19] parece-vos que é coisa tão leviana? Que verdadeiramente parece que a alma se aparta do corpo, porque se vê perder os sentidos e não entende para quê. Mister é que lhe dê o que dá todo o demais. Direis que bem pago vai este temor. Assim o digo eu. Seja para sempre louvado o que tanto pode dar. Praza a Sua Majestade que nos dê para que mereçamos servi-lo, amém.

---

[17] *Segunda razão*: foi acrescentado pela Santa à margem do autógrafo. Frei Luís remodelou toda a frase (p. 172).
[18] *Joias* e, pouco depois, *vistas*: continua a linguagem simbólica introduzida pela alegoria matrimonial (M. V, 4, 3).
[19] De novo a necessidade de ter grande ânimo, como no n. 1 e em M. VI, 4, 2.

Capítulo 6

Em que diz um efeito da oração que está dita no capítulo passado. E em que se entenderá que é verdadeira e não engano. – Trata de outra mercê que o Senhor faz à alma para empregá-la em seus louvores.

1. Destas mercês tão grandes fica a alma tão desejosa de gozar totalmente aquele que lhas faz, que vive com farto tormento, ainda que saboroso; umas ânsias grandíssimas de morrer, e assim, com lágrimas muito ordinárias pede a Deus que a tire deste desterro. Tudo a cansa quanto vê nele; ao ver-se sozinha tem algum alívio, e logo acode esta pena, e estando sem ela, não se habitua. Enfim, não acaba esta borboletinha de achar assento que dure; antes, como anda a alma tão terna do amor, qualquer ocasião que seja para acender mais esse fogo a faz voar; e assim nesta morada são muito contínuos os arroubamentos, sem haver remédio de escusá-los, ainda que seja em público, e logo as perseguições e murmurações, que ainda que ela queira estar sem temores não a deixam, porque são muitas as pessoas que os põem, em especial os confessores.

2. E ainda que no interior da alma pareça que tem grande segurança por um lado, em especial quando está sozinha com Deus, por outro anda muito aflita;

porque teme se a há de enganar o demônio de maneira que ofenda a quem tanto ama, que das murmurações tem pouca pena, se não é quando o próprio confessor a aperta, como se ela pudesse mais. Não faz senão pedir a todos orações e suplicar a Sua Majestade a leve por outro caminho, porque lhe dizem que o faça, porque este é muito perigoso; mas como ela tem achado por ele tão grande aproveitamento, que não pode deixar de ver que o leva, como lê e ouve e sabe pelos mandamentos de Deus o que vai ao céu,[1] não o acaba de desejar, ainda que queira, senão deixar-se em suas mãos. E ainda este não o poder desejar lhe dá pena, por parecer-lhe que não obedece ao confessor; que em obedecer e não ofender a nosso Senhor lhe parece que está todo o seu remédio para não ser enganada; e assim não faria um pecado venial de advertência mesmo que a fizessem em pedaços, a seu parecer; e aflige-se em grande maneira de ver que não se pode escusar de fazer muitos sem entender-se.

3. Deus dá a estas almas um desejo tão grandíssimo de não descontentá-lo em nenhuma coisa, por pouquinho que seja, nem fazer uma imperfeição, se pudesse, que só por isto, ainda que não fosse por mais, quereria fugir das pessoas e tem grande inveja dos que vivem e viveram nos desertos. Por outro lado, quereria meter-se em metade do mundo, para

---

[1] *Sabe... o caminho que vai* (= conduz) *ao céu*. Alusão a Mt 19,17. Ver a correspondência autobiográfica de toda esta passagem em *Vida* c. 27 e c. 29.

ver se poderia ser parte para que uma alma louvasse mais a Deus; e se é mulher, aflige-se com o atamento que lhe faz seu natural porque não pode fazer isto, e tem grande inveja dos que têm liberdade para dar vozes, publicando quem é este grande Deus das Cavalarias.[2]

4. Ó pobre borboletinha, atada com tantas cadeias, que não te deixam voar o que quererias! Tende lástima dela, meu Deus; ordenai já de maneira que ela possa cumprir em algo seus desejos para vossa honra e glória. Não vos lembreis do pouco que merece e de seu baixo natural. Poderoso sois Vós, Senhor, para que o grande mar se retire e o grande Jordão, e deixem passar os filhos de Israel.[3] Não tendes lástima dela, que, com vossa fortaleza e ajuda, pode passar muitos trabalhos; ela está determinada a isso e deseja padecê-los. Estendei, Senhor, vosso poderoso braço, não passe ela a vida em coisas tão baixas.[4] Manifeste-se vossa grandeza em coisa tão feminina e baixa, para que, entendendo o mundo que não é nada dela, vos louvem a Vós, custe o que custar, que isso quer, e dar mil vidas para que uma alma vos louve um pouquinho mais por sua causa, se tantas tiver; e as dá por muito bem empregadas e entende com toda verdade que não

---
[2] *Gran Dios de las Caballerías*: provável alusão bíblica ao "Deus dos Exércitos": 1Rs 15,2; ou ao episódio do Êxodo 14,18 (cf. o contexto do n. 4).
[3] Êxodo 14,21-22 e Josué 3,13.
[4] Nova alusão bíblica ao episódio de Noé e a pomba (Gênesis 8,8-9; cf. M. VII, 3, 13).

merece padecer por Vós um trabalho muito pequeno, quanto mais morrer.⁵

5. Não sei a que propósito tenho dito isto, irmãs, nem para quê, que não me tenho entendido. Entendamos que são estes os efeitos que ficam destas suspensões ou êxtases, sem dúvida nenhuma; porque não são desejos que passam, senão que estão em um ser, e quando se oferece algo em que mostrá-lo se vê que não era fingido. Por que digo estar em um ser? – Algumas vezes se sente a alma covarde, e nas coisas mais baixas, e atemorizada e com tão pouco ânimo, que não lhe parece possível tê-lo para coisa: entendo eu que a deixa o Senhor então em seu natural para muito maior bem seu; porque vê então que, se para algo o teve, foi dado por Sua Majestade, com uma clareza que a deixa aniquilada a si e com maior conhecimento da misericórdia de Deus e de sua grandeza, que em coisa tão baixa lhe quis mostrar. Mas, o mais ordinário, está como antes temos dito.⁶

6. Uma coisa adverti, irmãs, nestes grandes desejos de ver nosso Senhor: que apertam algumas vezes tanto, que é preciso não ajudar a eles, senão divertir-vos, se podeis, digo; porque em outros que direi adiante,⁷ de nenhuma maneira se pode, como vereis.

---

⁵ Alusão a Atos 5,41.
⁶ O sentido é: a alma está ordinariamente como temos dito: "em um ser" (n. 5), ou seja, irremovível em sua união com Deus. Esses outros estados ("covarde", "atemorizado"...) são passageiros.
⁷ No c. 11, o último de M. VI (cf. o título); cf. também o c. 8, n. 4; *Vida* c. 29, n. 9, e *Caminho* c. 19, n. 9-10.

Nos primeiros, alguma vez sim, poderão, porque há razão inteira para conformar-se com a vontade de Deus, e dizer o que dizia São Martinho;[8] e se poderá volver a consideração se muito apertam; porque como é, ao parecer, desejo que já parece de pessoas muito aproveitadas, já poderia o demônio movê-lo, para que pensássemos que o estamos, que sempre é bom andar com temor. Mas tenho para mim que não poderá pôr a quietude e paz que esta pena dá na alma, senão que será movendo com ele alguma paixão, como se tem quando por coisas do século temos alguma pena. Mas a quem não tiver experiência de um e do outro, não o entenderá, e pensando ser uma grande coisa, ajudará quanto puder, e faria muito dano à sua saúde: porque é contínua esta pena, ou ao menos muito ordinária.

7. Também adverti que a compleição fraca costuma causar coisas destas penas, em especial se é numas pessoas tenras que choram por cada coisinha; mil vezes as fará entender que choram por Deus, que não seja assim. E ainda pode acontecer ser (quando vem uma multidão de lágrimas, digo, por um tempo que a cada palavrinha que ouça ou pense de Deus não se pode resistir a elas) ter-se aproximado algum humor do coração, que ajuda mais que o amor que se tem a Deus, que não parece que hão de acabar de chorar; e como já têm entendido que as lágrimas são boas, não se contêm nem quereriam fazer outra coisa, e ajudam

---

[8] "Senhor, se ainda sou necessário ao teu povo, não recuso o trabalho" (do Ofício Litúrgico de São Martinho); cf. *Exclam*. 15, n. 2.

quanto podem a elas. Pretende o demônio aqui que se enfraqueçam de maneira que depois nem possam ter oração nem guardar sua Regra.

8. Parece-me que vos estou mirando como dizeis que o que haveis de fazer, se em tudo ponho perigo, pois numa coisa tão boa como as lágrimas, me parece pode haver engano; que eu sou a enganada; e já pode ser, mas crede que não falo sem ter visto que pode haver em algumas pessoas, ainda que não em mim; porque não sou nada tenra, antes tenho um coração tão rijo, que algumas vezes me dá pena; ainda que quando o fogo de dentro seja grande, por rijo que seja o coração, destila como faz uma alquitara; e bem entendereis quando vêm as lágrimas daqui, que são confortadoras e pacificam, que não alvoroçadoras, e poucas vezes fazem mal. O bem está neste engano – quando for – que será dano do corpo (digo, se há humildade) e não da alma; e quando não o há, não será mau ter esta suspeita.[9]

9. Não pensemos que está tudo feito ao chorar muito, senão que lancemos mão do obrar muito e das virtudes, que são as que nos há de fazer ao caso, e as lágrimas venham quando Deus as enviar, não fazendo nossas diligências para trazê-las. Estas deixarão esta terra seca regada, e são grande ajuda para dar fruto;

---

[9] Frei Luís editou: *quando a há* [humildade]... (p. 179). O sentido é: *O bem* (= o menor mal) *neste engano* (= excesso de lágrimas em pessoas sensíveis) consistirá em ocasionar *dano do corpo; e quando não o* houver (= dano do corpo), *não será mau ter esta suspeita* (de que acaba de falar, fim do n. 7: que pretende o demônio com o tempo enfraquecer o corpo para impedir a oração).

quanto menos caso fizermos delas, mais, porque é água que cai do céu; a que tiramos cansando-nos em cavar para tirá-la, não tem a ver com esta, que muitas vezes cavaremos e ficaremos moídas, e não acharemos nem uma poça de água, quanto mais poço manancial. Por isso, irmãs, tenho por melhor que nos ponhamos diante do Senhor e olhemos sua misericórdia e grandeza e nossa baixeza, e dê-nos Ele o que quiser, quer haja água, quer secura: Ele sabe melhor o que nos convém. E com isto andaremos descansadas e o demônio não terá tanto lugar para armar-nos ciladas.

10. Entre estas coisas penosas e saborosas juntamente dá nosso Senhor à alma algumas vezes uns júbilos e oração estranha, que não sabe entender o que é. Porque se vos fizer esta mercê, o louveis muito e saibais que é coisa que passa, a ponho aqui. É, a meu parecer, uma união grande das potências, senão que as deixa nosso Senhor com liberdade para que gozem deste gozo, e aos sentidos o mesmo, sem entender o que é o que gozam e como o gozam. Parece isto algaravia, e certamente se passa assim, que é um gozo tão excessivo da alma, que não quereria gozá-lo sozinha, senão dizê-lo a todos para que a ajudassem a louvar a nosso Senhor, que aqui vai todo o seu movimento. Oh, quantas festas faria e quantas mostras, se pudesse, para que todos entendessem o seu gozo! Parece que achou a si, e que, como o pai do filho pródigo, quereria convidar a todos e fazer grandes festas,[10] por

---

[10] Lc 15,22.

ver sua alma em posto que não pode duvidar que está em segurança, ao menos por enquanto. E tenho para mim que é com razão; porque tanto gozo interior do muito íntimo da alma, e com tanta paz, e que todo o seu contento provoca louvores de Deus, não é possível dar o demônio.

11. É bastante, estando com este grande ímpeto de alegria, que cale e possa dissimular, e não pouco penoso. Isto devia sentir São Francisco, quando os ladrões toparam com ele, que andava pelo campo gritando e lhes disse que era arauto do grande Rei,[11] e outros santos que vão aos desertos para poder apregoar como São Francisco estes louvores de seu Deus. Eu conheci um chamado frei Pedro de Alcântara – que creio que é, segundo foi sua vida –, que fazia isto mesmo, e o tinham por louco os que alguma vez o ouviram.[12] Oh, que boa loucura, irmãs, se Deus no-la desse a todas! E quantas mercês vos tem feito por ter-vos em parte que, ainda que o Senhor vos faça esta e deis mostras disso, antes será para ajudar-vos do que para murmuração, como seria se estivesses no mundo, que se usa tão pouco este pregão, que não é muito que murmurem contra ele!

12. Ó desventurados tempos e miserável vida na qual agora vivemos, e felizes aquelas a quem coube tão boa sorte, que estejam fora dele! Algumas vezes

---

[11] Provável lembrança de suas leituras dos *Flos Sanctorum*, ou da *Leyenda mayor de San Francisco y Santa Clara* (Toledo, 1526).
[12] Cf. *Vida* c. 27, n. 16-20; c. 30, n. 2-7.

me é particular gozo, quando estando juntas, vejo estas irmãs ter tão grande interior, que a que mais pode, mais louvores dá a nosso Senhor de ver-se no mosteiro; porque se vê muito claramente que aqueles louvores saem do interior de sua alma. Muitas vezes quereria, irmãs, que fizésseis isto, que uma que começa desperta as demais. Em que melhor se pode empregar vossa língua quando estais juntas do que em louvores de Deus, pois temos tanto por que dá-los?

13. Praza a Sua Majestade que muitas vezes nos dê esta oração, pois é tão segura e lucrativa; que adquiri-la não poderemos, porque é coisa muito sobrenatural; e acontece durar um dia, e anda a alma como alguém que bebeu muito, mas não tanto que esteja alienado dos sentidos; ou um melancólico, que de todo não perdeu o senso, mas não sai de uma coisa que lhe foi posta na imaginação nem há quem o tire dela.

Bastante grosseiras comparações são estas para tão preciosa causa, mas não alcança outras o meu engenho; porque isso é assim que este gozo a tem tão esquecida de si e de todas as coisas, que não adverte nem acerta em falar, senão no que procede de seu gozo, que são louvores de Deus.

Ajudemos esta alma, filhas minhas, todas. Para que queremos ter mais senso? O que nos pode dar maior contento? E ajudem-nos todas as criaturas, por todos os séculos dos séculos, amém, amém, amém!

Capítulo 7

Trata da maneira que é a pena que sentem de seus pecados as almas a quem Deus faz as mercês ditas. – Diz quão grande erro é não exercitar-se, por muito espirituais que sejam, em trazer presente a Humanidade de nosso Senhor e Salvador Jesus Cristo, e sua sacratíssima Paixão e vida, e sua gloriosa Mãe e santos. – É de muito proveito.

1. Parecer-vos-á, irmãs, que a estas almas que o Senhor se comunica tão particularmente (em especial poderão pensar isto que direi as que não tiverem chegado a estas mercês, porque se o têm gozado, e é de Deus, verão o que eu direi), que estarão já tão seguras de que hão de gozá-lo para sempre, que não terão que temer nem que chorar seus pecados; e será muito grande engano, porque a dor dos pecados cresce mais, quanto mais se recebe de nosso Deus. E tenho para mim que até que estejamos onde nenhuma coisa pode dar pena, que esta não será tirada.

2. É verdade que umas vezes aperta mais que outras, e também é de diferente maneira; porque não se lembra da pena que há de ter por eles, senão de como foi tão ingrata a quem tanto deve e a quem tanto merece ser servido; porque nestas grandezas que lhe comunica, entende muito mais a de Deus. Espanta-se como foi tão atrevida; chora o seu pouco

respeito; parece-lhe uma coisa tão desatinada o seu desatino, que não acaba de lastimar jamais, quando se lembra pelas coisas tão baixas que deixava uma tão grande Majestade. Muito mais se lembra disto que das mercês que recebe, sendo tão grandes como as ditas e as que estão por dizer; parece que as leva um rio caudaloso e as traz a seus tempos; isto dos pecados está como um lodaçal, que sempre parece que se avivam na memória e é bastante grande cruz.

3. Eu sei de uma pessoa[1] que, deixado de querer morrer para ver Deus, o desejava por não sentir tão ordinariamente pena de quão desagradecida tinha sido a quem tanto deveu sempre e havia de dever; e assim não lhe parecia que podiam chegar maldades de ninguém às suas, porque entendia que não haveria a quem Deus tanto tivesse sofrido e tantas mercês tivesse feito. No que toca ao medo do inferno, nenhum têm. De se hão de perder a Deus, às vezes aperta muito; mas é poucas vezes. Todo o seu temor é que Deus as deixe de sua mão para ofendê-lo e se vejam em estado tão miserável como se viram[2] em algum tempo; que de pena nem glória sua própria não têm cuidado, e se desejam não estar muito no purgatório, é mais para não estarem ausentes de Deus, o que ali estiverem, do que pelas penas que hão de passar.

---

[1] Ela mesma; cf. *Vida* c. 34, n. 10, e c. 26, n. 2; *Rel.* 1, n. 26; 5, n. 12; 53, n. 1.
[2] *Si vieron*, no original; quer dizer, o "se" seria conjunção. Seguimos a leitura de frei Luís (p. 186) [para ele o "se" é pronome].

4. Eu não teria por seguro, por favorecida que uma alma esteja em Deus, que se esquecesse de que em algum tempo se viu em miserável estado; porque, ainda que seja coisa penosa, aproveita para muitas. Talvez, como eu tenho sido tão ruim, me pareça isto, e esta é a causa de trazê-lo sempre na memória. As que foram boas, não terão que sentir, ainda que sempre haja quebras enquanto vivemos neste corpo mortal. Para esta pena nenhum alívio é pensar que nosso Senhor já tem perdoado os pecados e esquecido; antes acrescenta à pena ver tanta bondade e que se fazem mercês a quem não merecia senão o inferno. Penso que foi este um grande martírio em São Pedro e na Madalena, porque, como tinham o amor tão crescido e tinham recebido tantas mercês e tinham entendido a grandeza e majestade de Deus, seria bastante duro de sofrer, e com muito terno sentimento.

5. Também vos parecerá que quem goza de coisas tão altas não terá meditação nos mistérios da sacratíssima Humanidade de nosso Senhor Jesus Cristo, porque se exercitará já toda em amor. – Isto é uma coisa que escrevi longamente em outra parte,[3] e ainda que me tenham contradito nela e dito que não o entendo, porque são caminhos por onde leva nosso Senhor, e que quando já passaram do princípio é melhor tratar de coisas da divindade e fugir das corpóreas, a mim não me farão confessar que é bom caminho. Pode ser

---

[3] Em *Vida* c. 22: capítulo paralelo a este das *Moradas* sextas.

que me engane e que digamos todos uma coisa; mas vi que me queria enganar o demônio por aí, e assim estou tão escarmentada que penso, ainda que o tenha dito mais vezes,[4] dizer-vos outra vez aqui, para irdes nisto com muita advertência; e olhai que ouso dizer que não creiais em quem vos disser outra coisa. E procurarei dar-me mais a entender, que fiz em outra parte; porque porventura se alguém o tem escrito, como ele o disse,[5] se mais se alongara em declará-lo, dizia bem; e dizê-lo assim por junto às que não entendemos tanto, pode fazer muito mal.

6. Também parecerá a algumas almas que não podem pensar na Paixão; pois menos poderão na sacratíssima Virgem, nem na vida dos Santos, que tão grande proveito e alento nos dá sua memória. Eu não posso pensar em que pensam; porque, apartados de todo o corpóreo, para espíritos angélicos é estar sempre abrasados em amor, e não para os que vivemos em corpo mortal, que é preciso tratar e pensar e ser acompanhado pelos que, tendo-o, fizeram tão grandes façanhas por Deus; quanto mais apartar-se de indústria de todo nosso bem e remédio que é a sacratíssima Humanidade de nosso Senhor Jesus Cristo. E não posso crer que o fazem, senão que não se entendem, e assim farão dano a si e aos outros. Pelo menos lhes asseguro que não entrem nestas duas moradas últimas; porque se perdem o guia, que é o bom Jesus,

---

[4] Ibid. e c. 23, 2-5.
[5] Ignoramos a quem alude aqui a autora. Cf. *Vida* 22, nota 2.

não acertarão o caminho; bastante será se estão nas demais com segurança. Porque o próprio Senhor diz que é caminho; também diz o Senhor que é luz, e que ninguém pode ir ao Pai senão por Ele; e "quem me vê a mim vê a meu Pai".[6] Dirão que se dá outro sentido a estas palavras. Eu não sei esses outros sentidos; com este que sempre sente minha alma ser verdade, tenho ido muito bem.

7. Há algumas almas – e são bastantes as que trataram isso comigo – que, como nosso Senhor chega a lhes dar contemplação perfeita, quereriam sempre ficar ali, e não pode ser; mas ficam com esta mercê do Senhor de maneira que depois não podem discorrer nos mistérios da Paixão e da vida de Cristo como antes. E não sei qual é a causa, mas é isto muito ordinário, que fica o entendimento mais inabilitado para a meditação. Creio que a causa deve ser que, como na meditação é tudo buscar a Deus, como uma vez se acha e fica a alma acostumada por obra da vontade a tornar a buscá-lo, não quer cansar-se com o entendimento. E também me parece que, como a vontade está já acesa, não quer esta potência generosa aproveitar-se desta outra se pudesse; e não faz mal, mas será impossível, em especial até que chegue a estas últimas moradas, e perderá tempo, porque muitas

---

[6] Textos evangélicos de João 14,6; 8,12; 14,6. – O segundo texto ("também diz o Senhor que é luz") foi acrescentado à margem pela própria Santa. Frei Luís retocou e adaptou essa inserção (p. 188). – Cf. em *Moradas* II, 1, 11, as hesitações da Santa ao apresentar esses textos evangélicos.

vezes há mister de ser ajudada pelo entendimento para acender a vontade.

8. E notai, irmãs, este ponto, que é importante, e assim o quero declarar mais: está a alma desejando empregar-se toda em amor e quereria não entender outra coisa, mas não poderá ainda que queira; porque, ainda que a vontade não esteja morta, está mortiço o fogo que costuma fazê-la queimar, e é mister quem o sopre para lançar calor de si. Seria bom que a alma estivesse com esta secura, esperando fogo do céu que queime este sacrifício que está fazendo de si a Deus, como fez nosso Pai Elias?[7] Não, por certo, nem é bom esperar milagres. O Senhor os faz quando é servido, por esta alma, como fica dito e se dirá adiante; mas quer Sua Majestade que nos tenhamos por tão ruins que não merecemos que os faça, senão que nos ajudemos em tudo o que pudermos. E tenho para mim que até que morramos, por subida oração que haja, é mister isto.

9. Verdade é que a quem mete já o Senhor na sétima morada, é muito poucas vezes, ou quase nunca, as que há mister de fazer esta diligência, pela razão que nela direi,[8] se me lembrar; mas é muito contínuo não se apartar de andar com Cristo nosso Senhor por uma maneira admirável, aonde divino e humano junto é sempre sua companhia. Assim que, quando não tem acendido o fogo que fica dito[9] na vontade nem se

---

[7] 1Rs 18,30-39.
[8] Cf. M. VII, 2, 3.9.10; VII, 3, 8.10.11; VII, 4, 1-2.
[9] No final do n. 7.

sente a presença de Deus, é mister que a busquemos; que isto quer Sua Majestade, como o fazia a Esposa nos Cânticos,[10] e que perguntemos às criaturas quem as fez – como diz Santo Agostinho, creio, em suas *Meditações* ou *Confissões*[11] – e não sejamos bobos perdendo tempo em esperar o que uma vez nos foi dado, que no princípio poderá ser que não o dê o Senhor num ano, e ainda em muitos; Sua Majestade sabe o porquê; nós não havemos de querer sabê-lo, nem há para quê. Pois sabemos o caminho como havemos de contentar a Deus pelos mandamentos e conselhos, nisto andemos muito diligentes, e em pensar sua vida e morte, e o muito que lhe devemos; o demais venha quando o Senhor quiser.

10. Aqui vem o responder que não podem deter-se nestas coisas,[12] e pelo que fica dito, talvez tenham razão de alguma maneira. Já sabeis que discorrer com o entendimento é uma coisa, e a memória representar verdades ao entendimento é outra. Dizeis, quiçá, que não me entendeis, e verdadeiramente poderá ser que não o entenda eu para o saber dizer; mas o direi como souber. Chamo de meditação o discorrer muito com o entendimento desta maneira: começamos a

---

[10] Ct 3,3.
[11] *Ou Confissões* foi acrescentado pela Santa à margem. Cf. *Confissões*, L. 10, c. 6, n. 9-10. Mas talvez aluda de novo aos *Solilóquios* do Pseudo-Agostinho, c. 31 (cf. nossa nota a *Vida* c. 40, n. 6), editados correntemente junto com as *Meditações* (aqui aludidas pela Santa) e o *Manual*, ambos também pseudo-agostinianos.
[12] Retoma a objeção iniciada no n. 1. – *O que fica dito*: alude ao n. 7.

pensar na mercê que Deus nos fez ao dar-nos o seu único Filho, e não paramos ali, senão vamos adiante aos mistérios de toda a sua gloriosa vida; ou começamos na oração do Horto e o entendimento não para até que está posto na cruz; ou tomamos um passo da Paixão, digamos como a prisão, e andamos neste mistério, considerando detalhadamente as coisas que há que pensar nele e que sentir, assim da traição de Judas, como da fuga dos apóstolos e todo o demais; e é admirável e muito meritória oração.

11. Esta é a que digo que terão razão[13] quem Deus tem chegado a levar a coisas sobrenaturais e perfeita contemplação; porque – como tenho dito[14] – não sei a causa, mas o mais ordinário não poderá. Mas não a terá, digo razão, se diz que não se detém nestes mistérios e os traz presentes muitas vezes, em especial quando os celebra a Igreja Católica; nem é possível que perca memória a alma que tem recebido tanto de Deus, de mostras de amor tão preciosas, porque são vivas centelhas para acendê-la mais no que tem a nosso Senhor; senão que não se entende, porque entende a alma estes mistérios por maneira mais perfeita; e é que o entendimento os representa, e ficam estampados na memória de maneira que só de ver o Senhor caído com aquele espantoso suor no Horto, aquilo lhe basta para não só uma hora, senão muitos dias, olhando com uma

---

[13] *Que terão razão...* em dizer "que não podem deter-se em pensar...". Cf. final do n. 9 e princípio do n. 10.
[14] Disse-o no n. 7.

simples vista quem é e quão ingratos temos sido a tão grande pena; logo acode a vontade, ainda que não seja com ternura, a desejar servir em algo tão grande mercê e a desejar padecer algo por quem tanto padeceu e a outras coisas semelhantes, em que ocupa a memória e o entendimento. E creio que por esta razão não pode passar a discorrer mais na Paixão, e isto o faz parecer que não pode pensar nela.

12. E se isto não faz, é bom que o procure fazer, que eu sei que a muita subida oração não o impedirá, e não tenho por bom que não se exercite nisto muitas vezes. Se daqui a suspender o Senhor, muito em boa hora, que ainda que não queira a fará deixar no que está.[15] E tenho por muito certo que não é estorvo esta maneira de proceder, senão grande ajuda para todo bem, o que seria se muito trabalhasse no discorrer que disse no princípio, e tenho para mim que não poderá quem tem chegado a mais. Já pode ser que sim, que por muitos caminhos leva Deus as almas; mas não se condenem as que não puderem ir por ele, nem as julguem inabilitadas para gozar de tão grandes bens como estão encerrados nos mistérios de nosso bem Jesus Cristo; nem ninguém me fará entender, seja quão espiritual quiser, que irá bem por aqui.

13. Acontece no princípio, e ainda no meio, que há algumas almas que, como começam a chegar à oração de quietude e a gostar dos regalos e gostos que o

---

[15] A fará deixar o que está meditando... *O que seria* (estorvo): o discorrer que disse no n. 10.

Senhor dá, parece-lhes que é muito grande coisa ficar ali sempre gostando. Pois creiam-me e não se embebam tanto – como já tenho dito em outra parte[16] – que é longa a vida, e há nela muitos trabalhos, e havemos mister de olhar o nosso modelo Cristo, como os passou, e ainda os seus apóstolos e Santos, para levá-los com perfeição. É muito boa companhia o bom Jesus para não nos apartar dela, e sua Sacratíssima Mãe, e gosta muito de que nos condoamos de suas penas, ainda que deixemos nosso contento e gosto algumas vezes. Quanto mais, filhas, que não é tão ordinário o regalo na oração que não haja tempo para tudo;[17] e a que disser que é em um ser, eu o teria por suspeito, digo que nunca pode fazer o que fica dito; e assim o tende e procurai sair desse engano e desembeber-vos com todas as vossas forças; e se não bastarem, dizei-o à priora, para que vos dê um ofício de tanto cuidado que esse perigo seja tirado; que ao menos para o senso e cabeça é muito grande, se durasse muito tempo.

14. Creio que fica dado a entender o que convém, por espirituais que sejam, não fugir tanto de coisas corpóreas que lhes pareça ainda que a Humanidade sacratíssima causa dano. Alegam o que o Senhor disse aos seus discípulos, que convinha que Ele se fosse.[18] Eu não posso sofrer isto. Certamente não o disse à sua

---

[16] Cf. c. 4, n. 2 e n. 9; e M. IV, 3, 11-13. Comparar com *Vida* 22, 10.
[17] *Há*, escreveu a Santa (como em M. VI, 8, 8). Seguimos a leitura de frei Luís (p. 194). – *Que é em um ser*: que tem contínuo regalo na oração.
[18] Palavras de Jesus em João 16,7.

Mãe Sacratíssima, porque estava firme na fé, que sabia que era Deus e homem, e ainda que o amasse mais que eles, era com tanta perfeição, que antes a ajudava. Não deviam estar então os apóstolos tão firmes na fé como depois estiveram, e temos razão de estar nós agora. Eu vos digo, filhas, que o tenho por perigoso caminho e que poderia o demônio vir fazer perder a devoção com o Santíssimo Sacramento.

15. O engano que me pareceu a mim que levava não chegou a tanto como isto, senão a não gostar de pensar em nosso Senhor Jesus Cristo tanto, senão andar naquele embevecimento, aguardando aquele regalo. E vi claramente que ia mal; porque como não podia ser tê-lo sempre, andava o pensamento daqui para ali, e a alma, me parece, como uma ave revoando que não acha aonde parar, e perdendo bastante tempo, e não aproveitando nas virtudes nem medrando na oração. E não entendia a causa, nem a entenderia, a meu parecer, porque me parecia que era aquilo muito acertado, até que, tratando da oração que levava com uma pessoa serva de Deus, me avisou. Depois vi claro quão errada ia, e nunca me acaba de pesar de que tenha havido nenhum tempo em que eu carecesse de entender que se podia mal ganhar com tão grande perda; e quando puder, não quero nenhum bem, senão adquirido por quem nos vieram todos os bens. Seja para sempre louvado, amém.

Capítulo 8

*Trata de como Deus se comunica à alma
por visão intelectual, e dá alguns avisos,
e diz os efeitos que faz quando é verdadeira. –
Recomenda o segredo dessas mercês.*

1. Para que mais claro vejais, irmãs, que é assim o que vos tenho dito e que quanto mais adiante vai uma alma mais acompanhada é deste bom Jesus, será bom que tratemos de como, quando Sua Majestade quer, não podemos senão andar sempre com Ele, como se vê claro pelas maneiras e modos com que Sua Majestade se comunica a nós e nos mostra o amor que nos tem, com alguns aparecimentos e visões tão admiráveis; que se alguma mercê destas vos fizer, não andeis espantadas, quero dizer – se o Senhor for servido que acerte – em suma, alguma coisa destas, para que o louvemos muito, ainda que não as faça a nós, de que se queira assim comunicar com uma criatura, sendo de tanta majestade e poder.

2. Acontece, estando a alma descuidada de que esta mercê lhe há de ser feita nem ter jamais pensado merecê-la, que sente junto a si Jesus Cristo nosso Senhor, ainda que não o veja, nem com os olhos do corpo nem da alma. Chamam esta de visão intelectual,

não sei por quê. Vi esta pessoa[1] a quem Deus fez esta mercê, com outras que direi adiante, fatigada no princípio bastante, porque não podia entender que coisa era, pois não a via; e entendia tão certo ser Jesus Cristo nosso Senhor quem se mostrava daquela sorte, que não podia duvidar disso, digo que estava ali aquela visão; que se era de Deus ou não, ainda que trouxesse consigo grandes efeitos para entender que era, ainda assim estava com medo, e ela jamais tinha ouvido de visão intelectual, nem pensou que houvesse alguma de tal sorte; mas entendia muito claro que era este Senhor que lhe falava muitas vezes da maneira que fica dito,[2] porque até que lhe fez esta mercê que digo, nunca sabia quem lhe falava, ainda que entendesse as palavras.

3. Sei que estando temerosa desta visão (porque não é como as imaginárias, que passam depressa, mas que dura muitos dias, e ainda mais que um ano alguma vez), foi ao seu confessor bastante fatigada. Ele lhe disse que, se não via nada, que como sabia que era nosso Senhor; que lhe dissesse que rosto tinha.[3] Ela lhe disse que não sabia, nem via rosto, nem podia dizer mais do que foi dito; que o que sabia era que era Ele quem lhe falava e que não era antojo. E ainda que lhe pusessem fartos temores, ainda assim muitas vezes não podia duvidar, em especial quando dizia a ela: *Não*

---

[1] *Esta pessoa* é ela mesma; cf. *Vida* c. 27, n. 2-5.
[2] *Fica dito* no c. 3.
[3] Cf. *Vida* c. 27, n. 3.

*tenhas medo, que sou eu.*⁴ Tinham tanta força estas palavras, que não podia duvidar disso então, e ficava muito esforçada e alegre com tão boa companhia; que via claro ser-lhe grande ajuda para andar com uma memória ordinária de Deus e uma consideração grande de não fazer coisa que lhe desagradasse, porque lhe parecia que a estava sempre mirando. E cada vez que queria⁵ tratar com Sua Majestade de oração, e ainda sem ela, lhe parecia estar tão perto, que não a podia deixar de ouvir; ainda que o ouvir as palavras não era quando ela queria, mas intempestivamente, quando houvesse mister. Sentia que andava ao lado direito, mas não com estes sentidos que podemos sentir que está junto a nós uma pessoa; porque é por outra via mais delicada, que não se deve de saber dizer; mas é tão certo e com tanta certeza e ainda muito mais; porque cá já se poderia antojar, mas nisto não, que vem com grandes lucros e efeitos interiores, que nem os poderia ter, se fosse melancolia, nem tampouco o demônio faria tanto bem, nem andaria a alma com tanta paz e com tão contínuos desejos de contentar a Deus e com tanto desprezo de tudo o que não a chega a Ele. E depois se entendeu claro não ser demônio, porque se ia mais e mais dando a entender.

4. Contudo, sei que em alguns momentos andava bastante temerosa; outros com grandíssima confusão,

---

4   Cf. *Vida* c. 25, n. 18; *Relações* 4 (n. 10), 35, 53, 55; e *Moradas* VI, c. 3, n. 5.
5   *Quereria*, escreveu a Santa.

que não sabia por onde lhe tinha vindo tanto bem. Éramos tão uma coisa ela e eu, que não passava coisa por sua alma que eu estivesse ignorante dela, e assim posso ser boa testemunha e me podeis crer ser verdade tudo o que nisto disser.[6]

É mercê do Senhor que traz grandíssima confusão consigo e humildade. Caso fosse do demônio, tudo seria ao contrário. E como é coisa que notavelmente se entende ser dada por Deus, que não bastaria indústria humana para poder se sentir assim, de nenhuma maneira pode pensar quem o tem que é bem seu, senão dado pela mão de Deus. E ainda que, a meu parecer, seja maior mercê algumas das que ficam ditas, esta traz consigo um particular conhecimento de Deus, e desta companhia tão contínua nasce um amor terníssimo com Sua Majestade e uns desejos ainda maiores que os que ficam ditos[7] de entregar-se toda ao seu serviço, e uma limpeza de consciência grande, porque faz advertir em tudo a presença que traz junto a si; porque ainda que já saibamos que Deus está em tudo o que fazemos, é nosso natural tal, que se descuida em pensá-lo: o que não se pode descuidar cá, que o Senhor que está junto a ela a desperta. E ainda que para as mercês que ficam ditas,[8] como anda a alma quase continuamente

---

[6] Trata-se dela mesma, com o típico recurso ao anonimato.
[7] No c. 6, n. 1-6.
[8] Alude a uma série de graças místicas referidas nos capítulos anteriores.

com um atual amor ao que vê ou entende estar junto a si, são muito mais ordinárias.

5. Enfim, no lucro da alma se vê ser grandíssima mercê e mui muito de apreciar, e agradecer ao Senhor que a dá tão sem poder merecer, e por nenhum tesouro nem deleite da terra a trocaria. E assim, quando o Senhor é servido que lhe seja tirada, fica com muita solidão; mas todas as diligências possíveis que pusesse para tornar a ter aquela companhia, aproveitam pouco; que o Senhor o dá quando quer, e não se pode adquirir. Algumas vezes também é de algum santo, e é também de grande proveito.

6. Direis que se não se vê, que como se entende que é Cristo, ou quando é santo, ou sua Mãe gloriosíssima. – Isso não saberá a alma dizer, nem pode entender como o entende, senão que o sabe com uma grandíssima certeza. Quando é o Senhor quem fala, já parece mais fácil; mas o santo, que não fala, senão que parece que o Senhor o põe ali para ajuda daquela alma e por companhia, é mais de maravilhar. Assim são outras coisas espirituais, que não se sabem dizer, mas entende-se por elas quão baixo é nosso natural para entender as grandes grandezas de Deus, pois ainda estas não somos capazes, senão que, com admiração e louvores a Sua Majestade passe a quem forem dadas; e assim lhe faça particulares graças por elas, que não é mercê que se faz a todos, há de se estimar muito e procurar fazer maiores serviços, pois por tantas maneiras a ajuda Deus nisso. Daqui vem não se ter por

isso em mais, e parecer-lhe que é a que menos serve a Deus de quantos há na terra, porque lhe parece que está mais obrigada a isso que ninguém, e qualquer falta que faz atravessa as suas entranhas e com muito grande razão.

7. Estes efeitos com que anda a alma, que ficam ditos,[9] qualquer uma de vós poderá advertir a quem o Senhor levar por este caminho, para entender que não é engano nem tampouco antojo porque – como tenho dito[10] – não penso que é possível durar tanto sendo demônio, fazendo tão notável proveito à alma e trazendo-a com tanta paz interior, que não é de seu costume, nem pode, ainda que queira, coisa tão má fazer tanto bem; que logo haveria algumas fumaças de estima própria e pensar que era melhor que os outros. Mas este andar sempre a alma tão apegada a Deus e ocupado seu pensamento nele, lhe faria tanta raiva, que ainda que o intentasse, não tornaria muitas vezes; e é Deus tão fiel que não permitirá dar-lhe tanta mão com alma que não pretende outra coisa senão agradar a Sua Majestade[11] e pôr a sua vida por sua honra e glória, senão que logo ordenará de modo que seja desenganada.

8. Minha teima é e será que como a alma anda da maneira que aqui se tem dito a deixam estas mercês

---

[9] Nos n. 3-5.
[10] No n. 3.
[11] Alusão ao texto paulino "Fidelis est Deus" (1Cor 10,13), que tão profundamente marcou a Santa (cf. *Vida* 23, 15 e *Relação* 28: "eu sou fiel; ninguém se perderá sem entendê-lo"; e estas *Moradas* c. 3, n. 17, nota).

de Deus, que Sua Majestade a sacará com lucro, se permite alguma vez que o demônio se atreva e que ele ficará corrido. Por isso, filhas, se alguma for por este caminho – como tenho dito[12] – não andeis assombradas. É bom que haja temor e andemos com mais aviso, nem tampouco confiadas que, por ser tão favorecidas, vos podeis mais descuidar, que isto será sinal não ser de Deus, se não vos virdes com os efeitos que fica dito. É bom que no princípio o comuniqueis sob confissão com um muito bem letrado, que são os que nos hão de dar a luz, ou, se houver, alguma pessoa muito espiritual; e se não o é, melhor é muito letrado; se houver, com um e com o outro. E se vos disserem que é antojo, não se vos dê nada, que o antojo pouco mal nem bem pode fazer à vossa alma; encomendai-vos à divina Majestade, que não consinta sejais enganada. Se vos disserem que é demônio, será mais trabalho; ainda que não diga, se é bom letrado, e há os efeitos ditos, mas quando o disser, eu sei que o mesmo Senhor, que anda convosco, vos consolará e assegurará, e a ele irá dando luz para que vo-la dê.

9. Se é pessoa que ainda que tenha oração não a tem levado o Senhor por esse caminho, logo se espantará e o condenará. Por isso vos aconselho que seja muito letrado e, se se achar, também espiritual, e a priora dê licença para isso, porque, ainda que vá segura a alma por ver sua boa vida, estará obrigada a priora

---

[12] No n. 1. – *Bien es que "hay" temor*, escreveu a Santa, em vez de "haya" (cf. c. 12, n. 13).

a que se comunique, para que ambas andem com segurança. E, tratado com estas pessoas, aquiete-se e não ande mais dando parte disso; que algumas vezes, sem ter de quê temer, põe o demônio uns temores tão demasiados, que forçam a alma a não se contentar com uma vez. Em especial se o confessor é de pouca experiência e o vê medroso, e ele mesmo a faz andar comunicando, vem-se a publicar o que por razão havia de estar muito secreto, e a ser esta alma perseguida e atormentada; porque pensando que está secreto, o vê público, e daqui sucedem muitas coisas trabalhosas para ela, e poderiam suceder para a Ordem, segundo andam estes tempos. Assim que é mister grande aviso nisto, e às prioras o encomendo muito; [10] e que não pense que por ter uma irmã coisas semelhantes é melhor que as outras; leva o Senhor a cada uma como vê que é mister. Aparelho é para vir a ser muito serva de Deus, se se ajuda; mas, às vezes, Deus leva por este caminho as mais fracas. E assim não há nisto por que aprovar nem condenar, senão olhar as virtudes, e a quem com mais mortificação e humildade e limpeza de consciência servir a nosso Senhor, que essa será a mais santa, ainda que a certeza pouco se possa saber cá, até que o verdadeiro Juiz dê a cada um segundo o que merece. Lá nos espantaremos de ver quão diferente é seu juízo do que cá podemos entender. Seja para sempre louvado, amém.

Capítulo 9

Trata de como se comunica o Senhor à alma por visão imaginária, e avisa muito se guardem de desejar[1] ir por este caminho. – Dá para isso razões. – É de muito proveito.

1. Agora venhamos às visões imaginárias, que dizem que são aonde pode meter-se o demônio mais que nas ditas,[2] e assim deve ser; mas quando são de nosso Senhor, de alguma maneira me parecem mais proveitosas, porque são mais conformes a nosso natural; salvo das que o Senhor dá a entender na última morada, que a estas não chegam nenhumas.

2. Pois miremos agora como vos tenho dito no capítulo passado[3] que está este Senhor, que é como se numa peça de ouro tivéssemos uma pedra preciosa de grandíssimo valor e virtudes; sabemos certíssimo que está ali, ainda que nunca a tenhamos visto; mas as virtudes da pedra não nos deixam de aproveitar, se a trazemos conosco. Ainda que nunca a tenhamos visto, nem por isso a deixamos de apreciar, porque por experiência temos visto que nos tem sarado de algumas

---

[1] *Se guarden desear*, escreveu a autora por haplografia.
[2] *Mais que nas intelectuais*: cf. c. 8.
[3] *No capítulo passado*: acrescentado pela Santa. Cf. c. 8, n. 2-3.

enfermidades, para o que é apropriada;⁴ mas não a ousamos olhar, nem abrir o relicário, nem podemos, porque só o dono da joia sabe a maneira de abri-lo, e ainda que no-la tenha emprestado para que nos aproveitássemos dela, ele ficou com a chave e, como coisa sua, abrirá quando no-la quiser mostrar, e ainda a tomará quando lhe parecer, como faz.

3. Pois digamos agora que quer alguma vez abri--la com presteza, para fazer bem a quem a emprestou: claro está que lhe será depois muito maior contento quando se lembrar do admirável resplendor da pedra, e assim ficará mais esculpida em sua memória. Pois assim acontece cá: quando nosso Senhor é servido de regalar mais esta alma, mostra-lhe claramente sua sacratíssima Humanidade da maneira que quer, ou como andava no mundo, ou depois de ressuscitado; e ainda que seja com tanta presteza que o poderíamos comparar com a de um relâmpago, fica tão esculpida na imaginação esta imagem gloriosíssima, que tenho por impossível apagá-la até que a veja onde para sem fim possa gozar dela.⁵

4. Ainda que eu diga imagem, entende-se que não é pintada ao parecer de quem a vê, senão verdadeiramente viva,⁶ e algumas vezes ela está falando com a alma e ainda mostrando-lhe grandes segredos. Mas

---

⁴ "No tempo da Santa era frequente atribuir a certas pedras determinadas propriedades curativas" (S.).
⁵ Comparar com *Vida* c. 28, n. 1-4 e 37, 4.
⁶ Ibid., n. 7-8.

haveis de entender que ainda que nisto se detenha algum espaço, não se pode estar olhando mais que estar olhando o sol, e assim esta vista sempre passa muito depressa; e não porque seu resplendor dá pena, como o do sol, à vista interior,[7] que é a que vê tudo isto (que quando é com a vista exterior não saberei dizer coisa alguma a respeito, porque esta pessoa que tenho dito, de quem tão particularmente posso falar, não tinha passado por isso;[8] e do que tem experiência, ela mal pode dar razão certa), porque seu resplendor é como uma luz infusa e de um sol coberto por uma coisa tão delgada como um diamante, se se pode lavrar; como uma holanda parece a vestidura, e quase todas as vezes que Deus faz esta mercê à alma, ela fica em arroubamento, que não pode a sua baixeza sofrer tão espantosa vista.

5. Digo espantosa porque, sendo a mais formosa e de maior deleite que poderia uma pessoa imaginar, ainda que vivesse mil anos e trabalhasse em pensá-lo (porque vai muito adiante de quanto cabe em nossa imaginação ou entendimento), é sua presença de tão grandíssima majestade, que faz grande espanto à alma. Na verdade não é mister aqui perguntar como sabe quem é sem lhe ter sido dito, que se dá bem a conhecer que é o Senhor do céu e da terra; o que não farão os

---

[7] *Vista interior* equivale a "olhos da alma" (c. 8, n. 2; e *Vida* c. 28, n. 4) ou sentidos interiores, distintos do entendimento e da *vista exterior* ou sentido corporal da vista.

[8] Cf. *Vida* c. 28, n. 4, e *Relação* 4, n. 9, em que afirma que nunca teve "visões corporais", ou seja, vistas com os olhos do corpo.

reis dela, que por si mesmos bem em pouco se terão, se não vai junto com ele o seu acompanhamento, ou o dizem.

6. Ó Senhor, como os cristãos vos desconhecemos! Que será aquele dia quando vierdes julgar-nos, pois vindo aqui tão amigável tratar com vossa esposa, olhar para vós põe tanto temor? Ó filhas, e o que será quando com voz tão rigorosa disser: *Ide malditos de meu Pai*?[9]

7. Fique agora isto na nossa memória desta mercê que Deus faz à alma, que não nos será pouco bem, pois São Jerônimo, sendo santo, não a apartava da sua, e assim não será nada para nós quanto aqui padecermos no rigor da religião que guardamos, pois quando muito durar, é um momento, comparado com aquela eternidade. Eu vos digo de verdade que, sendo tão ruim, nunca tive medo dos tormentos do inferno, que fosse nada em comparação de quando me lembrava que haviam os condenados de ver irados estes olhos tão formosos e mansos e benignos do Senhor, que não parece que o meu coração podia sofrê-lo: isto tem sido toda a minha vida. Quanto mais o temerá a pessoa a quem assim se tem representado, pois é tanto o sentimento, que a deixa sem sentir! Esta deve ser a causa de ficar com suspensão; que ajuda o Senhor a sua fraqueza ao juntá-la com sua grandeza nesta tão subida comunicação com Deus.

---

[9] Mateus 25,41.

8. Quando puder a alma estar com muito espaço[10] mirando este Senhor, eu não creio que será visão, senão alguma veemente consideração, fabricada na imaginação alguma figura; será como coisa morta nesta outra comparação.

9. Acontece a algumas pessoas (e sei que é verdade, que o têm tratado comigo, e não três ou quatro, senão muitas) ser de tão fraca imaginação, ou o entendimento tão eficaz, ou não sei o que é, que se embebem de tal maneira na imaginação, que tudo o que pensam claramente lhes parece que veem; ainda que se tivessem visto a verdadeira visão, entenderiam, muito sem ficar-lhes dúvida, o engano; porque vão elas mesmas compondo o que veem com sua imaginação, e não faz depois nenhum efeito, senão que ficam frias, muito mais que se vissem uma imagem devota. É coisa muito entendida não ser para fazer caso disso, e assim se esquece muito mais do que coisa sonhada.

10. No que tratamos não é assim, senão que estando a alma muito longe de que há de ver coisa, nem passar por seu pensamento, com presteza lhe é representado muito por junto e revolve todas as potências e sentidos com um grande temor e alvoroço, para pô-las depois naquela ditosa paz. Assim como quando foi derrubado São Paulo, veio aquela tempestade e alvoroço no céu,[11] assim cá neste mundo interior se

---

[10] *Espaço*, em espanhol "espacio", em lugar de "despacio", *devagar* (cf. n. 4 e 10).
[11] Atos 9,3.

faz grande movimento, e num ponto – como tenho dito[12] – fica tudo sossegado, e esta alma tão ensinada por umas tão grandes verdades, que não há mister de outro mestre; que a verdadeira sabedoria sem trabalho seu tirou dela a torpeza, e dura com uma certeza a alma de que esta mercê é de Deus, algum espaço de tempo, que ainda que mais lhe dissessem o contrário, então não poderiam pôr temor nela de que pode haver engano. Depois, pondo-lhe o confessor, a deixa Deus para que ande vacilando em que por seus pecados seria possível; mas não crendo, senão – como tenho dito[13] nestas outras coisas – à maneira de tentações em coisas da fé, que pode o demônio alvoroçar, mas não deixar a alma de estar firme nela; antes quanto mais a combate, mais fica com certeza de que o demônio não a poderia deixar com tantos bens, como isso é assim, que não pode tanto no interior da alma; poderá ele representá-lo, mas não com esta verdade e majestade e operações.

11. Como os confessores não podem ver isto nem, porventura, a quem Deus faz esta mercê, sabê-lo dizer, temem e com muita razão. E assim é mister ir com aviso, inclusive aguardar o tempo do fruto que estas aparições fazem, e ir pouco a pouco mirando a humildade com que deixam a alma e a fortaleza na virtude; que se é de demônio, prontamente dará sinal e o colherão em mil mentiras. Se o confessor tem

---
[12] Cf. c. 8, n. 3 e nota 4.
[13] Ibid., n. 4 e 8.

experiência e passou por estas coisas, pouco tempo é mister para entendê-lo, que longo na relação verá se é Deus, ou imaginação, ou demônio, em especial se lhe deu Sua Majestade dom de conhecer espíritos, que se este tem e letras, ainda que não tenha experiência, o conhecerá muito bem.

12. O que é muito mister, irmãs, é que andeis com grande lhaneza e verdade com o confessor, não digo em dizer os pecados, que isso claro está, senão em contar a oração; porque se não há isto, não asseguro que ides bem, nem que é Deus o que vos ensina; que é muito amigo que ao que está em seu lugar se trate com a verdade e clareza que consigo mesmo, desejando que entenda todos os seus pensamentos, quanto mais as obras, por pequenas que sejam. E com isto não andeis perturbadas nem inquietas, que ainda que não fosse de Deus, se tendes humildade e boa consciência não vos danará; que sabe Sua Majestade tirar dos males bens, e que pelo caminho que o demônio vos queria fazer perder, ganhareis mais. Pensando que vos faz tão grandes mercês, vos esforçareis por contentá-lo melhor e andar sempre ocupada na memória sua figura, que como dizia um grande letrado,[14] que o demônio é grande pintor, e se lhe mostrasse muito ao vivo uma imagem do Senhor, que não lhe pesaria, para com ela avivar a devoção e fazer ao demônio guerra com suas mesmas maldades; que ainda que um pintor seja

---

[14] O Padre Báñez, como ela mesma declara em *Fundações* c. 8, n. 3.

muito mau, nem por isso se há de deixar de reverenciar a imagem que faz, se é de todo nosso Bem.

13. Parecia-lhe muito mau o que alguns aconselham, que façam figas quando assim vissem alguma visão;[15] porque dizia que onde quer que vejamos pintado o nosso Rei, havemos de reverenciá-lo; e vejo que tem razão, porque ainda cá se sentiria: se uma pessoa que quer bem a outra soubesse que fazia semelhantes vitupérios ao seu retrato, não gostaria disso. Pois, quanto mais é razão que sempre se tenha respeito aonde virmos um crucifixo ou qualquer retrato de nosso Imperador? Ainda que tenha escrito isto em outra parte,[16] folguei-me de pô-lo aqui, porque vi que uma pessoa andou aflita, que a mandavam tomar este remédio. Não sei quem o inventou tanto para atormentar a quem não puder fazer menos que obedecer, se o confessor lhe dá este conselho, parecendo-lhe que vai perdida se não o faz, e o meu é que, ainda que vo-lo dê, lhe digais esta razão com humildade e não o tomeis. Em extremo me quadraram muito as boas[17] que me deu quem mo disse neste caso.

14. Um grande lucro tira a alma desta mercê do Senhor, que é, quando pensa nele ou em sua vida e Paixão, lembrar-se de seu mansíssimo e formoso rosto, que é grandíssimo consolo, como cá nos daria maior ter visto uma pessoa que nos faz muito bem que nunca

---

[15] Cf. *Vida* c. 29, n. 5-6.
[16] Em *Fundações* c. 8, n. 3.
[17] *As boas* razões.

a tivéssemos conhecido. Eu vos digo que faz bastante consolo e proveito tão saborosa memória.

Outros bens traz consigo fartos, mas como fica dito tanto dos efeitos que fazem estas coisas e se há de dizer mais, não quero cansar-me nem cansar-vos, senão avisar-vos muito que quando sabeis ou ouvis que Deus faz estas mercês às almas, jamais lhe supliqueis nem desejeis que vos leve por este caminho; [15] ainda que vos pareça muito bom, e se há de ter em muito e reverenciar, não convém por algumas razões: a primeira, porque é falta de humildade querer que vos seja dado o que nunca tendes merecido, e assim creio que não terá muita quem o desejar; porque assim como um baixo lavrador está longe de desejar ser rei, parecendo-lhe impossível, porque não o merece, assim está o humilde de coisas semelhantes; e creio eu que nunca se darão, porque primeiro dá o Senhor um grande conhecimento próprio que faz estas mercês. Pois, como entenderá verdadeiramente que ela é feita muito grande em não tê-la no inferno, quem tem tais pensamentos? – A segunda, porque está muito certo ser enganado, ou muito a perigo, porque não tem mister o demônio mais do que ver uma porta pequena aberta para fazer-nos mil ardis. – A terceira, a mesma imaginação, quando tem um grande desejo, e a mesma pessoa se faz entender que vê aquilo que deseja, e o ouve, como os que andam com gana de uma coisa durante o dia e muito pensam nela, que acontece vir a sonhá-la. – A quarta, é muito grande atrevimento que queira eu escolher caminho não sabendo o que me convém mais, senão desejar o Senhor, que me conhece, que me leve pelo que convém, para que em tudo faça a sua vontade. – A quinta, pensais que são poucos os trabalhos que padecem a quem o Senhor faz estas mercês? Não, senão grandíssimos e de muitas maneiras. O que sabeis vós se seríeis para sofrê-los? – A sexta, se pelo mesmo que pensais ganhar, perdereis, como fez Saul para ser rei.[18]

16. Enfim, irmãs, sem estas há outras;[19] e crede-me que é o mais seguro não querer senão o que quer Deus, que nos conhece mais que nós mesmos e nos ama. Ponhamo-nos em suas mãos, para que seja feita a sua vontade em nós, e não poderemos errar, se com determinada vontade estivermos sempre nisto. E haveis de advertir, que por receber muitas mercês destas não se merece mais glória, porque antes ficam mais obrigadas a servir, pois é receber mais. Quanto a merecer mais, não nos impede o Senhor, pois está em nossa mão; e assim há muitas pessoas santas que jamais souberam que coisa é receber uma destas mercês; e outras que as recebem, que não o são. E não penseis que é contínuo, antes por uma vez que as faz o Senhor são mui muitos os trabalhos; e assim a alma não lembra se as há de receber mais, senão como servi-las.

---

[18] As razões 5ª e 6ª aludem ao episódio dos filhos de Zebedeu (Mateus 20,20-22) e à conduta de Saul (1Rs 15,10-11). Ambos os fatos bíblicos são citados em M. VI, 11, 11 e M. V, 3, 2.

[19] Quer dizer: além destas razões, há outras...

17. É verdade que deve ser grandíssima ajuda para ter as virtudes em mais subida perfeição; mas o que as tiver tendo-as ganho à custa de seu trabalho, muito mais merecerá. Eu sei de uma pessoa, a quem o Senhor tinha feito algumas destas mercês – e ainda de duas, uma delas era homem[20] – que estavam tão desejosas de servir Sua Majestade à sua custa, sem estes grandes regalos, e tão ansiosas por padecer, que se queixavam a nosso Senhor porque lhes eram dados, e se pudessem não recebê-los, o escusariam. Digo regalos, não destas visões, que, enfim, veem o grande lucro e são muito de estimar, senão os que o Senhor dá na contemplação.

18. É verdade que também são estes desejos sobrenaturais, a meu parecer, e de almas muito enamoradas, que quereriam que visse o Senhor que não o servem por soldo; e assim – como tenho dito[21] – não se lembram de que hão de receber glória por coisa,[22] para esforçar-se mais por isso a servir, senão de contentar o amor, que é seu natural obrar sempre de mil maneiras. Se pudesse, quereria buscar invenções para consumir-se a alma nele; e se fosse preciso ficar para sempre aniquilada para maior honra de Deus o faria de muito bom grado. Seja louvado para sempre, amém, que se abaixando para comunicar com tão miseráveis criaturas, quer mostrar a sua grandeza.

---

[20] Provável alusão a São João da Cruz. A outra pessoa seria a própria Santa.
[21] M. IV, 2, 9; e cf. o n. 16 deste capítulo.
[22] N.T.: *Por coisa*: por bem, como recompensa.

Capítulo 10

Diz de outras mercês que faz Deus à alma
por diferente maneira que as ditas,
e do grande proveito que fica delas.

1. De muitas maneiras se comunica o Senhor à alma com estas aparições; algumas, quando está aflita; outras, quando lhe há de vir algum trabalho grande; outras, por regalar-se Sua Majestade com ela e regalá-la. Não há para quê particularizar mais cada coisa, pois a intenção não é senão dar a entender cada uma das diferenças que há neste caminho até aonde eu entender, para que entendais, irmãs, da maneira que são e os efeitos que deixam; para que não nos seja antojado que cada imaginação é visão, e para que quando for, entendendo que é possível, não andeis alvoroçadas nem aflitas, que ganha muito o demônio e gosta em grande maneira de ver aflita e inquieta uma alma, porque vê que lhe é estorvo para empregar-se toda em amar e louvar a Deus.

Sua Majestade se comunica por outras maneiras bastante mais subidas e menos perigosas, porque creio que o demônio não as poderá contrafazer, e assim mal podem ser ditas, por ser coisa muito oculta, que as imaginárias podem ser mais dadas a entender.

2. Acontece, quando o Senhor é servido, estando a alma em oração e muito em seus sentidos, vir-lhe de repente uma suspensão, aonde lhe dá o Senhor a entender grandes segredos, que parece que os vê no próprio Deus; que estas não são visões da sacratíssima Humanidade, nem ainda que diga que vê, não vê nada, porque não é visão imaginária, senão muito intelectual, onde lhe é descoberto como em Deus se veem todas as coisas e as tem todas em si mesmo.[1] E é de grande proveito, porque, ainda que se passe num momento, fica muito esculpido e faz grandíssima confusão, e vê-se mais claro a maldade de quando ofendemos a Deus, porque no mesmo Deus – digo, estando dentro dele – fazemos grandes maldades. Quero pôr uma comparação, se acertar, para vo-lo dar a entender, que ainda que isto seja assim e o ouçamos muitas vezes, ou não reparamos nisso, ou não o queremos entender; porque não parece que seria possível, se se entendesse como é, ser tão atrevidos.

3. Façamos agora de conta que Deus é como uma morada ou palácio muito grande e formoso e que este palácio, como digo, é o próprio Deus.[2] Pode porventura o pecador, para fazer as suas maldades, apartar-se deste palácio? Não, por certo; senão que dentro do mesmo palácio, que é o mesmo Deus, se passam as abominações e desonestidades e maldades que os pecadores fazemos. Ó coisa temerosa e digna de grande consideração e

---

[1] Cf. *Vida* c. 40, n. 9.
[2] Sobre a origem mística desta comparação, cf. *Vida* c. 40, n. 10.

muito proveitosa para os que sabemos pouco, que não acabamos de entender estas verdades, que não seria possível ter atrevimento tão desatinado! Consideremos, irmãs, a grande misericórdia e sofrimento de Deus em não nos afundar ali logo, e demos-lhe grandíssimas graças, e tenhamos vergonha de sentir-nos de coisa que se faça ou se diga contra nós; que é a maior maldade do mundo ver que Deus nosso Criador sofre tantas de suas criaturas dentro de si mesmo e que nós sintamos alguma vez uma palavra que se disse em nossa ausência e talvez sem má intenção.

4. Ó miséria humana! Até quando, filhas, imitaremos em algo este grande Deus? Oh, pois não pensemos já que não fazemos nada sofrendo injúrias, senão que de muito bom grado passemos por tudo e amemos a quem no-las faz, pois este grande Deus não nos deixou de amar a nós ainda que o tenhamos muito ofendido, e assim tem muito grande razão em querer que todos perdoem por agravos que lhes façam.

Eu vos digo, filhas, que ainda que passe depressa esta visão,[3] que é uma grande mercê que faz nosso Senhor a quem a faz, se se quer aproveitar dela, trazendo-a presente muito comumente.

5. Também acontece,[4] assim muito de repente e de maneira que não se pode dizer, mostrar Deus em si

---

[3] *Esta visão*: a referida no n. 2; ou talvez se refira ao "símbolo do palácio" proposto no n. 3 como simples recurso literário ("façamos de conta que..."), mas que na realidade provém de uma visão mística.

[4] Também esta experiência é pessoal da Santa: *Vida* c. 40, n. 1-4.

mesmo uma verdade, que parece que deixa obscurecidas todas as que há nas criaturas, e muito claro dado a entender que só Ele é verdade que não pode mentir; e dá-se bem a entender o que diz Davi num salmo, *que todo homem é mentiroso*,[5] o que não se entenderia jamais assim, ainda que muitas vezes se ouvisse. É verdade que não pode faltar. Lembro-me de Pilatos o muito que perguntava a nosso Senhor quando em sua Paixão lhe disse *o que era verdade*,[6] e o pouco que entendemos cá desta suma Verdade.

6. Eu quisera poder dar mais a entender neste caso, mas não se pode dizer. Concluamos daqui, irmãs, que para nos conformar a nosso Deus e Esposo em algo, será bom que estudemos sempre muito em andar nesta verdade. Não digo só que não digamos mentira, que nisso, glória a Deus, já vejo que levais muito em conta nestas casas não a dizendo por coisa alguma; senão que andemos na verdade diante de Deus[7] e das pessoas de quantas maneiras pudermos, em especial não querendo que nos tenham por melhores do que somos, e em nossas obras dando a Deus o que é seu e a nós o que é nosso, e procurando tirar em tudo a verdade, e assim teremos em pouco este mundo, que é tudo mentira e falsidade, e como tal não é durável.

7. Estava eu uma vez considerando por que razão era nosso Senhor tão amigo desta virtude da

---

[5] Salmo 115,11.
[6] João 18,38.
[7] Alusões veladas a João 14,6.

humildade, e foi posto diante de mim – a meu parecer sem considerá-lo, senão de repente – isto: que é porque Deus é suma Verdade, e a humildade é andar na verdade,[8] que é muito grande não ter coisa boa de nós, senão a miséria e ser nada. E quem isto não entende, anda na mentira. Quem mais o entende, mais agrada a suma Verdade, porque anda nela. Praza a Deus, irmãs, nos faça mercê de não sair jamais deste conhecimento próprio, amém.

8. Destas mercês faz nosso Senhor à alma, porque como a verdadeira esposa, que já está determinada a fazer em tudo a sua vontade, lhe quer dar alguma notícia sobre em que a há de fazer e de suas grandezas. Não há para que tratar de mais, que estas duas coisas tenho dito[9] por parecer-me de grande proveito; que em coisas semelhantes não há que temer, senão que louvar o Senhor porque as dá; que o demônio, a meu parecer, nem ainda a imaginação própria, têm aqui pouca valia, e assim a alma fica com grande satisfação.

---

[8] Sobre a origem mística desta noção, insinuada veladamente em "foi posto diante de mim", ver a *Rel.* 28 e *Vida* c. 40.

[9] *Duas coisas*: são as graças místicas referidas nos n. 2 e 5.

Capítulo 11

Trata de uns desejos tão grandes e impetuosos que Deus dá à alma para gozar dele, que põem em perigo de perder a vida, e com o proveito que fica desta mercê que o Senhor faz.

1. Se terão bastado todas estas mercês que o Esposo tem feito à alma para que a pombinha ou borboletinha esteja satisfeita (não penseis que a tenho esquecida) e faça assento aonde há de morrer? Não, por certo; antes está muito pior. Ainda que faça muitos anos que recebe estes favores, sempre geme e anda chorosa, porque de cada um deles lhe fica maior dor. A causa é que, como vai conhecendo mais e mais as grandezas de seu Deus e se vê estar tão ausente e apartada de gozar dele, cresce muito mais o desejo; porque também cresce o amar quanto mais descobre o que merece ser amado este grande Deus e Senhor; e vem nestes anos crescendo pouco a pouco este desejo de maneira que a chega a tão grande pena como agora direi. Tenho dito anos, conformando-me com o que tem passado pela pessoa que tenho dito aqui,[1] que bem entendo que a Deus não há que pôr termo, que num momento pode chegar uma alma ao mais subido que se diz aqui. Poderoso é Sua Majestade

---
[1] Ela mesma (cf. c. 10, n. 2-5).

para tudo o que quiser fazer e desejoso de fazer muito por nós.

2. Pois vêm vezes que estas ânsias e lágrimas e suspiros e os grandes ímpetos que ficam ditos[2] (que tudo isto parece procedido de nosso amor com grande sentimento, mas tudo não é nada em comparação com estoutro, porque este parece um fogo que está fumegando e pode-se sofrer, ainda que com pena), andando assim esta alma, abrasando-se em si mesma, acontece muitas vezes por um pensamento muito ligeiro, ou por uma palavra que ouve de que se tarda o morrer, vir de outra parte – não se entende de onde nem como – um golpe, ou como se viesse uma seta de fogo.[3] Não digo que é seta, mas qualquer coisa que seja, vê-se claro que não podia proceder de nosso natural. Tampouco é golpe, ainda que eu diga golpe; mas fere agudamente. E não é onde se sentem cá as penas, a meu parecer, senão no mais fundo e íntimo da alma, onde este raio, que depressa passa, tudo quando acha desta terra de nosso natural deixa feito pó,[4] que pelo tempo que dura é impossível ter memória de coisa alguma de nosso Senhor; porque num ponto ata as potências de maneira que não ficam com nenhuma liberdade para coisa alguma, senão para as que hão de fazer acrescentar esta dor.

---

[2] *Ficam ditos* no c. 2, n. 1; c. 6, n. 6; c. 8, n. 4.
[3] Ver a correspondência biográfica na *Relação* 15, que refere o "êxtase de Salamanca" (1571), provocado por uma noviça que cantou na recreação: "Vejam-te os meus olhos...".
[4] N.E.: *Y ló deja hecho polvos* [e o deixa feito pós], escreveu a Santa. Seguimos a emenda de frei Luis de León (p. 222).

3. Não quereria que parecesse encarecimento, porque verdadeiramente vejo que fico curta, porque não se pode dizer. É um arroubamento de sentidos e potências para tudo o que não é, como tenho dito, ajudar a sentir esta aflição. Porque o entendimento está muito vivo para entender a razão que há para sentir de estar aquela alma ausente de Deus; e Sua Majestade ajuda com uma notícia tão viva de Si naquele tempo, de maneira que faz crescer a pena em tanto grau, que quem a tem passa a dar grandes gritos. Sendo pessoa sofrida e mostrada a padecer grandes dores, não pode então fazer mais; porque este sentimento não é no corpo – como fica dito[5] –, senão no interior da alma. Por isto concluiu esta pessoa quão mais duros são os sentimentos dela do que os do corpo, e foi a ela representado ser desta maneira os que padecem no purgatório, que não ter corpo não os impede para deixar de padecer muito mais que todos os que cá, tendo-o, padecem.

4. Eu vi uma pessoa assim,[6] que verdadeiramente pensei que morria, e não era muita maravilha, porque, certamente, é grande perigo de morte. E assim, ainda que dure pouco, deixa o corpo muito desconjuntado, e naquela ocasião tem os pulsos tão abertos como se a alma quisesse já dar a Deus, que não é menos; porque o calor natural falta e a abrasa de maneira que com outro pouquinho mais Deus teria cumprido os seus desejos.

---

[5] No n. 2.
[6] Ela mesma: cf. *Rel.* 5, n. 14; e compare-se esta descrição do êxtase doloroso com *Vida* c. 20, n. 12-13.

Não porque sente pouca nem muita dor no corpo, ainda que se desconjunte, como tenho dito, de maneira que fica dois ou três dias depois sem poder nem ter força para escrever, e com grandes dores; e ainda sempre me parece que fica o corpo mais sem força que antes. Não senti-lo deve ser a causa de ser tão maior o sentimento interior da alma, que nenhuma coisa faz caso da do corpo; como se cá temos uma dor muito aguda numa parte, ainda que haja outras muitas, se sentem pouco; isto eu tenho bem provado. Cá, nem pouco nem muito, nem creio que sentiria se a fizessem em pedaços.

5. Dir-me-eis que é imperfeição; que por que não se conforma com a vontade de Deus, pois está tão rendida a ela. – Até aqui podia fazer isso, e com isso passava a vida. Agora não, porque sua razão está de sorte que não é senhora dela, nem de pensar senão a razão que tem para penar, pois está ausente de seu bem, que para quê quer vida. Sente uma solidão estranha, porque criatura de toda a terra não lhe faz companhia, nem creio que a fariam os do céu exceto aquele que ama, antes de tudo a atormenta. Mas vê-se como pessoa pendurada, que não assenta em coisa da terra, nem ao céu pode subir; abrasada com esta sede, e não pode chegar à água; e não sede que pode sofrer, senão já em tal termo que com nenhuma lhe seria tirada, nem quer que lhe seja tirada, se não é com a que disse nosso Senhor à Samaritana,[7] e isso não lhe dão.

---

[7] João 4,7-13.

6. Oh, valha-me Deus, Senhor, como apertais os vossos amadores! Mas tudo é pouco para o que lhes dais depois. É bom que o muito custe muito. Quanto mais que, se é purificar esta alma para que entre na sétima morada, como os que hão de entrar no céu se limpam no purgatório, é tão pouco este padecer, como seria uma gota de água no mar. Quanto mais que com todo este tormento e aflição, que não pode ser maior, pelo que creio, de todas as que há na terra[8] (que esta pessoa tinha passado muitas, assim corporais como espirituais, mas tudo lhe parece nada nesta comparação), sente a alma que é de tanto preço esta pena, que entende muito bem que não a poderia ela merecer; senão que não é este sentimento de maneira que nenhuma coisa a alivia, mas com isto a sofre de muito bom grado e sofreria toda a sua vida, se Deus fosse disso servido; ainda que não fosse morrer de uma vez, senão estar sempre morrendo, que verdadeiramente não é menos.

7. Pois consideremos, irmãs, aqueles que estão no inferno, que não estão com esta conformidade, nem com este contento e gosto que Deus põe na alma, nem vendo ser lucrativo este padecer, senão que sempre padecem mais e mais (digo mais e mais, quanto às penas acidentais).[9] Sendo o tormento da alma tão mais rijo

---

[8] Ou seja: ... *aflição, que não pode haver maior* entre *todas as que há na terra.*

[9] A declaração entre parênteses foi acrescentada pela Santa à margem do original.

que os do corpo e os que eles passam maiores sem comparação que este que aqui temos dito, e estes ver que hão de ser para sempre jamais, o que será destas desventuradas almas? E o que podemos fazer em vida tão curta, ou padecer, que seja nada para livrar-nos de tão terríveis e eternos tormentos? Eu vos digo que será impossível dar a entender quão sensível coisa é o padecer da alma, e quão diferente daquele do corpo, se não se passa por isso; e quer o mesmo Senhor que o entendamos, para que mais conheçamos o muito que lhe devemos em trazer-nos a estado que, por sua misericórdia, temos esperança de que nos há de livrar e perdoar nossos pecados.

8. Pois tornando ao que tratávamos[10] (que deixamos esta alma com muita pena), neste rigor é pouco o que dura; será, quando muito, três ou quatro horas, a meu parecer, porque se durasse muito, se não fosse por milagre, seria impossível a fraqueza natural sofrê-lo. Tem acontecido não durar mais que um quarto de hora e ficar feita em pedaços. É verdade que desta vez de todo perdeu o sentido, segundo veio com rigor (e estando em conversação, Páscoa da Ressurreição, no último dia, e tendo estado toda a Páscoa com tanta secura, que quase não entendia o que era), só de ouvir uma palavra de não acabar-se a vida. Pois pensar que se pode resistir! Não mais que se, metida num fogo, quisesses fazer que a chama não tivesse calor

---

[10] Ela alude ao mesmo episódio da *Rel.* 15, já mencionado nos n. 2 e 4. Cf. *Conceitos* c. 7, n. 2.

para queimar. Não é o sentimento que se pode passar em dissimulação, sem que as que estão presentes entendam o grande perigo em que está, ainda que do interior não possam ser testemunhas; é verdade que lhe são alguma companhia, como se fossem sombras, e assim lhe parecem todas as coisas da terra.

9. E para que vejais que é possível, se alguma vez vos virdes nisto, acudir aqui nossa fraqueza e natural, acontece alguma vez que estando a alma como tendes visto, que morre por morrer quando aperta tanto que já parece que para sair do corpo não lhe falta quase nada, verdadeiramente teme e quereria que se afrouxasse a pena para não acabar de morrer. Deixa-se bem entender ser este temor de fraqueza natural que por outra parte não é tirado seu desejo nem é possível haver remédio que se tire esta pena até que a tira o próprio Senhor, que quase é o ordinário com um arroubamento grande, ou com alguma visão, onde o verdadeiro Consolador a consola e fortalece, para que queira viver tudo o que for sua vontade.

10. Coisa penosa é esta, mas fica a alma com grandíssimos efeitos e perdido o medo dos trabalhos que lhe podem suceder; porque em comparação com o sentimento tão penoso que sua alma sentiu, não lhe parece serem nada. De tal maneira fica aproveitada, que gostaria de padecê-lo muitas vezes. Mas tampouco pode isso de nenhuma maneira, nem há nenhum remédio para tornar a ter até que o Senhor quiser, como não o há para resistir a ela nem tirá-la quando lhe vem. Fica com

muito maior desprezo do mundo do que antes, porque vê que coisa alguma dele lhe valeu naquele tormento, e muito mais desapegada das criaturas, porque já vê que só o Criador é quem pode consolar e fartar a sua alma, e com maior temor e cuidado de não ofendê-lo, porque vê que também pode atormentar como consolar.

11. A mim me parece que há duas coisas neste caminho espiritual que são perigo de morte: uma é esta, que verdadeiramente o é e não pequeno; a outra, de muito excessivo gozo e deleite, que é em tão grandíssimo extremo, que verdadeiramente parece que a alma desfalece de sorte que lhe falta apenas um tantinho para acabar de sair do corpo: na verdade, não seria pouca dita a sua.

Aqui vereis, irmãs, se tenho tido razão em dizer que é mister ânimo[11] e que terá razão o Senhor, quando pedirdes estas coisas, de dizer-vos o que respondeu aos filhos de Zebedeu: *Se poderiam beber o cálice.*[12] [12] Todas creio, irmãs, que responderemos que sim, e com muita razão; porque Sua Majestade dá esforço a quem vê que tem mister, e em tudo defende estas almas, e responde por elas nas perseguições e murmurações, como fazia pela Madalena,[13] ainda que não seja por palavras, por obras; e enfim, enfim, antes que morram é pago tudo junto, como agora vereis. Seja para sempre bendito e louvem-no todas as criaturas, amém.

---

[11] No c. 4; ver o título e o n. 1; e c. 1, n. 2.
[12] Mt 20,22; cf. M. II, n. 8.
[13] Lc 7,44.

MORADAS SÉTIMAS
CONTÉM QUATRO CAPÍTULOS

Capítulo 1

*Trata de mercês grandes que faz Deus às almas
que chegaram a entrar nas sétimas moradas. – Diz como,
a seu parecer, há alguma diferença entre alma e espírito,
ainda que seja tudo um. – Há coisas de notar.*

1. Parecer-vos-á, irmãs, que está dito tanto neste caminho espiritual, que não é possível ficar nada por dizer. Farto desatino seria pensar isto; pois a grandeza de Deus não tem termo, tampouco o terão suas obras. Quem acabará de contar suas misericórdias e grandezas?[1] É impossível, e assim não vos espanteis do que está dito e se disser, porque é uma parcela do que há que contar de Deus. Farta misericórdia nos faz que tenha comunicado estas coisas a pessoas e que as possamos vir a saber, para que quanto mais soubermos que se comunica com as criaturas, mais louvaremos sua grandeza e nos esforçaremos a não ter em pouco almas com que tanto se deleita o Senhor, pois cada uma de nós a tem, senão que, como não as apreciamos como merece criatura feita à imagem de Deus, assim não entendemos os grandes segredos que estão nela.

Praza a Sua Majestade, se é servido, mover a pluma e me dar a entender como eu vos diga algo do

---
[1] É um eco de Êxodo 18,2-4.

muito que há que dizer e dá Deus a entender a quem mete nesta morada. Tenho suplicado bastante a Sua Majestade, pois sabe que minha intenção é que não estejam ocultas suas misericórdias, para que mais seja louvado e glorificado o seu nome.

2. Esperança tenho que, não por mim, mas por vós, irmãs, me há de fazer esta mercê, para que entendais o que vos importa que não fique por vós o celebrar vosso Esposo[2] este espiritual matrimônio com vossas almas, pois traz tantos bens consigo como vereis. Ó grande Deus, parece que treme uma criatura tão miserável como eu tratar de coisa tão alheia do que mereço entender. E é verdade que tenho estado em grande confusão pensando se será melhor acabar com poucas palavras esta morada; porque me parece que hão de pensar que eu o sei por experiência, e faz-me grandíssima vergonha, porque, conhecendo a que sou, é terrível coisa. Por outro lado, me tem parecido que é tentação e fraqueza, ainda que mais juízos destes lanceis. Seja Deus louvado e entendido um pouquinho mais, e grite todo o mundo contra mim; quanto mais que eu talvez esteja morta quando vier a ver. Seja bendito o que vive para sempre e viverá, amém.

3. Quando nosso Senhor é servido de ter piedade do que padece e padeceu por seu desejo esta alma que já espiritualmente tomou por esposa, primeiro que se consuma o matrimônio espiritual mete-a em

---

[2] N.T.: O sentido é: "que não impeçais que o vosso Esposo celebre...".

sua morada, que é a sétima; porque assim como a tem no céu, deve ter na alma uma estância onde só Sua Majestade mora, e digamos outro céu. Porque nos importa muito, irmãs, que não entendamos que a alma é alguma coisa escura; que como não a vemos, o mais ordinário deve parecer que não há outra luz interior senão esta que vemos, e que está dentro de nossa alma alguma escuridão. Da que não está em graça eu vo-lo confesso, e não por falta do Sol de Justiça[3] que está nela dando-lhe ser; senão por não ser ela capaz de receber a luz, como creio que disse na primeira morada, que havia entendido uma pessoa que estas desventuradas almas é assim que estão como num cárcere escuro, atadas de pés e mãos para não fazer nenhum bem que lhes aproveite para merecer,[4] e cegas e mudas. Com razão podemos compadecer-nos delas e olhar que algum tempo nos vimos assim e que também pode o Senhor ter misericórdia delas.

4. Tomemos, irmãs, particular cuidado de suplicar-lho e não nos descuidar, que é grandíssima esmola rogar pelos que estão em pecado mortal; muito maior do que seria se víssemos um cristão tendo atadas as

---

[3] *Sol de Justiça*: imagem bíblica (Malaquias 4,2), já utilizada em M. VI, 5, 9. – A seguir: *Como disse... de uma pessoa*: persiste o recurso ao anonimato de si mesma: remete a M. I, 2, 1-3. Outras passagens autobiográficas paralelas: R. 29, 1 (visão da presença de Deus na alma), R. 24 (alma em pecado), R. 45 (presença divina de imensidade) etc. Cf. também *Vida* 40.

[4] *Para merecer*: foi acrescentado pela Santa entre linhas, provavelmente cedendo às pressões de Gracián e de Yanguas. Já em M. I, 2, 1, Gracián fez uma correção semelhante.

mãos atrás com uma forte cadeia e ele amarrado a um poste e morrendo de fome, e não por falta de que comer, que tem junto a si mui extremados manjares, senão que não os pode tomar para chegá-los à boca, e ainda está com grande fastio, e vê que vai já expirar, e não morte como cá, senão eterna, não seria grande crueldade ficar olhando-o e não chegar à boca o que comesse? Pois, o que se por vossa oração lhe tirassem as cadeias? Já o vedes. Por amor de Deus vos peço que sempre vos lembreis[5] em vossas orações de almas semelhantes.

5. Não falamos agora com elas, senão com as que já, pela misericórdia de Deus, fizeram penitência por seus pecados e estão em graça, que podemos considerar não uma coisa arrincoada e limitada, senão um mundo interior, onde cabem tantas e tão lindas moradas como tendes visto; e assim é razão que seja, pois dentro desta alma há morada para Deus.

Pois quando Sua Majestade é servido de fazer-lhe a mercê dita[6] deste divino matrimônio, primeiro a mete em sua morada, e quer Sua Majestade que não seja como outras vezes que a meteu nestes arroubamentos, que eu bem creio que a une consigo então e na oração que fica dita de união,[7] ainda que não pareça à alma que é tão chamada para entrar em seu centro, como aqui nesta morada, senão na parte superior. Nisto vai pouco: seja de uma maneira ou de outra, o

---

[5] *Vos lembreis*: no original está "tengáis acuerdo" por "os acordéis".
[6] No n. 3.
[7] *Moradas* V.

Senhor a junta consigo; mas é fazendo-a cega e muda, como ficou São Paulo em sua conversão,[8] e tirando dela o sentir como ou de que maneira é aquela mercê que goza; porque o grande deleite que então sente a alma é de ver-se perto de Deus. Mas quando a junta consigo, nenhuma coisa entende, que as potências todas se perdem.

6. Aqui é de outra maneira: quer já nosso bom Deus tirar as escamas dos seus olhos e que veja e entenda algo da mercê que lhe faz, ainda que seja por uma maneira estranha; e metida naquela morada por visão intelectual,[9] por certa maneira de representação da verdade, se mostra a ela a Santíssima Trindade, todas as três pessoas, com uma inflamação que primeiro vem a seu espírito à maneira de uma nuvem de grandíssima claridade, e estas Pessoas distintas, e por uma notícia admirável que é dada à alma, entende com

---

[8] Segundo Atos 9,8, São Paulo ficou cego, não mudo. Cf. M. VI, 9, 10.

[9] O Padre Gracián retocou esta passagem no original: "por visão ou *conhecimento* intelectual *que nasce da fé*". Ribera riscou a emenda. Frei Luís, porém, julgou-se no dever de proteger o texto teresiano com uma longa nota marginal, em sua edição príncipe: "Ainda que o homem nesta vida, perdendo o uso dos sentidos e elevado por Deus, possa ver de passagem a sua essência, como provavelmente se diz de São Paulo e de Moisés e de alguns outros, mas não fala aqui a Madre desta maneira de visão, que embora seja de passagem é clara e intuitiva, senão fala de um conhecimento deste mistério que Deus dá a algumas almas por meio de uma luz grandíssima que lhes infunde, e não sem alguma espécie criada. Mas porque esta espécie não é corporal, nem que se figura na imaginação, por isso a Madre diz que esta visão é intelectual e não imaginária" (p. 234).

grandíssima verdade ser todas as três Pessoas uma substância e um poder e um saber e um só Deus; de maneira que o que temos por fé, ali o entende a alma, podemos dizer, por vista, ainda que não seja vista com os olhos do corpo,[10] porque não é visão imaginária. Aqui se comunicam a ela todas as três Pessoas, e lhe falam, e lhe dão a entender aquelas palavras que diz o Evangelho que disse o Senhor: que viria Ele e o Pai e o Espírito Santo morar com a alma que o ama e guarda os seus mandamentos.[11]

7. Oh, valha-me Deus! Quão diferente coisa é ouvir estas palavras e crer nelas,[12] a entender por esta maneira quão verdadeiras são! E cada dia se espanta mais esta alma, porque nunca mais lhe parece que se afastaram dela, senão que notoriamente vê, da maneira que fica dito,[13] que estão no interior da alma, no mui muito interior, numa coisa muito funda, que não sabe dizer como é, porque não tem letras, sente em si esta divina companhia.

---

[10] Tinha escrito: *nem da alma*. Depois o borrou.

[11] João 14,23. – No original, toda esta delicada passagem foi salpicada de correções e retoques pelo P. Gracián: "O que temos por fé, ali o entende *mais* a alma; podemos dizer *que parece* [*risca por*] vista, ainda que não seja vista com os olhos do corpo [*risca nem da alma*], *porque Deus é espírito, nem da imaginação*" (o itálico é do P. Gracián). – A graça aqui descrita tem sua correspondência autobiográfica e redacional na *Relação* 16.

[12] À margem do original, Gracián anotou de novo: "como comumente se creem e ouvem". Tanto esta anotação como as da nota anterior foram riscadas por Ribera.

[13] Ou seja, por visão intelectual: cf. n. 6.

8. Parecer-vos-á que, segundo isto, não andará em si, senão tão embebida que não possa ocupar-se com nada. – Muito mais do que antes, em tudo o que é serviço de Deus, e faltando as ocupações, fica com aquela agradável companhia; e se a alma não falta a Deus, jamais Ele faltará a ela, a meu parecer, de dar a conhecer tão conhecidamente a sua presença; e tem grande confiança que Deus não a deixará, pois lhe fez esta mercê, para que a perca; e assim se pode pensar, ainda que não deixe de andar com mais cuidado que nunca, para não desagradá-lo em nada.

9. O trazer esta presença entende-se que não é tão inteiramente, digo tão claramente, como se lhe manifesta na primeira vez e algumas outras que Deus quer fazer-lhe este regalo; porque se isto fosse, era impossível ocupar-se de outra coisa, nem ainda viver entre as pessoas; mas ainda que não seja com esta tão clara luz sempre que adverte que se acha com esta companhia. Digamos agora como uma pessoa que estivesse numa peça muito clara com outras e fechassem as janelas e ficasse às escuras; não porque foi tirada a luz para vê-las e que até tornar a luz não as vê, deixa de entender que estão ali. É de perguntar se quando torna a luz e as quer tornar a ver, se pode. Isto não está em sua mão, senão quando quer nosso Senhor que se abra a janela do entendimento; farta misericórdia faz a ela em nunca se afastar dela e querer que ela o entenda tão entendido.

10. Parece que quer aqui a divina Majestade dispor a alma para mais com esta admirável companhia;

porque está claro que será bem ajudada para em tudo ir adiante na perfeição e perder o temor que trazia algumas vezes das demais mercês que a ela fazia, como fica dito.[14] E assim foi, que em tudo se achava melhorada, e lhe parecia que por trabalhos e negócios que tivesse, o essencial de sua alma jamais se movia daquele aposento, de maneira que de alguma maneira lhe parecia haver divisão em sua alma, e andando com grandes trabalhos, que pouco depois que Deus lhe fez esta mercê teve, se queixava dela, à maneira de Marta[15] quando se queixou de Maria, e algumas vezes dizia a ela que ela estava sempre gozando daquela quietude a seu prazer, e a ela deixa em tantos trabalhos e ocupações, que não podia ter companhia a ela.

11. Isto vos parecerá, filhas, desatino, mas verdadeiramente se passa assim; que ainda que se entenda que a alma está toda junta, não é antojo o que tenho dito, que é muito comum. Por onde eu dizia[16] que se veem coisas interiores, de maneira que certamente se entende que há diferença de alguma maneira, e muito conhecida, entre a alma e o espírito, ainda que mais seja tudo um. Conhece-se uma divisão tão delicada, que algumas vezes parece que uma obra de diferente maneira que o outro, como o sabor que lhes quer dar o Senhor. Também me parece que a alma é

---

[14] Cf. *Moradas* VI, 3, 3 e 17; c. 6, n. 6; c. 7, n. 2; c. 8, n. 3-4.
[15] *Se queixava dela*, quer dizer, da própria alma. Alusão a Lucas 10,40.
[16] Em *Moradas* VI, 5, 1 e 9.

coisa diferente das potências e que não é tudo uma coisa. Há tantas e tão delicadas no interior, que seria atrevimento pôr-me eu a declará-las. Lá o veremos, se o Senhor nos faz mercê de levar-nos por sua misericórdia, aonde entenderemos estes segredos.

Capítulo 2

Procede no mesmo. – Diz a diferença que há entre união espiritual e matrimônio espiritual. – Declara-o por delicadas comparações, em que dá a entender como morre aqui a borboletinha que tenho dito na quinta morada.

1. Pois venhamos agora a tratar do divino e espiritual matrimônio, ainda que esta grande mercê não deva cumprir-se com perfeição enquanto vivemos pois se nos apartássemos de Deus, se perderia este tão grande bem.

Na primeira vez que Deus faz esta mercê quer Sua Majestade mostrar-se à alma por visão imaginária de sua sacratíssima Humanidade, para que o entenda bem e não esteja ignorante de que recebe tão soberano dom. A outras pessoas será por outra forma, a esta de quem falamos, o Senhor se representou, acabando de comungar, com forma de grande resplendor e formosura e majestade, como depois de ressuscitado, e lhe *disse que já era tempo de que suas coisas tomasse ela por suas, e Ele teria cuidado das suas*, e outras palavras que são mais para sentir do que para dizer.[1]

2. Parecerá que esta não era novidade, pois outras vezes o Senhor se tinha representado a esta alma

---

[1] Ver a correspondência autobiográfica na *Relação* 35.

nesta maneira. Foi tão diferente, que a deixou bem desatinada e espantada: um, porque foi com grande força esta visão; o outro, porque as palavras que lhe disse, e também porque no interior de sua alma, onde se representou, se não é a visão passada,[2] não tinha visto outras; porque entendei que há grandíssima diferença entre todas as passadas e as desta morada, e tão grande entre o desposório espiritual e o matrimônio espiritual, como há entre dois desposados, os quais já não se podem apartar.[3]

3. Já tenho dito[4] que, ainda que se ponham estas comparações, porque não há outras mais a propósito, que se entenda que aqui não há memória de corpo mais que se a alma não estivesse nele, senão só espírito, e no matrimônio espiritual, muito menos, porque passa esta secreta união no centro muito interior da alma, que deve ser onde está[5] o mesmo Deus, e a meu parecer não há mister de porta por onde entrar. Digo que não há mister de porta, porque em tudo o que se tem dito até aqui, parece que vai por meio dos sentidos e potências, e este aparecimento da Humanidade do Senhor assim devia ser;[6] mas o que se passa na união do matrimônio espiritual é muito diferente: o Senhor

---

[2] Referida no c. 1, n. 6-7.
[3] Esta frase foi muito retocada pela própria Santa. Tinha escrito: "os que já consumaram o matrimônio".
[4] Disse-o nas M. V, c. 4, n. 3.
[5] Gracián atenuou e quase desvirtuou a afirmação acrescentando no original: "más de asiento".
[6] *Assim devia ser*, por ser visão imaginária: cf. n. 1 e *Rel.* 35.

aparece neste centro da alma sem visão imaginária senão intelectual, ainda que mais delicada que as ditas,[7] como apareceu aos Apóstolos sem entrar pela porta, quando lhes disse: "Pax vobis". É um segredo tão grande e uma mercê tão subida o que comunica Deus ali à alma num instante, e o grandíssimo deleite que sente a alma, que não sei a que o comparar, senão a que quer o Senhor manifestar-lhe por aquele momento a glória que há no céu, por mais subida maneira que por nenhuma visão nem gosto espiritual. Não se pode dizer mais de que – tanto quanto se pode entender – fica a alma, digo o espírito desta alma, feito uma coisa com Deus que, como é também espírito, quis Sua Majestade mostrar o amor que nos tem, em dar a entender a algumas pessoas até aonde chega para que louvemos a sua grandeza, porque de tal maneira quis juntar-se com a criatura, que assim como os que já não se podem apartar, não se quer apartar Ele dela.[8]

4. O desposório espiritual é diferente, que muitas vezes se apartam, e a união também o é; porque, ainda que união seja se juntarem duas coisas numa, enfim,

---

[7] *Mais delicada que as ditas* em capítulos anteriores (cf. M. VI, c. 8), por realizar-se "no interior de sua alma" (n. 2), ou "no muito profundo dela" (c. 1, n. 7). As palavras "senão intelectual, ainda que mais delicada que" foram escritas pela Santa entre linhas, depois de riscar: "nem intelectual nem coisa que se pareça com". – Toda esta passagem alude à alegoria do "castelo" e ao texto evangélico de João 20,19-21, que a Santa escreverá, em seguida, em seu latim típico: "Paz vobis". Cf. M. V, c. 1, n. 12.

[8] Risca a emenda, como no final do n. 2. Tinha escrito: "os que consumaram matrimônio".

podem apartar-se e ficar cada coisa por si, como vemos ordinariamente que passa com presteza esta mercê do Senhor, e depois fica a alma sem aquela companhia, digo de maneira que o entenda. Nesta outra mercê do Senhor, não; porque sempre fica a alma com seu Deus naquele centro. Digamos que seja a união, como se duas velas de cera se juntassem tão extremamente, que toda a luz fosse uma, ou que o pavio e a luz e a cera fosse tudo um; mas depois bem se pode apartar uma vela da outra, e ficam em duas velas, ou o pavio da cera. Cá é como se caindo água do céu num rio ou fonte, onde fica feito tudo água, que não poderão já dividir nem apartar qual é a água do rio, ou a que caiu do céu; ou como se um arroiozinho pequeno entra no mar, não haverá remédio de apartar-se; ou como se numa peça estivessem duas janelas por onde entrasse grande luz; ainda que entre dividida se faz tudo uma luz.

5. Talvez seja isto o que disse São Paulo: *O que se arrima e achega a Deus, faz-se um espírito com Ele,*[9] tocando este soberano matrimônio, que pressupõe ter-se chegado Sua Majestade à alma por união. E também diz: *Mihi vivere Christus est, mori lucrum;*[10] assim me

---

[9] 1Cor 6,17.
[10] Filipenses 1,21. A Santa escreveu seu latim: "Mi [corrigido de miqui] bivere Cristus es [corr. est] mori lucrun". – Todo o primeiro texto de São Paulo e a aplicação que segue foram escritos entre linhas pela Santa, depois de riscar o primeiro texto, que dizia: "nos fazemos um espírito com Deus se o amamos; não diz que nos juntamos com ele [seguem-se várias palavras ilegíveis], senão que nos fazemos um espírito com ele".

parece que pode dizer aqui a alma, porque é onde a borboletinha, que temos dito, morre e com grandíssimo gozo, porque sua vida já é Cristo.

6. E isto se entende melhor, quando anda o tempo, pelos efeitos, porque se entende claro, por umas secretas aspirações, ser Deus o que dá vida a nossa alma, mui muitas vezes tão vivas, que de nenhuma maneira se pode duvidar,[11] porque as sente muito bem a alma, ainda que não se saibam dizer, mas que é tanto este sentimento que produzem algumas vezes umas palavras regaladas, que parecem que não se podem escusar de dizer: "Ó vida de minha vida e sustento que me sustentas!", e coisas desta maneira. Porque daqueles peitos divinos onde parece estar Deus sempre sustentando a alma, saem uns raios de leite que toda a gente do castelo conforta; que parece querer o Senhor que gozem de alguma maneira do muito que goza a alma, e que daquele rio caudaloso, onde se consumiu esta fontezinha pequena, saiam algumas vezes algum golpe daquela água para sustentar os que no corporal hão de servir a estes dois desposados. E assim como sentiria esta água uma pessoa que está descuidada se a banhassem de repente nela, e não o podia deixar de sentir, da mesma maneira, e ainda com mais certeza se entendem estas operações que digo. Porque assim como não nos poderia vir um grande golpe de água, se não tivesse princípio – como tenho dito –, assim

---

[11] Pelo consabido escrúpulo teológico, um dos censores – talvez Gracián – riscou "que de nenhuma maneira se pode duvidar".

se entende claro que há no interior quem arremesse estas setas e dê vida a esta vida, e que há sol de onde procede uma grande luz, que se envia às potências, do interior da alma. Ela – como tenho dito[12] – não se muda daquele centro nem se perde a sua paz; porque o mesmo que a deu aos apóstolos quando estavam juntos, a pode dar a ela.

7. Lembrei-me de que esta saudação do Senhor devia ser muito mais do que soa, e o dizer à gloriosa Madalena que se fosse em paz;[13] porque como as palavras do Senhor são feitas como obras em nós, de tal maneira deviam fazer a operação naquelas almas que estavam já dispostas, que apartasse neles tudo o que é corpóreo na alma e a deixasse em puro espírito, para que se pudesse juntar nesta união celestial com o espírito incriado, que é muito certo que esvaziando nós tudo o que é criatura e desapegando-nos dela por amor de Deus, o mesmo Senhor a há de encher de Si. E assim, orando uma vez Jesus Cristo nosso Senhor por seus apóstolos – não sei onde é – disse, que fossem uma coisa com o Pai e com Ele, como Jesus Cristo nosso Senhor está no Pai e o Pai nele.[14] Não sei que maior amor pode ser que este! E não deixamos de entrar aqui todos, porque assim disse Sua Majestade: *Não só rogo por eles, senão por todos aqueles que hão de crer em mim também*, e diz: *Eu estou neles*.

---

[12] No n. 4. – Segue uma alusão a João 20,19-21.
[13] Lc 7,50.
[14] João 17,21. Seguem-se duas citações de João 17,20 e 23.

8. Oh, valha-me Deus, que palavras tão verdadeiras, e como as entende a alma, que nesta oração o vê para si! E como o entenderíamos todas se não fosse por nossa culpa, pois as palavras de Jesus Cristo nosso Rei e Senhor não podem faltar![15] Mas como faltamos em não nos dispormos e desviar-nos de tudo o que pode embaraçar esta luz, não nos vemos neste espelho que contemplamos, onde nossa imagem está esculpida.

9. Pois tornando ao que dizíamos,[16] ao meter o Senhor a alma nesta morada sua, que é o centro da mesma alma, assim como dizem que o céu empíreo, onde está nosso Senhor, não se move como os demais, assim parece que não há os movimentos nesta alma, ao entrar aqui, que costuma haver nas potências e imaginação, de maneira que a prejudiquem nem lhe tirem a sua paz.

Parece que quero dizer que chegando a alma a fazer-lhe Deus esta mercê, está segura de sua salvação e de não tornar a cair. Não digo tal, e em quantas partes tratar desta maneira, que parece estar a alma em segurança, se entenda enquanto a divina Majestade a tiver assim de sua mão e ela não o ofender. Pelo menos sei certo que, ainda que se veja neste estado e lhe tenha durado anos, que não se tem por segura, senão que anda com muito mais temor que antes em guardar-se de qualquer pequena ofensa de Deus e com

---

[15] Alusão a Lucas 21,33.
[16] No n. 3.

tão grandes desejos de servi-lo como se dirá adiante,[17] e com ordinária pena e confusão de ver o pouco que pode fazer e o muito a que está obrigada, que não é pequena cruz, senão bastante grande penitência, porque fazer penitência esta alma, quanto maior, maior lhe é o deleite. A verdadeira penitência é quando Deus lhe tira a saúde e forças para podê-la fazer; que ainda que em outra parte tenha dito[18] a grande pena que isto dá, é muito maior aqui, e tudo deve vir da raiz onde está plantada; que assim como a árvore que está junto às correntes das águas está mais fresca e dá mais fruto, que há que maravilhar de desejos que tenha esta alma, pois o verdadeiro espírito dela está feito um com a água celestial que dissemos?[19]

10. Pois, tornando ao que dizia,[20] não se entenda que as potências e sentidos e paixões estão sempre nesta paz; a alma sim; mas nestas outras moradas não deixa de haver tempos de guerra e de trabalhos e fadigas; mas são de maneira que não é tirada de sua paz e seu posto: isto é o ordinário.[21]

Este centro de nossa alma, ou este espírito, é uma coisa tão difícil de dizer e ainda de crer, que penso, irmãs, por não me saber dar a entender, não vos dê alguma tentação de não crer no que digo; porque dizer

---

[17] No c. 3, n. 3 e 6; c. 4, n. 2.
[18] Alude provavelmente a M. V, c. 2, n. 7-11.
[19] No n. 4 (comparações da "gota de água e a fonte", ou do "arroiozinho e o mar"). Talvez aluda à alegoria das M. IV, c. 2.
[20] Ao princípio do n. 9.
[21] Esta frase foi acrescentada pela Santa à margem do autógrafo.

que há trabalhos e penas, e que a alma fica em paz, é coisa difícil. Quero vos pôr uma comparação ou duas. Praza a Deus que sejam tais que diga algo; mas se não o for, eu sei que digo verdade no dito.

11. Está o Rei em seu palácio, e há muitas guerras em seu reino e muitas coisas penosas, mas nem por isso deixa de ficar no seu posto; assim cá, ainda que nestas outras moradas andem muitas barafundas e feras peçonhentas e se ouça o ruído, ninguém entra naquela que a faça sair dali; nem as coisas que ouve, ainda que lhe deem alguma pena, não é de maneira que a alvorocem e tirem a paz, porque as paixões já estão vencidas, de sorte que têm medo de entrar ali, porque saem já rendidas.

Dói-nos todo o corpo; mas se a cabeça está sã, não porque dói o corpo, doerá a cabeça.

Rindo-me estou destas comparações, que não me contentam, mas não sei outras. Pensai o que quiserdes; é verdade o que tenho dito.

Capítulo 3

Trata os grandes efeitos que causa esta oração dita. – É mister ir com atenção e acordo dos que fazem as coisas passadas, que é coisa admirável a diferença que há.

1. Agora, pois, dizemos que esta borboletinha já morreu, com grandíssima alegria de ter achado repouso, e que vive nela Cristo. Vejamos que vida faz, ou que diferença há de quando ela vivia; porque nos efeitos veremos se é verdadeiro o que fica dito. Pelo que posso entender, são os que direi.[1]

2. O primeiro é um esquecimento de si, que verdadeiramente parece que já não é, como fica dito;[2] porque toda está de tal maneira que não se conhece

---

[1] A Santa fará a seu modo a enumeração que segue: enumera unicamente os "efeitos" 1º e 2º; depois seguirá o reconto através de uma selva de glosas e digressões. No autógrafo, no entanto, cada efeito se distingue nitidamente dos demais. Ei-los aqui em ordem: 1º "esquecimento de si" (n. 2); 2º "desejo de padecer" (n. 4); 3º "grande gozo interior" (n. 5); 4º "grande desejo de servi-lo" e não de morrer (n. 6); 5º "desapego de tudo" (n. 8); 6º "o não temer os disfarces do demônio" (n. 10); por fim, recapitulação de todos "estes efeitos..." (n. 13).

[2] A frase fica um tanto obscura. Provavelmente quer dizer que a alma está tão transfigurada que não parece ser ela, ou não ser ela a que existe "feita já uma coisa com Deus" (c. 2, n. 3); ver o final do presente número: "que, como digo, parece que já não é, nem quereria ser em nada nada". – A citação ("como fica dito") alude provavelmente à comparação da gota e da fonte (c. 2, n. 4; e n. 3 e 5).

nem se lembra que para ela há de haver céu nem vida nem honra, porque toda está empregada em procurar a de Deus, que parece que as palavras que disse Sua Majestade fizeram efeito de obra, que foi *que olhasse por suas coisas, que Ele olharia pelas suas*.[3] E assim, de tudo o que possa suceder não tem cuidado, senão um estranho esquecimento, que – como digo – parece *que* já não é, nem quereria ser em nada nada, se não é para quando entende que pode haver por sua parte algo em que aumente um ponto a glória e honra de Deus, que por isto poria de muito bom grado a sua vida.

3. Não entendais por isto, filhas, que deixa de ter em conta comer e dormir, que não lhe é pouco tormento, e fazer tudo o que está obrigada conforme o seu estado; que falamos em coisas interiores, que de obras exteriores pouco há que dizer, que antes essa é sua pena ver que é nada o que já podem suas forças. Em tudo o que pode e entende que é serviço de nosso Senhor, não o deixaria de fazer por coisa alguma da terra.

4. O segundo um grande desejo de padecer, mas não de maneira que a inquiete como costumava; porque é em tanto extremo o desejo que fica nestas almas de que se faça a vontade de Deus nelas, que tudo o que Sua Majestade faz tem por bom: se quiser que padeça, parabéns; se não, não se mata como costumava.

5. Têm também estas almas um grande gozo interior quando são perseguidas, com muita mais paz

---

[3] Alusão à graça "matrimonial" referida no c. 2, n. 1; cf. *Rel.* 35.

do que o que fica dito, e sem nenhuma inimizade com os que lhes fazem mal ou desejam fazer; antes lhes cobram amor particular, de maneira que se os veem em algum trabalho o sentem ternamente, e tomariam qualquer um para livrá-los dele, e os encomendam a Deus de muito bom grado, e se alegrariam em perder as mercês que Sua Majestade lhes faz para que fossem feitas a eles, para que não ofendessem a nosso Senhor.

6. O que mais me espanta de todo, é que já tendes visto os trabalhos e aflições que tiveram para morrer, para gozar de nosso Senhor;[4] agora é tão grande o desejo que têm de servi-lo e que por elas seja louvado, e de aproveitar alguma alma se pudessem, que não só não desejam morrer, mas viver mui muitos anos padecendo grandíssimos trabalhos, para, se pudessem, que o Senhor fosse louvado por eles, ainda que fosse em coisa muito pouca. E se soubessem com certeza que ao sair a alma do corpo há de gozar de Deus, não fazem caso, nem pensar na glória que têm os santos; não desejam por então ver-se nela: sua glória têm posta em se puderem ajudar em algo o Crucificado, em especial quando veem que é tão ofendido, e os poucos que há que deveras olham por sua honra, desapegados de todo o demais.

7. Verdade é que algumas vezes que se esquece disto tornam com ternura os desejos de gozar de Deus e desejar sair deste desterro, em especial vendo

---

[4] Alusão global às graças das M. VI: cf. c. 11.

o pouco que lhe serve; mas logo torna e olha em si mesma com a continuança[5] que tem consigo, e com aquilo se contenta e oferece a Sua Majestade o querer viver, como a oferenda mais custosa para ela que lhe pode dar.

Temor nenhum tem da morte, mais que teria de um suave arroubamento. O caso é que o que dava aqueles desejos com tormento tão excessivo, dá agora estes outros. Seja para sempre bendito e louvado.

8. O fim[6] é que os desejos destas almas não são já de regalos nem de gostos, como têm consigo o próprio Senhor, e Sua Majestade é o que agora vive. Claro está que sua vida não foi senão contínuo tormento, e assim faz que seja a nossa, ao menos com os desejos, que nos leva como a fracos no demais; ainda que os ajude muito com a sua fortaleza quando vê que têm mister dela.

Um desapego grande de tudo e desejo de estar sempre ou sozinhas ou ocupadas em coisa que seja proveito de alguma alma. Não securas nem trabalhos interiores, senão com uma memória e ternura com nosso Senhor, que nunca quereria estar senão dando-lhe louvores; e quando se descuida, o próprio Senhor a desperta da maneira que fica dito,[7] que se vê clarissimamente que procede aquele impulso, ou

---

[5] *Continuança* (esp. *continuanza*): continuidade. Já frei Luís corrigiu "de contino" (p. 249).
[6] *O fim é*: de leitura duvidosa. Frei Luís transcreveu: "e assim os desejos" (p. 249).
[7] Nas M. VI, c. 2: ver o título.

não sei como chamá-lo, do interior da alma, como se disse dos ímpetos.⁸ Cá é com grande suavidade, mas nem procede do pensamento, nem da memória, nem coisa que se possa entender que a alma não fez nada de sua parte. Isto é tão ordinário e tantas vezes – que se tem mirado bem com advertência –, que assim como um fogo não lança a chama para baixo, senão para cima, por grande que queiram acender o fogo, assim se entende cá que este movimento interior procede do centro da alma e desperta as potências.

9. Por certo, quando não houver outra coisa de lucro neste caminho de oração, senão entender o particular cuidado que Deus tem de comunicar-se conosco e andar nos rogando – que não parece isto outra coisa – que fiquemos com Ele, me parece que eram bem empregados quantos trabalhos se passam para gozar destes toques de seu amor, tão suaves e penetrativos.

Isto tereis, irmãs, experimentado; porque penso, ao chegar a ter oração de união, que anda o Senhor com este cuidado, se nós não nos descuidamos de guardar seus mandamentos. Quando isto vos acontecer, lembrai-vos que é desta morada interior, onde está Deus em nossa alma, e louvai-o muito; porque, certamente, é seu aquele recado ou bilhete escrito com tanto amor, e de maneira que só quer que vós

---

⁸ Nas M. VI, c. 11, n. 2; e cf. M. VI, c. 2, n. 1, onde falou de "uns impulsos tão delicados e sutis, que procedem do muito interior da alma, que não sei comparação que por que quadre".

entendais aquela letra e o que por ela vos pede,[9] e de maneira alguma deixeis de responder a Sua Majestade, ainda que estejais ocupadas exteriormente e em conversação com algumas pessoas; porque acontecerá muitas vezes em público querer nosso Senhor fazer-vos esta secreta mercê, e é muito fácil – como há de ser a resposta interior – fazer o que digo fazendo um ato de amor, ou dizer o que São Paulo: *que quereis, Senhor, que faça?*[10] de muitas maneiras vos ensinará ali com que o agradeis e é tempo aceito; porque parece que se entende que nos ouve, e quase sempre dispõe a alma este toque tão delicado para poder fazer o que fica dito com vontade determinada.

10. A diferença que há aqui nesta morada é o dito:[11] que quase nunca há securas nem alvoroços interiores dos que tinha em todas as outras às vezes, senão que está a alma em quietude quase sempre; o não temer que o demônio pode contrafazer esta mercê tão subida, senão estar em um ser com segurança que é Deus; porque – como está dito[12] – não têm que ver aqui os sentidos nem potências, que Sua Majestade

---

[9] À margem a Santa escreveu: "quando diz aqui *vos pede*, leia-se logo este papel". – A folhinha à qual alude se perdeu, mas a conheceram e transcreveram o Padre Gracián (em seu manuscrito), frei Luís (na edição príncipe) e outros amanuenses antigos. Continha todo o parágrafo que segue, até o fim do número. Nós o editamos segundo a reconstrução feita pelo P. Silvério, melhorando a leitura de frei Luís e de Gracián.

[10] Atos 9,6.

[11] *O dito* no n. 8.

[12] No c. 2, n. 3 e n. 10.

se descobriu à alma e a meteu consigo aonde, a meu parecer, não ousará entrar o demônio nem o deixará o Senhor; nem todas as mercês que faz aqui à alma – como tenho dito[13] – são com nenhuma ajuda da própria alma, senão a que ela já tem feito de entregar-se toda a Deus.

11. Passa com tanta quietude e tão sem ruído tudo o que o Senhor aproveita aqui à alma e lhe ensina, que me parece que é como na edificação do templo de Salomão, onde não se havia de ouvir nenhum ruído.[14] Assim neste templo de Deus, nesta morada sua, só Ele e a alma se gozam com grandíssimo silêncio. Não há para que bulir nem buscar nada o entendimento, que o Senhor que o criou quer sossegá-lo aqui, e que por uma fresta pequena olhe o que se passa; porque ainda que a tempos se perde esta vista e não a deixem de olhar, é pouquíssimo intervalo; porque, a meu parecer, aqui não se perdem as potências,[15] mas não obram, senão estão como espantadas.

12. Eu o estou de ver que chegando aqui a alma, todos os arroubamentos lhe são tirados, se não é alguma vez (o ser tirado chama aqui quanto a perder os sentidos),[16] e esta não com aqueles arrebatamentos e

---

[13] No c. 2, n. 5-6 e n. 9.
[14] 1Rs 6,7.
[15] Recorde-se que no léxico teresiano "perder as potências" equivale a "ficar em arroubo"; aqui, nestas moradas, ficam atônicas, mas não suspensas extaticamente.
[16] O inciso entre parênteses foi acrescentado pela Santa à margem do autógrafo.

voo de espírito, e são muito raras vezes e essas quase sempre não em público como antes, que era muito ordinário; nem lhe fazem ao caso grandes ocasiões de devoção que veja, como antes, que se veem uma imagem devota ou ouvem um sermão – que quase não era ouvi-lo – ou uma música, como a pobre borboletinha andava tão ansiosa, tudo a espantava e fazia voar. Agora, ou é que achou o seu repouso, ou que a alma viu tanto nesta morada que não se espanta de nada, ou que não se acha com aquela solidão que costumava, pois goza de tal companhia; enfim, irmãs, eu não sei qual seja a causa, que começando o Senhor a mostrar o que há nesta morada e metendo a alma ali, lhes é tirada esta grande fraqueza que lhes era farto trabalho, e antes não lhe foi tirada. Talvez seja que o Senhor a tenha fortalecido e dilatado e habilitado; ou pode ser que queria dar a entender em público o que fazia com estas almas em segredo, por alguns fins que Sua Majestade sabe, que seus juízos são sobre tudo o que cá podemos imaginar.

13. Estes efeitos, com todos os demais que temos dito que são bons nos graus de oração que ficam ditos, Deus dá quando chega a alma a Si, com este ósculo que pedia a Esposa,[17] que eu entendo que aqui se cumpre este pedido. Aqui são dadas as águas a esta corça, que vai ferida, em abundância. Aqui se deleita

---

[17] Ct 1,1. Segue uma série de alusões bíblicas: corça que, ferida, busca as águas (Salmo 41,2); tabernáculo de Deus (Apocalipse 21,3); pomba de Noé (Gênesis 8,8-9).

no tabernáculo de Deus. Aqui a pomba que Noé enviou, para ver se era acabada a tempestade, acha a oliveira, como sinal de que achou terra firme dentro das águas e tempestades deste mundo. Ó Jesus! E quem soubera as muitas coisas da Escritura que deve haver para dar a entender esta paz da alma! Deus meu, pois vedes o que nos importa, fazei que queiram os cristãos buscá-la, e aos que a tendes dado, não a tireis, por vossa misericórdia; que, enfim, até que lhes deis a verdadeira, e as leveis aonde não se pode acabar, sempre se há de viver com temor. Digo a verdadeira, não porque entenda que esta não o é, senão porque se poderia retornar a guerra primeira, se nós nos apartássemos de Deus.

14. Mas o que sentirão estas almas de ver que poderiam carecer de tão grande bem? Isto as faz andar mais cuidadosas e procurar tirar forças de sua fraqueza, para não deixar coisa que lhes possa ser oferecida, para mais agradar a Deus, por culpa sua. Quanto mais favorecidas por Sua Majestade, andam mais acovardadas e temerosas de si. E como nestas grandezas suas conheceram mais suas misérias e se lhes fazem mais graves os seus pecados, andam muitas vezes que não ousam levantar os olhos, como o publicano;[18] outras com desejos de acabar a vida para ver-se em segurança, ainda que logo tornem, com o amor que lhe têm, para querer viver para servi-lo – como fica dito[19] – e

---

[18] Lc 18,13.
[19] No n. 6.

confiam tudo o que lhes toca de sua misericórdia. Algumas vezes as muitas mercês as fazem andar mais aniquiladas, que temem que, como uma nau que vai muito demasiado carregada vai ao fundo, não lhes aconteça assim.

15. Eu vos digo, irmãs, que não lhes falta cruz, salvo que não as inquieta nem faz perder a paz, senão passam depressa, como uma onda, algumas tempestades, e torna a bonança; que a presença que trazem do Senhor faz com que logo se esqueçam de tudo. Seja para sempre bendito e louvado por todas as suas criaturas, amém.

Capítulo 4

Com que acaba, dando a entender o que lhe parece que pretende nosso Senhor em fazer tão grandes mercês à alma, e como é necessário que andem juntas Marta e Maria. – É muito proveitoso.

1. Não haveis de entender, irmãs, que sempre em um ser estão estes efeitos que tenho dito[1] nestas almas, que por isso onde me lembro digo "ordinariamente"; que algumas vezes as deixa nosso Senhor em seu natural, e não parece senão que então se juntam todas as coisas peçonhentas do arrabalde e moradas deste castelo para vingar-se delas pelo tempo que não as podem ter nas mãos.

2. É verdade que dura pouco: um dia no máximo, ou pouco mais; e neste grande alvoroço, que procede ordinariamente de alguma ocasião, se vê o que ganha a alma na boa companhia que está, porque lhe dá o Senhor uma grande inteireza para não se desviar em nada de seu serviço e boas determinações, senão que parece que lhe crescem, e por um primeiro movimento muito pequeno não se desviam desta determinação. Como digo, é poucas vezes, senão que quer nosso Senhor que não perca a memória de seu ser, para que

---

[1] No c. 3, n. 2-10.

sempre esteja humilde, o primeiro; o outro, para que entenda mais o que deve a Sua Majestade e a grandeza da mercê que recebe, e o louve.

3. Tampouco passe por vosso pensamento que por ter estas almas tão grandes desejos e determinação de não fazer uma imperfeição por coisa alguma da terra, deixam de fazer muitas, e ainda pecados. De advertência não, que deve o Senhor a estas tais dar mui particular ajuda para isto. Digo pecados veniais, que dos mortais, que elas entendam, estão livres, ainda que não seguras;[2] que terão alguns que não entendem, que não lhes será pequeno tormento. Também sucede[3] às almas que veem que se perdem; e ainda que de alguma maneira tenham grande esperança que não serão delas, quando se lembram de alguns que diz a Escritura que parecia que eram favorecidos do Senhor, como um Salomão, que tanto se comunicou com Sua Majestade, não podem deixar de temer, como tenho dito;[4] e a de

---

[2] Frei Luís, em sua edição príncipe (p. 256), imprimiu esta passagem sem retoque nem glosa alguma. Mas ao reeditar as Moradas no ano seguinte (1589), anotou uma advertência importante: "Nestas palavras demonstra claramente a Santa Madre a verdade e pureza de sua doutrina acerca da certeza da graça, pois de almas tão perfeitas e favorecidas de Deus e que gozam de sua presença de maneira tão especial como as deste grau e morada, diz que não estão seguras se têm alguns pecados mortais que não entendem, que o receio disto as atormenta".

[3] *Também sucede às almas* está traduzindo "también se le dan las almas". A Santa escreveu "se *les* dan *las* almas", por deslize de aliteração. T. Alvarez segue a leitura de frei Luís (p. 256).

[4] Alude a M. III, c. 1, n. 1-4, em que aduziu já o exemplo de Salomão (3 Reg. 11) e o salmo de Davi (111,1) aqui citados. Ver também M. VII, c. 3, n. 13-14.

vós que se vir com maior segurança em si, essa tema mais, porque *bem-aventurado o varão que teme a Deus*, diz Davi. Sua Majestade nos ampare sempre; suplicar-lhe para que não o ofendamos é a maior segurança que podemos ter. Seja para sempre louvado, amém.

4. Será bom, irmãs, dizer-vos qual é o fim para o qual faz o Senhor tantas mercês neste mundo. Ainda que o tenhais entendido pelos efeitos delas, se advertistes nisso, vos quero tornar a dizer aqui, para que não pense alguma que é só para regalar estas almas, que seria grande erro; porque não nos pode Sua Majestade fazer[5] maior, que é dar-nos vida que seja imitando a que viveu seu Filho tão amado; e assim tenho por certo que estas mercês são para fortalecer a nossa fraqueza – como aqui tenho dito alguma vez[6] – para poder imitá-lo no muito padecer.

5. Sempre temos visto que os que mais próximos andaram de Cristo nosso Senhor foram os de maiores trabalhos: miremos os que passou sua gloriosa Mãe e os gloriosos apóstolos. Como pensais que poderia sofrer São Paulo tão grandíssimos trabalhos? Por ele podemos ver que efeitos fazem as verdadeiras visões e contemplação, quando é de nosso Senhor e não imaginação ou engano do demônio. Porventura escondeu-se com elas para gozar daqueles regalos e não ocupar-se com outra coisa? Já o vedes, que não teve dia de descanso, pelo que podemos entender,

---

[5] No original: *hacerte*, de leitura duvidosa.
[6] Em M. VI, c. 9, n. 16-17, e cf. c. 1, n. 7.

e tampouco devia tê-lo de noite, pois nela ganhava o que havia de comer.[7] Gosto muito de São Pedro quando ia fugindo do cárcere e lhe apareceu nosso Senhor e lhe disse que ia a Roma para ser crucificado outra vez. Nenhuma vez rezamos esta festa onde isto está, que não me é particular consolo.[8] Como ficou São Pedro com esta mercê do Senhor, ou o que fez? Ir logo à morte; e não é pouca misericórdia do Senhor achar a quem a dê.

6. Ó irmãs minhas, quão olvidado deve ter o seu descanso, e quão pouco deve preocupar-se com honra, e quão fora deve estar de querer ser tida em algo a alma onde está o Senhor tão particularmente! Porque se ela está muito com Ele, como é razão, pouco deve lembrar-se de si; toda a sua memória vai em como mais contentá-lo, e em que e por onde mostrará o amor que lhe tem. Para isto é a oração, filhas minhas; para isto serve este matrimônio espiritual: para que nasçam sempre obras, obras.

7. Esta é a verdadeira amostra de ser coisa e mercê feita por Deus – como já vos tenho dito[9] –, porque pouco me aproveita ficar muito recolhida sozinha

---

[7] Alusão aos textos paulinos propostos como norma na Regra do Carmo (1Ts 2,9 etc.).
[8] Alusão à legenda do *"Quo vadis Domine?"*, que figurava no ofício carmelitano de São Pedro (29 de junho), cuja antífona do *Magnificat* dizia: "Beatus Petrus Apostolus vidid sibi Christum accurrere. Adorans eum, ait: Domine, quo vadis? – Venio Romam iterum crucifigi".
[9] Insistiu sobre isto em M. V, c. 3, n. 11.

fazendo atos com nosso Senhor, propondo e prometendo fazer maravilhas por seu serviço, se ao sair dali, que se oferece a ocasião, faço tudo ao contrário. Disse mal que aproveitará pouco, que tudo o que se está com Deus aproveita muito; e estas determinações, ainda que sejamos fracos não as cumprindo depois, alguma vez, nos dará Sua Majestade como o façamos, e até talvez ainda que nos pese, como acontece muitas vezes: que, como vê uma alma muito covarde, dá-lhe um muito grande trabalho, bem contra a sua vontade, e ela sai com lucro; e depois, como a alma entende isto, fica mais perdido o medo, para oferecer-se mais a Ele. Quis dizer que é pouco, em comparação com o muito mais que é que conformem as obras com os atos e palavras, e que a que não puder pôr junto, seja pouco a pouco; vá dobrando a sua vontade, que quer que a oração lhe aproveite: que dentro destes recantos[10] não faltarão fartas ocasiões em que o possais fazer.

8. Mirai que importa isto muito mais que eu vos saberei encarecer. Ponde os olhos no Crucificado e tudo se vos fará pouco. Se Sua Majestade nos mostrou o amor com tão espantosas obras e tormentos, como quereis contentá-lo só com palavras? Sabeis o que é ser deveras espirituais? Fazer-se escravos de Deus, a quem, marcados como seu ferro que é o da cruz, porque eles já lhe deram a sua liberdade, os possa vender como escravos de todo o mundo, como Ele foi; que

---

[10] *Estes recantos* (esp. *estos rincones*): os humildes conventos de carmelitas.

não lhes faz nenhum agravo nem pequena mercê. E se a isto não se determinam, não tenham medo que aproveitem muito, porque todo este edifício – como tenho dito[11] – a humildade é o seu alicerce; e se não há esta muito deveras, ainda por vosso bem não quererá o Senhor subi-lo muito alto, para que não dê tudo no chão. Assim que, irmãs, para que leve bom alicerce, procurai ser a menor de todas e escrava sua, olhando como e por onde podeis fazer prazer a elas e servir; pois o que fizerdes neste caso, fazeis mais por vós que por elas, pondo pedras tão firmes, que não caia o vosso castelo.

9. Torno a dizer, que para isto é preciso não pôr vosso fundamento só em rezar e contemplar; porque, se não procurais virtudes e há exercício delas, sempre ficareis anãs; e ainda praza a Deus que seja só não crescer, porque já sabeis que quem não cresce, decresce; porque o amor tenho por impossível contentar-se com estar em um ser, onde há.

10. Parecer-vos-á que falo com os que começam, e que depois já podem descansar. Já vos tenho dito[12] que o sossego que têm estas almas no interior, é para tê-lo muito menos, nem querer tê-lo, no exterior. Para que pensais que são aquelas inspirações que tenho dito, ou para melhor dizer aspirações, e aqueles recados que a alma envia do centro interior para a gente de cima do castelo, e para as moradas que estão fora

---

[11] Ela disse isto nas primeiras Moradas (cf. c. 2, n. 8, 9, 11, 13).
[12] Disse isto no c. 3; cf. os n. 3, 5, 6, 8.

de onde ela está? É para que se deitem a dormir? Não, não, não! Que mais guerra lhes faz desde ali, para que não estejam ociosas potências e sentidos e todo o corporal, que lhes tem feito quando andava com eles padecendo; porque então não entendia o lucro tão grande que são os trabalhos, que porventura têm sido meios para Deus trazê-la ali, e como a companhia que tem lhe dá forças muito maiores que nunca. Porque se cá diz Davi que com os santos seremos santos,[13] não há que duvidar, senão que, estando feita uma coisa com o Forte pela união tão soberana de espírito com espírito, lhe há de pegar fortaleza, e assim veremos a que tiveram os santos para padecer e morrer.

11. É muito certo que ainda da que ela ali pega, acode a todos os que estão no castelo, e ainda ao mesmo corpo, que parece muitas vezes que não se sente; senão, esforçado com o esforço que tem a alma bebendo do vinho desta adega, onde a trouxe o seu Esposo[14] e não a deixa sair, redunda no fraco corpo, como cá o manjar que se põe no estômago dá força à cabeça e a todo ele.[15] E assim tem farta desventura enquanto vive; porque, por muito que faça, é muito mais a força interior e a guerra que lhe é feita, que tudo lhe parece nonada. Daqui deviam vir as grandes penitências que muitos santos fizeram, em especial a gloriosa Madalena, criada sempre em tanto regalo, e

---

[13] Salmo 17,26.
[14] Alusão a Ct 2,4.
[15] *A todo ele*: leitura duvidosa. Frei Luís leu: "a todo o corpo" (p. 262).

aquela fome que teve nosso pai Elias da honra de seu Deus[16] e teve São Domingos e São Francisco de reunir almas para que fosse louvado; que eu vos digo que não deviam passar pouco, esquecidos de si mesmos.

12. Isto quero eu, minhas irmãs, que procuremos alcançar, e não para gozar, senão para ter estas forças para servir: desejemos e nos ocupemos com a oração; não queiramos ir por caminho não andado, que nos perderemos no melhor tempo; e seria bem novo pensar ter estas mercês de Deus por outro que o que Ele foi e têm ido todos os seus santos; não nos passe pelo pensamento; crede-me, que Marta e Maria hão de andar juntas para hospedar o Senhor e tê-lo sempre consigo, e não lhe fazer má hospedagem não lhe dando de comer.[17] Como o daria Maria, sentada sempre aos seus pés, se sua irmã não ajudasse? Seu manjar é que de todas as maneiras que pudermos cheguemos almas para que se salvem e sempre louvem.

13. Dir-me-eis duas coisas: uma, que digo que *Maria tinha escolhido a melhor parte*.[18] E é que já tinha feito o ofício de Marta, regalando o Senhor em lavar-lhe os pés e limpá-los com seus cabelos,[19] e pensais que seria pouca mortificação a uma senhora como ela era, ir por essas ruas, e porventura só, porque não levava fervor para entender como ia, e entrar aonde

---

[16] Alusão ao lema do Carmelo: "Zelo zelatus sum" 2 Reg. 19, 10.
[17] Lucas 10,38-39.
[18] Lucas 10,42.
[19] Lucas 7,37-38.

nunca tinha entrado, e depois sofrer a murmuração do fariseu e outras muito muitas que devia sofrer? Porque ver no povo uma mulher como ela fazer tanta mudança, e como sabemos, entre tão má gente, que bastava ver que tinha amizade com o Senhor, a quem eles tinham tão aborrecido, para trazer à memória a vida que tinha feito, e que se queria agora fazer santa, porque está claro que logo mudaria vestido e tudo o demais; pois agora se diz a pessoas, que não são tão renomadas, o que seria então? Eu vos digo, irmãs, que vinha "a melhor parte" sobre fartos trabalhos e mortificação, que ainda que não fosse senão ver o seu Mestre tão aborrecido, era intolerável trabalho. Pois os muitos que depois passou na morte do Senhor e nos anos que viveu, vendo-se ausente dele, que seriam de terrível tormento, se verá que não estava sempre com regalo de contemplação aos pés do Senhor. Tenho para mim que o não ter recebido martírio foi por tê-lo passado vendo o Senhor morrer.[20]

14. A outra,[21] que vós não podeis, nem tendes como achegar almas a Deus; que o faríeis de bom grado, mas que não tendo de ensinar nem de pregar, como faziam os apóstolos, que não sabeis como. A isto tenho respondido por escrito algumas vezes,[22] e ainda não sei se neste *Castelo*; mas porque é coisa que creio

---

[20] Toda esta frase foi acrescentada pela Santa à margem do autógrafo.
[21] *A outra*: quer dizer, a outra coisa que direis (cf. n. 13).
[22] Cf. *Caminho* c. 1-3, e *Conceitos* c. 7 *passim*.

que vos passa pelo pensamento, com os desejos que o Senhor vos dá, não deixarei de dizê-lo aqui: já vos disse em outra parte[23] que algumas vezes nos põe o demônio desejos grandes, para que não deixemos de lado o que temos à mão para servir nosso Senhor em coisas possíveis, e ficamos contentes tendo desejado as impossíveis. Deixado que na oração ajudareis muito,[24] não queirais aproveitar a todo o mundo, senão às que estão em vossa companhia, e assim será maior a obra, porque estais a elas mais obrigadas. Pensais que é pouco lucro que seja vossa humildade tão grande, e mortificação, e o servir a todas, e uma grande caridade com elas, e um amor do Senhor, que esse fogo as acenda a todas, e com as demais virtudes sempre as andeis despertando? Não será senão muita, e muito agradável serviço ao Senhor, e com isto que pondes por obra – que podeis –, entenderá Sua Majestade que faríeis muito mais; e assim vos dará prêmio como se ganhásseis muitas.

15. Direis que isto não é converter, porque todas são boas. Quem vos mete nisso? Quanto melhores forem, mais agradáveis serão seus louvores ao Senhor e mais aproveitará sua oração aos próximos.

Enfim, irmãs minhas, com o que concluo é que não façamos torres sem fundamento, que o Senhor não olha tanto a grandeza das obras como o amor com

---

[23] Cf. M. III, c. 2, n. 13.
[24] *Ajudareis muito*: a "achegar almas a Deus" (cf. a objeção colocada no princípio deste número).

que são feitas; e se fizermos o que pudermos, Sua Majestade fará com que vamos podendo cada dia mais e mais, de modo que não nos cansemos logo, senão que o pouco que dura esta vida – e talvez seja mais pouco do que cada uma pensa – interior e exteriormente ofereçamos ao Senhor o sacrifício que pudermos, que Sua Majestade o juntará com o que fez na cruz por nós ao Pai, para que tenha o valor que nossa vontade tiver merecido, ainda que seja pequenas as obras.

16. Praza a Sua Majestade, irmãs e filhas minhas, que nos vejamos todas aonde sempre o louvemos, e me dê graça para que eu obre algo do que vos digo, pelos méritos de seu Filho, que vive e reina para sempre jamais amém; que eu vos digo que é farta confusão minha, e assim vos peço pelo mesmo Senhor que não esqueçais em vossas orações desta pobre miserável.[25]

---

[25] No autógrafo segue um longo texto com a aprovação autografada destas *sétimas moradas* pelo Padre Rodrigo Alvarez, S.J., escrita no locutório do Carmelo de Sevilha na presença de Maria de San José em 22 de fevereiro de 1582. – A seguir vem o "epílogo", que na realidade é uma carta de acompanhamento do livro, dirigida, como este, às carmelitas, e que primitivamente precedeu ao prólogo das Moradas e foi paginada pelo P. Gracián com os n. 2 e 3.

JHS

1. Ainda que, quando comecei a escrever isto que aqui vai, foi com a contradição que no princípio digo,[1] depois de acabado me tem dado muito contento e dou por bem empregado o trabalho, ainda que confesse que tem sido bastante pouco. Considerando o muito encerramento e poucas coisas de entretenimento que tendes, minhas irmãs, e não casas tão bastantes como convém em alguns mosteiros dos vossos, me parece que vos será consolo deleitar-vos neste castelo interior, pois sem licença das superioras podeis entrar e passear por ele a qualquer hora.

2. É verdade que nem em todas as moradas podereis entrar por vossas forças, ainda que vos pareça que a tendes grandes, se não vos mete o mesmo Senhor do castelo. Por isso vos aviso, que nenhuma força ponhais, se achardes alguma resistência, porque o agastareis de maneira que nunca vos deixará entrar nelas.[2] É muito amigo de humildade. Tende-vos por tais que não mereceis sequer entrar nas terceiras, ganhareis mais depressa a sua vontade para chegar às quintas; e de tal maneira podereis servi-lo desde ali, continuando a ir muitas vezes a elas, que vos meta na

---

[1] Prólogo n. 1.
[2] Alude aos conselhos dados nas M. IV, c. 2 e M. V, c. 7.

mesma morada que tem para Si, de onde não saiais mais, se não fordes chamada pela priora cuja vontade quer tanto este grande Senhor que cumprais como a sua mesma; e ainda que muito estejais fora por seu mandado, sempre quando tornardes, vos terá a porta aberta. Uma vez afeitas a gozar deste castelo, em todas as coisas achareis descanso, ainda que sejam de muito trabalho, com esperança de tornar a ele, e que ninguém vo-lo pode tirar.

3. Ainda que não se trate de mais de sete moradas, em cada uma destas há muitas: embaixo e no alto e nos lados, com lindos jardins e fontes e labirintos[3] e coisas tão deleitosas, que desejareis desfazer-vos em louvores do grande Deus, que o criou à sua imagem e semelhança.[4] Se achardes algo bom na ordem de dar-vos notícia dele, crede verdadeiramente que Sua Majestade o disse para dar contento para vós, e o mau que achardes, é dito por mim.

4. Pelo grande desejo que tenho de ser alguma parte para ajudar-vos a servir a este meu Deus e Senhor, vos peço que em meu nome, cada vez que lerdes aqui, louveis muito Sua Majestade e lhe peçais o aumento de sua Igreja e luz para os luteranos; e para mim, que me perdoe os meus pecados e me tire do purgatório, que lá estarei talvez, pela misericórdia de

---

[3] A Santa escreveu *laborintios*, como se dizia em seu século (Cobarruvias, p. 746); hoje, em espanhol, é *laberintos*.
[4] Gênesis 1,26 (cf. M. I, c. 1, n. 1). – Por erro material, a Santa escreveu *semelhanças* (*semejanzas*).

Deus,⁵ quando isto vos for dado para ler se estiver para que se veja, depois de visto por letrados. E se algo estiver em erro, é por mais não o entender, e em tudo me sujeito ao que tem a santa Igreja Católica Romana, que nisto vivo e protesto e prometo viver e morrer.⁶

Seja Deus nosso Senhor para sempre louvado e bendito, amém, amém.

5. Acabou-se de escrever isto no mosteiro de São José de Ávila, ano de 1577, véspera de Santo André,⁷ para glória de Deus, que vive e reina para sempre jamais, amém.

---

⁵ *Quizá por la misericordia de Dios*: a Santa acrescentou entre linhas e à margem. – No final da linha, por erro material, escreveu: *visto letrados*. Seguimos a emenda de frei Luís (p. 268).

⁶ Cf. declaração e protesto idênticos no Prólogo, n. 3. As palavras *santa* e *romana* foram acrescentadas pela Santa entre linhas. Fez o mesmo na passagem paralela do prólogo, onde acrescentou entre linhas *santa, católica romana*.

⁷ No dia 29 de novembro de 1577. Tinha começado o escrito em 2 de junho do mesmo ano: cf. Prólogo n. 3.

Rua Dona Inácia Uchoa, 62
04110-020 – São Paulo – SP (Brasil)
Tel.: (11) 2125-3500
paulinas.com.br – editora@paulinas.com.br
Telemarketing e SAC: 0800-7010081